高等职业教育新形态一体化系列教材　　活页式

农产品营销

主　编　刘丽玲　陈丽丽　王　娜
副主编　黄艳清　白翔宇　李　琳
　　　　李一平　沈丽莹　于婷宜

北京理工大学出版社
BEIJING INSTITUTE OF TECHNOLOGY PRESS

内容简介

本书共分为理论、实战、综合实训三个模块，全面介绍了农产品营销的理论知识、实战方法以及综合实训内容，其中实战模块为本书重点内容，介绍了农产品营销的不同方式，包括直营店营销、短视频营销、微信营销、电商营销、小红书营销、直播营销、休闲农业、认养模式，共八个部分。旨在培养农产品营销的系统化思维与实践方法，以使读者掌握农产品营销的核心知识与技能。

本书可以作为农村金融、市场营销、电子商务等相关专业必修课程的教材用书或者参考书，也可以作为农产品生产者、农业企业管理人员、市场营销与商务咨询顾问的自学与培训用书。

版权专有　侵权必究

图书在版编目（CIP）数据

农产品营销 / 刘丽玲，陈丽丽，王娜主编. -- 北京：北京理工大学出版社，2024.6.
ISBN 978-7-5763-4186-7

Ⅰ．F762

中国国家版本馆 CIP 数据核字第 2024NU7038 号

责任编辑：陈莉华　　**文案编辑**：李海燕
责任校对：周瑞红　　**责任印制**：施胜娟

出版发行 /	北京理工大学出版社有限责任公司
社　　址 /	北京市丰台区四合庄路 6 号
邮　　编 /	100070
电　　话 /	（010）68914026（教材售后服务热线）
	（010）63726648（课件资源服务热线）
网　　址 /	http://www.bitpress.com.cn
版 印 次 /	2024 年 6 月第 1 版第 1 次印刷
印　　刷 /	河北盛世彩捷印刷有限公司
开　　本 /	787 mm×1092 mm　1/16
印　　张 /	16.25
字　　数 /	360 千字
定　　价 /	56.00 元

图书出现印装质量问题，请拨打售后服务热线，负责调换

前 言

在当今快速发展的时代,农业领域正经历着深刻变革,农产品营销在其中扮演着愈发关键的角色。在数字经济浪潮与乡村振兴战略交织的大背景下,我们倾力打造了这本独具特色的《农产品营销》教材。

本教材以项目任务式作为核心架构,每一个项目任务都是农产品营销实战的精准提炼。这种设计旨在让学习者如同置身真实的商业战场,在完成任务的过程中深度理解和掌握农产品营销的精髓。同时,课程思政作为一条主线贯穿全书,我们深刻认识到农产品营销这一主题与国家发展战略息息相关。通过展现农产品营销在保障国家粮食安全、推动农业现代化、助力农民增收以及促进乡村全面振兴中的重要意义,培养学生胸怀"国之大者"的政治素养和以农为本的深厚情怀,使他们成为有理想、有担当、懂营销、爱农业的新时代人才。

这是一本深度融合校企共育理念的教材。学校的学术积淀与企业的前沿实践在此碰撞交融。学校的教育者们带来了系统而深入的理论知识,为学生构建起农产品营销学科的坚实骨架;而来自企业的专家们则贡献了大量鲜活的农产品市场案例、敏锐的行业洞察以及宝贵的实战经验,如同为教材注入了灵动的血液。这种协同合作确保了教材内容与市场需求的紧密契合,让学生所学即所用,出校即能上手。

教材内容丰富且与时俱进,在章节安排上独具匠心。理论篇围绕农产品营销策略展开,深入剖析了农产品市场特点、消费者行为、品牌建设、价格策略等核心理论,为学生在复杂的营销环境中提供清晰的导航。实战篇更是精彩纷呈,全面涵盖了当前农产品营销的热门模式。从"农产品 + 休闲农业"的体验式营销,让消费者在田园风光中感受农产品的魅力;到"农产品 + 认养模式"这种创新的订单式农业,增强消费者与农产品之间的情感纽带;再到"农产品 + 短视频营销""农产品 + 微信""农产品 + 小红书营销",借助新媒体的力量打破信息壁垒,精准触达目标客户;还有"农产品 + 直播营销"和"农产品 + 直营店营销",通过线上线下的双轮驱动,全方位拓展农产品的销售渠道。这些内容都是对当下农产品营销趋势的精准捕捉和深度解析。

特别值得一提的是综合实训模块,其中以农产品直播营销实践为重点。直播营销作为数字时代的营销利器,在农产品销售中展现出巨大潜力。本模块详细介绍了从直播筹备、内容策划、互动技巧到销售转化的全流程，引导学生在实践中提升综合营销能力。

此外，教材采用数字化活页式设计，配套微课视频、PPT、试题库、现场模拟等。这是顺应时代数字化转型的创新之举。在这个信息爆炸、技术迭代迅速的时代，农产品营销的知识和实践方法也在不断更新。数字化活页式教材能够突破传统纸质教材的局限，实时更新内容，迅速将最新的市场动态、行业研究成果以及成功案例融入其中。无论是教师的教学过程，还是学生的自主学习，都能时刻与时代同步，始终站在农产品营销领域的前沿。

全书编写分工如下：刘丽玲负责教材编写的总体设计与大纲制定。理论模块由李一平、陈丽丽编写，实践模块中的项目三、项目七、综合实训模块由李琳、刘丽玲、王娜编写，项目八由沈丽莹编写，项目九、项目十由黄艳清编写，项目四、项目五、项目六由刘丽玲、白翔宇、于婷宜、王娜编写。

我们坚信，这本教材将成为农产品营销领域教育的重要基石，为培养适应时代需求的专业人才发挥积极作用，推动农产品营销事业向着更高水平发展，为农业产业的繁荣和乡村振兴贡献智慧和力量。

本书也从网络媒体上收集了一些资料，并根据需要进行了系统整理和再加工，在此一并感谢原创作者。

由于水平有限，能力不足，书中难免会有错漏之处，欢迎大家批评指正！

2024 年 6 月

目　录

理论模块

项目一　农产品营销理论知识 ………………………………………………… 3
　　任务一　农产品概述 ……………………………………………………… 6
　　任务二　农产品营销概述 ………………………………………………… 12
　　任务三　农产品营销人员应具备的职业修养 …………………………… 22

项目二　农产品营销环境 ……………………………………………………… 27
　　任务一　分析农产品营销的现状 ………………………………………… 29
　　任务二　认识农产品营销环境 …………………………………………… 33
　　任务三　了解农产品营销策略 …………………………………………… 37
　　任务四　熟知农产品营销策略 …………………………………………… 40

实战模块

项目三　农产品+直营店营销 ………………………………………………… 51
　　任务一　认识直营店营销 ………………………………………………… 53
　　任务二　了解农产品+直营店营销的发展趋势 ………………………… 55
　　任务三　了解农产品+直营店营销的实施运营 ………………………… 56
　　任务四　分析农产品+直营店营销的优势 ……………………………… 57

项目四　农产品+短视频营销 ………………………………………………… 63
　　任务一　认识短视频 ……………………………………………………… 65

任务二　认识农产品短视频营销 ·· 79
　　任务三　了解农产品短视频营销的策略 ······································ 88

项目五　农产品+微信营销 ·· 101
　　任务一　认识微信 ·· 103
　　任务二　认识农产品微信营销 ·· 105
　　任务三　了解农产品微信营销的策略 ······································ 111

项目六　农产品+电商营销 ·· 117
　　任务一　认识电商营销 ··· 120
　　任务二　认识农产品电商营销 ·· 124
　　任务三　了解农产品电商营销的策略 ······································ 129
　　任务四　认识电商平台——淘宝 ·· 135
　　任务五　认识电商平台——京东 ·· 139
　　任务六　认识电商平台——拼多多 ·· 143

项目七　农产品+小红书营销 ·· 149
　　任务一　认识小红书营销 ··· 151
　　任务二　农产品小红书营销 ··· 153
　　任务三　了解农产品+小红书营销的实施运营 ···················· 156

项目八　农产品+直播营销 ·· 163
　　任务一　认识直播营销 ··· 165
　　任务二　了解直播营销流程 ··· 166
　　任务三　分析直播营销的目的 ·· 168
　　任务四　策划直播营销 ··· 171

项目九　农产品+休闲农业 ·· 189
　　任务一　认识休闲农业 ··· 192
　　任务二　了解休闲农业的基本形态 ······································ 196
　　任务三　了解休闲农业发展模式 ·· 199
　　任务四　了解休闲农业客源市场 ·· 201
　　任务五　了解休闲农业的营销策略 ······································ 202

项目十　农产品+认养模式 ·· 209
　　任务一　认识认养模式 ··· 211
　　任务二　了解认养模式的分类 ·· 214
　　任务三　了解认养模式的营销策略 ······································ 215

结合实训模块

项目十一　农产品直播间　223

- 任务一　认识农产品直播间　226
- 任务二　了解农产品直播间的发展趋势　227
- 任务三　了解农产品直播间的运营策略　228
- 任务四　了解农产品直播间在现代零售环境中的重要性及其带来的挑战和机会　229

项目十二　农产品直播间搭建　233

- 任务一　了解农产品直播间搭建的含义　235
- 任务二　了解如何搭建农产品直播间　236
- 任务三　了解农产品直播间在现代营销中的特点与优势　238

项目十三　农产品直播物品准备　243

- 任务一　了解农产品直播物品准备　245
- 任务二　了解农产品直播物品准备的特点　247

参考文献　251

理论模块

农产品营销理论知识

学习目标

知识目标：
(1) 掌握农产品的概念和分类。
(2) 掌握农产品营销概述。
(3) 了解农产品营销人员应具备的职业道德及能力。

技能目标：
(1) 树立现代农产品营销的观念。
(2) 能够把握消费者需求，完成营销任务。

素养目标：
(1) 感受"三农精神"，为乡村振兴贡献绵薄之力。
(2) 养成遵纪守法、合法经营的工作习惯和作风。

思维导图

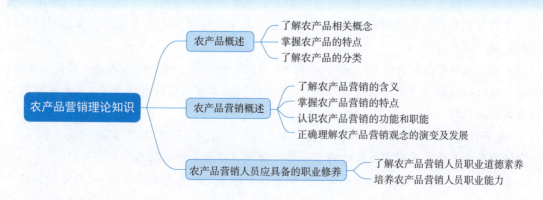

引导案例

褚时健的褚橙在京热卖——一天售出1 500多箱

85岁的褚时健把他的褚橙卖到了北京。这种由昔日"烟王"褚时健种出来的橙子正在北京热卖。11月5日,褚橙从云南来到北京,5天里,20吨褚橙一售而空。11月11日,在线销售褚橙的本来生活网又到货20吨,在11月12日一天就卖出1 500多箱,有7吨多。

10月底,当本来生活网在西南片区的买手把褚时健的橙子报告给北京总部时,当地的员工特意附上了有关褚时健的一份介绍材料。本来生活网市场总监胡海卿当时就觉得,这会是"一个值得做的点"。

胡海卿说,本来生活网的核心管理层大部分来自媒体,很多人都有七八年的采编经历。胡海卿是从《南方周末》出来的。凭借媒体人敏锐的嗅觉,他们觉得褚时健的橙子"太有戏"了!当会议室里有人念出"人生总有起落,精神终可传承"这句宣传语的时候,有两个一起创业的同伴儿眼泪差点掉了下来。作为创业者,他们了解创业背后的艰辛。

"光有故事还不够,食品最终要回归它的本来面目。"前不久,胡海卿来到云南哀牢山,见到了褚时健。85岁的褚时健,走路有点迟缓,除了戴着一副眼镜显得很斯文外,看上去与当地的农民无异。由于经常下地干活儿,他的脸上黝黑且光亮。

褚时健用一个小脸盆端上了切好的褚橙。"橙子是青黄色的,看上去不算特漂亮,到底怎样?"胡海卿吃了一口后,他的眼睛亮了,"橙子真好吃,这事儿成了。"

褚时健说,当年他看到国外的著名香烟品牌万宝路时,就想,为何中国不能有自己的高档香烟品牌?当他吃到来自澳洲的进口橙子时,就想,种好中国的橙子,创出自己的好品牌。

在这次会面中,褚时健陪胡海卿一行到橙子园里走了一圈。在种植橙子的山上,有褚时健当年花了1 000多万元引上来的自来水管道。当年修管道的钱是褚时健借的,现在都已还清。站在山上,老人的目光闪亮,当年的一切苦难都已经成了过眼云烟。

二次创业之路并非一帆风顺。在决定种橙后,褚时健和妻子马静芬在橙园里搭了工棚,吃住都在橙园里。几年后,名为"云冠"的冰糖橙上市,老两口在街头促销。当地冰糖橙品牌繁多,市场竞争很激烈,橙子怎么卖出去,成了一个大问题。当时,没有人知道"云冠"是褚时健种的,在过往行人眼里,这对老夫妻与其他陌生的老者没有什么区别,包括他们促销的橙子。

后来,马静芬想打出一个"褚时健种的冰糖橙"的横幅,褚时健不同意,马静芬坚持。结果,横幅一打出来,橙子很快销售一空,"褚橙"的名字也很快被叫开了,"云冠牌"反倒被渐渐淡化。

"电商网站都在打价格战,我们不打,而是要发掘有价值的东西。"胡海卿说,前两天,一家联合会会长给所有理事每人订购了一箱,因为"褚橙真的很励志"。

王石、潘石屹、梁冬、杨锦麟等一些知名人士纷纷发微博为褚橙捧场,"品褚橙,任平生"成为贴在褚橙上的励志标签。

著名作家章诒和在 11 月 6 日发表的一条微博中说：85 岁的褚时健带"褚橙"进京出售。他受争议，更受称许。褚时健这辈子值了！

11 月 13 日晚上，章诒和再次在微博中说：昔日烟王，今日橙王，名不虚传——一个无关荣辱、有关岁月的传奇！

资料来源：新华网，2012-11-15

从案例中我们可以看到，"励志橙"即使价格昂贵，但销量依旧火爆，它背后成功的营销之道是什么呢？

任务一 农产品概述

一、了解农产品相关概念

农产品是指来源于种植业、养殖业、林业、畜牧业、水产业等的初级农产品，即在农业活动中获得的各种植物、动物、微生物及其产品。

农产品是一种生物产品，是在农业生产过程中产出的，农产品是原料产品、生活资料产品和生物景观产品的总称，是人类根据本身的需要利用生物的生命力转化环境资源生产出来的产品。

初级农产品：我国规定，初级农产品指从农业活动中获得的且并未经过加工的种植业、畜牧业、渔业等产品。比如谷物、油脂、农业原料、畜禽及产品、林业产品、水产品、瓜果蔬菜和花卉等产品。

初级加工农产品：初级加工农产品指必须经过一定加工环节才能食用、使用或贮存的加工品，比如消毒奶、冷冻肉、食用油、饲料等。

问题：如何定义初级农产品？

农产品的概念、特点及其分类

二、掌握农产品的特点

（1）多样性：农产品的种类繁多，涵盖了广泛的品种和口味。

（2）地域性：农产品的生产和消费具有地域性，不同地域的农产品具有不同的气候条件、土壤类型和生长条件。

（3）季节性：许多农产品具有明显的季节性特点，只能在特定的季节或时间段内生产。

（4）需求弹性小。由于人们对粮油蛋奶菜等农产品的消费都有一定的量，在其需求饱和之后，就会稳定下来，少了不行，多了不需要，所以农产品的需求弹性一般很小。此外，同类农产品一般都可以相互替代，从而使任何一种农产品的需求都不会出现大起大落。

（5）安全性和健康性要求高。农产品从生产到消费的各个环节中，对质量安全的要求极为严格。许多国家都颁布了农产品安全法，以限制农产品当中的有害物质和病菌，防止被污染，以确保消费者的身体健康。

三、了解农产品的分类

农产品市场上分类方式很多，所以有重合情况属于正常现象，按照不同标准，农产品可以进行以下几种分类。

（一）按照联合国粮农组织

将农产品划分为两大类，广义农产品和狭义农产品。广义农产品包括农作物粮食和经济作物、水产品、畜产品、林产品；狭义农产品则主要指粮食、水产品、畜产品以及经济作物中的油料作物、饮料作物和糖类作物，而不包括林产品和经济作物中的橡胶和纤维。

（二）按照流通组织角度

将农产品划分为三大类，粮食油料类、轻工原料类和生鲜食品类。

第一类是粮食和油料，包括口粮、饲料粮、其他工业用粮和各类食用植物油；第二类是轻纺工业原料和需要加工的一切工业原料，包括棉、麻、丝、绒毛、皮张、糖料、烟、茶以及加工用的猪、牛、羊、禽、蛋、果、菜和水产品；第三类是可以直接上市的鲜肉、禽蛋、蔬菜、水果和水产品等生鲜食品。

（三）按照传统和习惯

将农产品划分为六大类，粮油、果蔬及花卉、林产品、畜禽产品、水产品和其他农副产品等。

1. 粮油

粮油是对谷类、豆类等粮食和油料及其加工成品和半成品的统称，是人类主要食物的统称。所谓民以食为天，粮食是我们人类赖以生存的必需品，是关系到国计民生的农产品，粮食主要指粮食作物的种子、果实以及块根、块茎及其加工产品的统称。我国利用植物种子作油料原料的有大豆、芝麻、花生仁、棉籽、菜籽、葵花籽、玉米胚等。

2. 果蔬及花卉

果蔬及花卉是指果品、蔬菜和花卉。

（1）果品和蔬菜：果蔬是人们日常生活中必不可少的副食品，它们含有丰富的维生素和矿物质，为人体健康提供必要的营养成分，为我们的生活锦上添花。

根据商业经营习惯划分为鲜果、干果、瓜类以及加工品。

根据果实结构划分如表1-1所示。

表1-1 果实结构划分

类型	特点	举例
浆果类	一般果汁及果肉多，种子小且呈多粒存在	包括葡萄、树莓、香蕉、番石榴等
仁果类	一般种子分散或集于中心	包括苹果、梨、山楂、柿子等
核果类	均有一颗大而坚硬的果核	包括桃、杏、樱桃、枣等
坚果类	一般果皮坚硬，内含1粒或者多粒种子	包括花生、核桃、杏仁、板栗等
复果类	果实的一类	包括菠萝、菠萝蜜、面包果、无花果等

根据植物学划分为单子叶植物和双子叶植物，前者包括有黄花菜、魔芋、生姜等，后者包括有菠菜、莲藕、薄荷等。

根据食用部位划分如表1-2所示。

表 1-2 食用部位划分

类型	子类	举例
根菜类	肉质根菜	胡萝卜、根甜菜等
	块根菜	豆薯、葛等
茎菜类	地上茎类	竹笋、莴苣笋等
	地下茎	马铃薯、芋头等
叶菜类	普通叶菜	小白菜、芹菜等
	结球叶菜	大白菜、包心芥菜等
	辛香叶菜	大葱、茴香等
	鳞茎菜	洋葱、大蒜等
花菜类	—	花椰菜、芥蓝等
果菜类	茄果类	茄子、番茄等
	荚果类	豇豆、毛豆等
	瓠果类	黄瓜、南瓜等
食用菌类	—	香菇、木耳等

根据农业生物学划分为13类，即根菜类、白菜类、甘蓝类、芥菜类、绿叶菜类、葱蒜类、茄果类、瓜类、豆类、薯芋类、水生蔬菜类、多年生蔬菜类、食用菌类。

① 根菜类包括萝卜、胡萝卜、芜菁、根甜菜等。
② 白菜类蔬菜包括大白菜、小白菜、圆白菜、花椰菜等。
③ 甘蓝类蔬菜包括结球甘蓝、球茎甘蓝、羽衣甘蓝等。
④ 芥菜类蔬菜包括根芥菜、叶芥菜、茎芥菜、芽芥菜等。
⑤ 绿叶菜包括菠菜、茼蒿、芹菜、苋菜、蕹菜、香菜等。
⑥ 葱蒜类包括韭菜、大蒜、洋葱、大葱、香葱、韭葱等。
⑦ 茄果类蔬菜包括番茄、茄子、辣椒、甜椒等。
⑧ 瓜类蔬菜包括黄瓜、南瓜、苦瓜、冬瓜、丝瓜、西葫芦等。
⑨ 豆类蔬菜种类较多，包括菜豆、豇豆、蚕豆、毛豆、豌豆等。
⑩ 薯芋类蔬菜包括马铃薯、魔芋、姜、山药、甘薯等。
⑪ 水生蔬菜包括莲藕、茭白、菱、芡、水芹、海带、紫菜等。
⑫ 多年生蔬菜包括黄花菜、百合、芦笋、竹笋、香椿、枸杞等。
⑬ 食用菌包括蘑菇、香菇、金针菇、木耳、银耳、竹荪等。

(2) 花卉：花卉种类繁多，范围广泛，"花"是植物繁衍后代的器官，"卉"是草的总称。花卉有广义和狭义两种，狭义花卉是指有观赏价值的草本植物，如凤仙、菊花、一串红、鸡冠花等；广义花卉是指凡具有一定观赏价值，达到观花、观叶、观茎及观果的目的，并能美化环境，丰富人们文化生活的草本、木本及藤本植物，如麦冬类等地被植物，梅花等乔木及花灌木等。

根据生态习性划分如表1-3所示。

表 1-3 生态习性划分

种类	子类	举例
草本花卉	一年生草花	一串红、鸡冠花等
	二年生草花	金鱼草、石竹等
	多年生草花	菊花、荷花、大丽花等
木本花卉	乔木花卉	梅花、白玉兰等
	灌木花卉	月季、牡丹等
	藤本花卉	凌霄、紫藤等
多肉类植物	仙人掌科	昙花、令箭荷花、蟹爪兰，龙舌兰科的龙舌兰、凤梨科的小雀舌兰等
水生类花卉	挺水型	荷花、黄花鸢尾、千屈菜、菖蒲等
	浮叶型	睡莲、王莲、萍蓬草、芡实等
	漂浮型	凤眼莲、槐叶萍、水鳖、水罂粟等
	沉水型	黑藻、金鱼藻、狐尾藻、苦草等
草坪类	—	红顶草、早熟禾、野牛草等

根据观赏部位划分为：
① 观花类，如菊花、仙客来、月季等；
② 观叶类，如文竹、常春藤、五针松等；
③ 观果类，如南天竹、佛手、石榴等；
④ 观茎类，如佛肚竹、光棍树、珊瑚树等；
⑤ 观芽类，常见的有银柳等。

根据经济用途划分为：观赏用花卉、香料用花卉、熏茶用花卉、医药用花卉、环境保护用花卉和食品用花卉。

3. 林产品

指的是林木产品、林副产品、林区农产品、苗木花卉、木制品、木工艺品、竹藤制品、艺术品、森林食品、林化工产品，及与森林资源相关的产品。近代林产品主要是木材及其副产品，可划分为两大类，一类是木材及各种木材加工制品，另一类是经济林及森林副产品。其中，经济林产品主要有：

① 木本油料，如核桃、茶油、橄榄油、文冠果油等木本食用油及桐油、乌桕油等工业用油；
② 木本粮食，如板栗、柿子、枣、银杏及多种栎类树种的种子；
③ 特用经济林产品，如紫胶、橡胶、生漆、咖啡、金鸡纳等。

4. 畜禽产品

指的是肉、蛋、奶、脂、禽及其初加工品。畜禽产品是人们日常生活的必需品，建设一个稳定有序的畜禽产品市场，是新时

问题：你认为肉牛养殖的关键阶段是？

肉牛的一生

5. 水产品

随着人们生活水平的不断提高和对蛋白质需求量的不断增长，水产品作为动物性蛋白质的来源，其重要性日益显著。水产品是海洋和淡水渔业生产的水产动植物产品及其加工产品的总称，包括捕捞和养殖的鲜活品，以及经过冷冻、腌制、熏制、熟制、干制、罐装和综合利用的加工品。

6. 其他农副产品

在这里其他农副产品主要是指除农产品的粮油、果蔬及花卉、林产品、畜禽产品、水产品的主产品外的烟叶、茶叶、蜂产品、棉花、麻、蚕茧、畜产品、生漆、干菜和调味品、中药材及野生植物原料等产品。

（四）按照质量特点和对生产过程控制要求

将农产品划分为三大类，一般农产品、认证农产品和标识管理农产品。下面介绍前两种。

（1）一般农产品是指为了符合市场准入制、满足百姓消费安全卫生需要，必须符合最基本的质量要求的农产品。

（2）认证农产品包括无公害农产品、绿色农产品和有机农产品。

① 无公害农产品是指产地环境、生产过程和农产品的质量均符合国家有关标准和规范的要求，经过认证合格，获得认证证书并允许使用无公害农产品标志的未经加工或者初加工的食用农产品。目前，无公害农产品正处于取消前的过渡时期，在不久的将来，它将成为历史。无公害农产品标志由绿色和橙色组成，麦穗代表农产品，对勾表示合格，橙色寓意成熟和丰收，绿色象征环保和安全。

② 绿色农产品是指遵循可持续发展原则，按照特定生产方式生产，经过专门机构认定、许可使用绿色食品标志的无污染农产品。

遵循可持续发展原则是指要求生产的投入量和产出量保持平衡，既可以满足当代人的需求还要满足后代人同等发展的需要。

按照特定生产方式是指对农业以外的能源要采取适当的限制，以更多地发挥生态功能的作用。

专门机构认定这里是指由绿色食品认证办公室这个专门机构来认证。

绿色食品标志图形由三部分构成，即上方的太阳、下方的叶片和中间的蓓蕾，象征自然生态。标志图形为正圆形，意为保护、安全。整个图形颜色为绿色，象征着生命、农业、环保，表示绿色食品是出自优良生态环境的安全无污染食品，并提醒人们必须保护环境。

绿色农产品一般分为 A 级和 AA 级两种。A 级是初级标准，即允许在生长过程中限时、限量、限品种使用安全性较高的化肥和农药，标志与字体为白色，底色为绿色。AA 级是高级标准绿色农产品，要求在生产过程中不使用化学合成的肥料、农药、兽药、饲料添加剂、食品添加剂和其他对环境以及健康有害的物质，标志与字体为绿色，底色为白色。按照中华人民共和国农业农村部发布的行业标准，AA 级绿色农产品等同于有机农产品。

③ 有机农产品是指根据有机农业原则和有机农业生产方式及标准生产、加工出来的并通过有机食品认证机构认证的农产品。

有机农业原则是指在农业能量的封闭循环状态下生产，全部过程都要利用农业资源，而不是利用农业以外的能源，比如化肥、农药、生产调节剂和添加剂等。

有机农业生产方式是指利用动植物、微生物、土壤三种生产因素的有效循环，不打破生物循环链的生产方式。

中国有机农产品认证标志主要图案由外围的圆形、中间的种子图形及其周围的环形线条三部分组成。标志外围的圆形形似地球，象征和谐、安全；种子图形代表生命萌芽之际的勃勃生机，象征了有机产品从种子开始的全过程认证；周围的环形线条象征环形和道路，与种子图形合并构成汉字"中"；同时环形是英文字母"C"的变形，种子形状也是"O"的变形，意为"China Organic"。绿色代表环保、健康，表示有机产品给人类的生态环境带来完美与协调。橘红色代表旺盛的生命力，表示有机产品对可持续发展的作用。

拓展知识：如何鉴别有机农产品？

拓展知识：留住"儿时的味道"，地理标志农产品保护成果真"香"！

任务二　农产品营销概述

一、了解农产品营销的含义

（一）农产品营销的概念

农产品营销是指农产品生产者、经营者个人与组织，在农产品从农户到消费者的流程中，实现个人和社会需求目标的各种产品创造和农产品交易的一系列活动。

（二）农产品营销的内涵

农产品营销是围绕农产品从土地到餐桌所有过程中所涉及的市场营销活动，可从以下几个方面理解：

（1）农产品营销主体包括农产品生产者、经营者个人与组织。从渠道类型来说，包括代理商、批发和零售；从组织构成来说，包括个体（普通农户）、群体（合作社和一些协会）和各种形式的正式组织（公司、企业）。

（2）农产品营销是从农户到消费者的整个活动流程，贯穿于农产品生产、加工、储藏、运输、交易的全过程。

（3）农产品营销概念体现了一定的社会价值或社会属性，其最终目标是满足社会和人们的需求和欲望，农产品营销中的产品创造和交易活动，就是通过市场机制，通过价格引导，在满足社会生产和生活需求的同时实现其商品价值。

（4）农产品营销的最终目的是盈利。

农产品营销的基本概念、内涵及特点

二、掌握农产品营销的特点

（一）农产品营销产品的生物性和自然性

农产品来自自然，它是产品的最初形态，放置一段时间会腐化、腐烂，所以对它的新鲜度有非常高的要求，比如蔬菜、水果、肉类、花卉等，如果这些农产品一旦失去鲜活性，它的价值就会逐渐消失，导致价格降低，甚至无人购买，所以为了延长鲜活农产品的货架时间或发生腐烂的时间，加强冷链等先进技术将是一个非常大的发展空间。

（二）农产品供给的季节性较强，短期总供给缺乏弹性

农产品营销最大的特点是具有一定的季节性，市场上的农产品会随着农业生产的季节而变动，特别是一些鲜活农产品上市的季节性更强，要进行及时的采购和销售。比如大部分农作物类的生长周期是一年。这种周期性受自然规律的支配，是客观存在的。虽然现代科学技术能够缩短农产品的生长周期，改变农产品的上市时间，出现一些不应季的瓜果蔬菜，但总体来说农产品必须适应和服从这种周期性的生长规律。农业生产的季节性使农产品供需也带有较强的季节性。另外农产品的生产不像其他的工业产品或者服务产品，它的短期总供给缺乏弹性。

（三）农产品需求的大量性、连续性、多样性和弹性较小

（1）农产品是人类生活的基本生活需求，比如我们国家14亿人口，每天需要农产品的数量非常大，而且人们每天都必须消费以农产品为原料的食品、能量来保证生活需求，所以对农产品的需求是大量的、连续的。

（2）由于不同地区人们选择食物上的偏好不同，因而这就要求农产品的需求具有多样性，同时，许多农产品的效用又是可以相互替代，比如鱼和虾都可以满足人们体内对于蛋白的需要。

（3）由于人体内每日需摄入的营养物质基本维持不变，所以消费者不会因为农产品价格发生改变，而在某一时期对于农产品的需求量发生大变化，它的消费量不会增加太多，也不会减少太多，因而农产品尤其是对食品的需求价格弹性小。

《中国居民膳食指南》这本书中介绍了每人每日食物的消费情况，书中写到粮食每天是吃 0.6~1 斤（1 斤 = 500 g），动物食物 0.3~0.5 斤，食油 0.05~0.1 斤，水果 0.2~0.4 斤，蔬菜 0.6~1 斤，热量 2 600 千卡/天，蛋白质 72 克/天，脂肪 72 克/天。如果高于或者低于这个数量，就不太科学，达到这个数量以后如果再过多地摄取蛋白质或者热量会对身体造成负担，像之前有很多靠浪费粮食创造流量的"大胃王"们，他们不仅浪费了粮食也损坏了自己的身体，国家对这种现象也进行了规范和整治，所以我们要倡导节约粮食，反对舌尖上的浪费，不做"大胃王"，只做"光盘侠"。

案例："大胃吃播"涉嫌违法，珍惜美食，杜绝浪费

（四）大宗主要农产品品种营销的相对稳定性

农产品的生产大都是有机生命的生长过程，其品种的开发或者创新都需要漫长的周期，而且从原原种、原种到种子的研发，一般还要取决于科学研究水平，这就使农产品品种的增加和更新换代要比其他工业产品难度大、周期长，从而决定了农产品品种具有相对的稳定性。

（五）政府宏观政策调控的特殊性

农业是我国国民经济建设和发展的基础产业，它关系到国计民生，一旦农产品出现问题，整个社会就会出现不稳定，所以农产品价格的高低，政府对它有非常重要的调控作用。

三、认识农产品营销的功能和职能

根据市场营销功能主义学派的观点，农产品营销是一个彼此相关、互为条件的结构性动态关系构成的系统。

（一）农产品营销的功能

农产品营销的功能指系统某要素或营销活动在农产品营销系统中发挥的功能和作用。农产品营销功能之间是相互依存的，现代农产品营销的基本功能包括交易功能、形态改变功能、空间转移功能、价值增值功能、满足消费者需求功能、组织和风险回避功能。

问题：如何理解农产品营销在供应链中的角色？

农产品营销的功能和职能

（1）交易功能。农产品营销活动包括在农产品从农户到消费者的整个流程中，贯穿于农产品生产、流通、交易的全过程。交易功能是农产品营销活动的中心。

（2）形态改变功能。所谓形态改变功能是指通过一定的方式和手段使农产品的物理形态发生改变，这其中包括农产品的外观形状、体积或者颜色上的改变，比如小麦可以通过加工变成面包，原奶通过加工变成了奶粉、奶糖、酸奶等，具有一定的形态改变功能。

（3）空间转移功能。是指农产品地域转移的效用，农产品从生产地向消费地要经历地域转移。农产品营销在发展初期，其生产力大部分都散布在农村各地区，而消费地大部分都在城市的集贸市场或者超市等，所以从一地向另一地转移就需要空间转移功能，而现代运输技术的发展让农产品营销的转移功能得以实现，如果没有公路、铁路、海运、航空等这些运输技术的发展，农产品难以实现跨省甚至跨境营销。

（4）价值增值功能。这种价值增值功能主要体现在农产品营销过程中，通过产业链条进一步加工，使农产品的附加值得到提升。比如原奶，从奶农中收到的原奶经过加工变成酸奶，然后上架到市场、超市，那么过去10斤的原奶可能卖10块，经过加工变成酸奶后生产2斤可能就卖到10块甚至更高，所以这中间的每一个环节都实现了原奶的价值增值。

拓展知识：世界各国提升农产品附加值的成功案例

（5）满足消费者需求功能。农产品营销无论最初动机如何，它最终目标是满足消费者的需求。比如便利性，实际农产品营销过程中，如何把农产品以最便捷、快捷的方式送到消费者手中，是满足消费者除了消费农产品本身以外也要得到体现的地方，所以无论销售农产品最初动机是什么，最终都是满足消费者的需求。

（6）组织和风险回避功能。农产品营销组织功能即通过营销活动将农产品经营者（组织和个人）联系起来，实现生产、分配、消费的紧密结合。

(二) 农产品营销的职能

农产品营销职能是营销组织和主体在农产品营销活动中所执行的8项基本任务。虽然经营者会因为农产品的不同而采取不同的营销措施，但农产品营销的职能是共同的，分别是聚集职能、分级职能、储存职能、加工职能、包装职能、运输职能、分销职能、消费者服务职能，农产品的这些职能通常在各个营销阶段中起作用。

（1）聚集职能。聚集职能是指原料和商品进行集中批量运输的职能。由于农产品广泛分散于远离农产品市场和加工企业的生产区域，因此，对各生产区域的农产品进行市场集中和农产品加工十分重要。

比如粮食，在一定区域内，粮食就是从彼此距离较远的分散生产地收集完，再送到加工厂。其路径是：农户—商贩—大经销商—批发市场和卖场—消费者。

（2）分级职能。由于农产品营销标准化的广泛推行，农产品在收集过程中，必须要进行分级、分类，这样去论价、去销售才能满足不同层次的消费需求，一般等级越高，其价格也越高，效益也就越好。比如：橘子、苹果多以"个"为计量单位，大白菜、卷芯菜以一棵、半棵来进行标价，这些农产品大小不一样，而大小就是分级的一个重要标准。

（3）储存职能。除了畜产品以外，多数农产品要经过一年或一季的生长周期才能收获，而农产品消费又具有持续性和稳定性，这往往与生产的季节性相矛盾，所以为了保证农产品品质，满足人们长期的消费，就需要它有储存职能。比如说果汁加工企业，它需要长时间持续的鲜果和果浆的供应，但因为季节性会导致原料不能满足持续性使用，所以建立一个仓库及其他储藏设施十分有必要。

拓展知识：没有冰箱的年代，古人储存食物的方法

（4）加工职能。农产品具有原始和自然的特性，往往需要加工成初级加工品或者更高级的加工品进行销售，比如畜禽等动物经过屠宰加工后变成鲜肉，这些鲜肉又经过其他加工变成在零售商店里各种形式的火腿肠、肉罐头等加工品；谷物则可经过碾磨并加入其他配料制成各种糕点、饼干等。这样既能够延长它的保质期，又能够提高农产品的附加值。

（5）包装职能。包装是农产品营销的重要基本职能，也是商品流通的重要条件。通过包装不仅可以保护和美化农产品，而且针对不同群体可以使其大小适宜，方便使用。另外，包装从商业价值上来说可以提高商品竞争力，在农产品质量相同的情况下，精致、美观、大方的包装可以刺激消费者的购买欲望，农产品包装有非常重要的促销功能。

（6）运输职能。运输是一个基本营销职能，农产品从生产地到消费地，运输几乎贯穿营销的各个阶段，它的作用是改变农产品的空间位置，解决农产品生产者和消费者地理位置上的分隔。某种原料一般只在一定的地区出产，比如南方种水稻，北方种小麦，如果北方人要吃水稻，南方人要吃小麦，就需要通过运输才能实现。当然农产品的耐储存性不同，选择的运输方式也是不同的，比如说果蔬产品要采用冷链运输等。

拓展知识：如何合理地选择农产品运输方式和运输工具？

（7）分销职能。就是通过不同销售渠道将农产品分配到批发商、零售商和消费者。农产品一般通过超市、加盟、电子商务、分销商、代理商等来进行分销，分销是农产品的中间环节，它直接连接农产品的零售环节，从而减少了企业在流通环节的投资，使企业能够更集中关注生产。

（8）消费者服务职能。是农产品营销职能的新发展，也是满足消费者的需求。将农产品市场营销从单赢者模式正转向买卖双方的双赢模式，消费者服务职能日益成为农产品营销的一个重要组成部分。

四、正确理解农产品营销观念的演变及发展

（一）农产品营销观念

1. 传统营销管观念

生产观念的特点是"以产定销、以量取胜"，形成于20世纪20年代以前，企业把精力都投放在扩大生产、降低成本上，主要是提高产量扩展市场，为企业获取更多的利润。

产品观念的特点是"以产定销、以质取胜"，它也是一种较早的营销理念，这种营销观念认为，只要产品够特色、高质量、多功能，消费者自然会找上门来，所以企业把大部分的精力都放在不断改进产品上，而忽视了顾客的需求，即导致所谓的"营销近视症"。

推销观念的特点是"以推销、促销活动刺激消费",推销观念产生于资本主义国家由卖方市场向买方市场的转化阶段,当市场刚刚进入供过于求,竞争激烈的阶段时,推销观念确实产生过很强的实际效应,一些企业重视广告宣传和人员推销,使企业的产品和效率有了明显上升。但推销观念一味强调的是如何把企业产出的产品通过各种可能的手段和方法,去说服和诱导消费者接受企业已经生产出来的产品,而不是考虑生产的新成品顾客是否需要,是否满意,是否会重复购买等问题,其实质仍然是以生产为中心。

虽然推销观念相比前两种观念更进一步,但仍属于比较旧的营销观念,具体表现为"我们卖什么,人们就买什么"。推销观念适用于销售那些非渴求商品,非渴求商品又称非寻求物品,是消费者不知道或者虽然知道但一般情况下也不会想要去主动购买的商品,比如保险、百科全书、墓地等,这些行业需要善于运用各种推销技巧去寻找和说服顾客购买。

2. 现代营销观念

(1) 市场营销观念。

市场营销观念的特点是"顾客需要什么,企业就经营什么",形成于20世纪50年代,其核心原则在20世纪50年代中期基本定型。市场营销观念认为实现企业目标的关键是确定目标市场的需求和欲望,并且比竞争对手更有效地满足顾客的期望,企业的生产经营活动要根据顾客的需求进行产品的设计、生产、定价和服务,并通过各种营销策略及各部门整合营销的方式,为顾客提供价值、满意和长期忠诚的关系。在这种观念的指导下,有许多企业开始逐渐从"生产产品并设法卖出去"的旧观念转变为"发现需要并设法满足他们"的新观念,有许多形象的说法能够体现,比如"顾客就是上帝""爱你的顾客要胜过爱你的产品"等。市场营销观念的产生可以说是企业经营观念一次根本性的变革,是众多企业取得经营成功的基本前提。

(2) 社会市场营销观念。

社会市场营销观念的特点是"兼顾企业利润、消费者需求的满足和社会的长远利益",它出现于20世纪70年代,是对市场营销观念的补充和延伸,虽然市场营销观念摆正了企业与顾客的关系,但在实际执行过程中,部分企业为满足消费者个人需求,一味地从企业利益出发,置社会长远利益于不顾的现象时有发生,如使用"一次性方便筷子",确实给人们带来了便利,却造成了环境污染、社会资源浪费等现象,针对这些情况,就出现了社会市场营销观念。

社会市场营销观念认为企业不仅要满足消费者的需要和欲望,而且还要符合消费者自身和整个社会的长远利益,实现企业利润、消费者需要的满足和社会利益三者的协调发展,如图1-1所示。社会市场营销观念强调营销者在进行市场营销活动时,要考虑社会与道德的问题,重视社会利益,注重对地球生态环境的保护,这是符合社会可持续发展要求的营销观念,应当大力提倡。比如有机水果、绿色蔬菜、纯天然农产品受到越来越多消费者的欢迎,企业在宣传中也强调其有利于身体健康和环境保护。

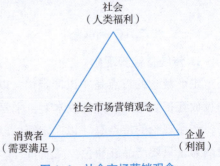

图1-1 社会市场营销观念

上述五种企业经营观念，其产生和存在都有其历史背景和必然性，都是与一定的条件相联系、相适应的。当前，在全球经济一体化的潮流下，我国要参与国际竞争，企业为了求得生存和发展，必须树立具有现代意识的市场营销观念、社会市场营销观念，而且要真正付诸实际行动当中。

荷兰花卉业基于社会市场营销观念提升竞争力的启示

荷兰被誉为世界郁金香王国，其花卉产业在全球享有卓越声誉。但是，一般专家都认为，荷兰缺乏种植花卉所必需的良好土壤与气候条件。按照一般栽培技术，不仅很难培育出优良的花卉品种，而且对荷兰这个国家的生态环境还会造成不利影响。因此，只有另辟蹊径，走一条花卉培育的新路，既能培育出好的花卉产品，又不会以牺牲环境为代价。

为避免对环境造成不利影响，采取封闭式培育方式，是荷兰花卉产业发展的唯一道路。如此虽能减少对环境的污染和不利影响，但势必会提高种植成本。如果不能将种植成本有效降低，荷兰真没有必要发展自己的花卉产业。为此，在封闭式培育花卉的基本思路下，荷兰不断创新培育技术，通过采用众多研究机构开发的新技术，最终不仅在培育过程中没有对环境造成不利影响，而且因为采用了最先进的栽培技术和方法，降低了培育成本，培育出了更优良的花卉品种。

此例告诉我们，采用社会市场营销观念开展经营活动，虽然可能提高企业的经营成本，但同时也形成了一种创新压力，逼迫企业不断追求技术创新，降低经营成本，反而能提升整体竞争力，并符合社会与消费者长远利益要求。企业何乐而不为呢！

（二）农产品营销的新方式

1. 全方位营销

随着时代的发展，企业意识到全面超越传统营销理念的必要，全方位营销观念就是在这样的背景下发展形成的经营理念。全方位营销观念认为，企业的营销应当贯穿于企业经营活动的每一个方面，必须以更加广泛的方式整合营销实践中的营销企划、营销过程和营销活动。全方位涉及四个方面：关系营销、整合营销、内部营销和绩效营销。

（1）关系营销是20世纪80年代末、90年代初在西方企业界兴起的一种新型营销理念。所谓关系营销，是指把市场营销职业活动看成是一个企业与消费者、供应商、分销商、竞争者、政府机构和社会组织发生互动作用的过程，其核心是建立和发展农业综合企业与顾客之间长期的良好关系。关系营销观念的提出和发展使市场营销哲学有了很大的发展，突破了交易营销的思想局限，而把农业企业在市场上竞争取胜的焦点着眼于忠诚顾客的培养和关系资产的积累，它们认为吸引一位新顾客的成本可能是挽留一位老顾客的成本的5倍。因此，农业企业通过向现有顾客提供种类繁多的产品，可以进一步提高顾客份额。

（2）整合营销产生于20世纪90年代初期，是一种对各种营销工具和手段的系统化结合，根据环境进行即时性的动态修正，以使交换双方在交互中实现价值增值的营销理念与方法。整合就是把各个独立的营销综合成一个整体，以产生协同效应。这些独立的营销工作包括广告、直接营销、销售促进、人员推销、包装、事件赞助和客户服务等。整合营销主要强调：企业的各部门要以围绕企业整体的营销目标加强彼此的协调，各部门（不仅是营销部门）的人员都必须确立为顾客利益考虑的思想观念。

（3）内部营销指服务公司必须有效地培训和激励直接与顾客接触的职员和所有辅助服务人员，使其通力合作，为顾客提供满意的服务。对于一贯提供高质量服务的公司来说，营销人员必须让公司的每一个人执行顾客导向战略。菲利浦·科特勒曾指出："内部营销是指成功地雇佣、训练和尽可能激励员工很好地为顾客服务的工作。"这也就是说向内部人员提供良好的服务和加强与内部人员的互动关系，以便一致对外地开展外部的服务营销。这里所说的对员工的雇佣、训练和激励，包括的内容有服务人员的训练、服务人员的处置权、服务人员的义务和职责、服务人员的激励、服务人员的仪表、服务人员的交际能力、服务人员的服务态度等；内部营销过程实际上也就是对服务营销组合中各人员要素的管理过程。

（4）绩效营销，从狭义的角度来讲，对绩效营销最直观的理解是企业从注重绩效的角度开展营销活动或提升营销能力。这里的绩效是指狭义的财务绩效。广义的绩效营销是指营销者更加关注营销活动及其投入带来的商业回报，并更广泛地关注营销对法律、伦理、社会和环境的影响和效应。无论是从广义还是狭义的角度理解，绩效营销作为一个交叉学科领域，都强调营销与会计、财务、金融的融合，强调从关注短期利益转向关注营销带来的长期价值。这实际上是对社会营销观念的包容。

2. 绿色营销

进入21世纪，伴随着各个国家消费者环保意识逐渐增强，人们悄然掀起了一股低碳经济、绿色经济新浪潮。在这股浪潮的冲击下，强调消费者需求、企业利益和环保利益三者有机统一的绿色营销观念也就应运而生，并引起世界各国企业的普遍关注。

绿色营销是一种能辨识、预期及符合消费的社会需求，并且可带来利润及永续经营的管理过程。绿色营销观念认为，企业在营销活动中，要顺应时代可持续发展战略的要求，注重地球生态环境保护，促进经济与生态环境协调发展，以实现企业利益、消费者利益、社会利益及生态环境利益的协调统一。从这些界定中可知，绿色营销是以满足消费者和经营者的共同利益为目的的社会绿色需求管理，以保护生态环境为宗旨的绿色市场营销模式。

案例：内蒙古草原兴发公司"绿色之旅"

3. 农产品网络营销

网络营销产生于20世纪90年代，发展于20世纪末至今。网络营销是以互联网为基础，利用数字化的信息和网络媒体的交互性来辅助营销目标实现的一种新型的市场营销方式。简单地说，网络营销就是以互联网为主要手段进行的，为达到一定营销目的的营销活动。网络营销不仅仅是一种借助网络媒体开展的营销方式，更是信息时代的新文化，常见的网络营销形式：网络广告营销、搜索引擎营销、E-mail营销、微信营销、微博营销、论坛营销、直播营销、视频营销等。

（1）网络广告营销：配合企业整体营销战略，发挥网络互动性、及时性、多媒体、跨时空等特征优势，策划吸引客户参与的网络广告形式，选择适当网络媒体进行网络广告投放。

（2）搜索引擎营销：通过获得在搜索引擎上的优势排名，为网站引入高流量、高点击率，达到营销传播的目的。

（3）E-mail 营销：以订阅的方式将产品信息通过电子邮件的渠道发送给目标用户，以此建立与用户之间的信任与信赖关系。

（4）微信营销：网络经济时代企业或个人营销模式的一种创新。是伴随着微信的火热而兴起的一种网络营销方式。微信不存在距离的限制，用户注册微信后，可与周围同样注册的"朋友"形成一种联系，它是一种由用户订阅自己所需的信息，商家通过提供用户需要的信息来推广自己的产品，从而实现点对点的营销。

（5）微博营销：指商家或个人通过微博平台发现并满足用户的各类需求的商业营销方式。

（6）论坛营销：指企业利用论坛这种网络交流的平台，通过文字、图片、视频等方式发布企业的产品和服务的信息，从而让目标客户更加深刻地了解企业的产品和服务。最终达到企业宣传品牌、加深市场认知度的网络营销活动。

（7）直播营销：利用直播手段提供个性化、定制化产品或服务，推动粉丝转化为最终消费者的商业活动。

（8）视频营销：以创意视频的方式，将产品信息移入视频短片中，被大众化所吸收，也不会造成太大的用户群体排斥性，容易被用户群体所接受。

4. 文化营销

文化营销是组合概念，简单地说，就是利用文化力进行营销，是指企业营销人员及相关人员在企业核心价值观念的影响下，所形成的营销理念，以及所塑造出的营销形象，两者在具体的市场运作过程中所形成的一种营销模式。企业的营销活动不可避免地包含着文化因素，企业应善于运用文化因素，在满足消费者物质需求的同时还满足消费者的精神需求，给消费者以文化上的享受，满足他们高品位的消费。比如南方黑芝麻糊卖的不仅仅是黑芝麻糊本身，它承载了很多人对"一股浓香，一缕温情"的美好回忆。

案例：微信圈里助农销、扶贫村中蜂蜜俏

如何将农产品赋予文化内涵？

将农产品赋予产品文化。关于农产品发展过程的文献和故事也属于农产品的产品文化，例如兰州永登苦水玫瑰，在 20 世纪 30 年代有一家天津酒厂用苦水玫瑰酿成玫瑰酒后，在巴拿马博览会上获得银质奖章，从此苦水玫瑰随着玫瑰酒驰名中外。又如河南嵩县山茱萸，种植历史有300年,最早从南召县铁佛寺引进5棵;1951年,开始山茱萸树的人工移栽;1958年,开始育种;1971年,发展到2万余棵;1984年,达到400万棵,现在已经发展到了7万多亩。而关于种养殖技术的经验和文献也是农产品产品文化的范畴,例如甘肃庆阳黄花菜的栽培技术,就是几百年来不断优化的经验总结。

而几乎所有的农产品经过历史的洗礼,都有一整套的种养殖技术,有的靠当地老百姓代代相传,有的整理成文献资料以供传承,有的由当地的农业科研机构发扬光大。

将农产品赋予历史文化。 历史文化和产品文化不同的是,产品文化是和产品的起源、生产直接相关的人和事件,而历史文化不和农产品的生产直接相关。"金光灿灿黄又黄,个大味鲜甜又香,蜜橙果中第一个,沙田柚子桔中王",这是广西沙田柚的一首民谣;万县糖水坝萝卜有关王母娘娘蟠桃宴的神话故事让糖水坝萝卜有"仙萝卜"的美誉;甘肃秦安长把梨治好唐太宗李世民的故事,让长把梨成为千年"贡品";山西沁州黄小米因为受到康熙皇帝的青睐,被奉为皇家贡米,赐为"四大名米"之首,福来为沁州黄提炼出"黄金产区,皇家贡米"的品牌价值诉求。

一个农产品经历的时间越长,其历史文化就越丰富多彩,农产品的历史文化,不仅仅是产品本身的写照,更是人们生活方式的历史写照,是中国农业社会人们寓情于物,借物托情的精神文明生活的再现。

将农产品赋予饮食文化。 例如山西应县的大蒜,不但是调味的上品,当地人还用来加工成糖蒜、醋蒜,当地人制酱也要加应县紫皮蒜,米醋里也要放这种特色的紫皮蒜,这和南方大蒜一般调味的吃法显然不同。又如,安徽的枞阳大萝卜又脆又甜,当地人大多直接生吃,当地人如遇感冒、咳嗽,就用半茶杯或者一茶杯生萝卜汁,加冰糖,隔水炖熟,临睡前一次服完,连服3~5次,便可痊愈。同样的"手抓羊肉",在城里的餐馆和草原的篝火旁,是完全不同的饮食文化方式。

正是中国千万种的农产品,以及这些农产品各具特色的饮食方式,造就了各地特有的各式各样的风味小吃。

将农产品赋予民俗文化。 民俗文化包括当地人的生产习俗、各种农事节庆、当地人的禁忌、各种生活习俗、以及自然崇拜等。农产品的民俗文化,重点是和农产品直接相关的民俗文化。例如北方民间的婚礼有一种"撒帐"习俗,新婚夫妇入洞房前,由一名亲属长辈妇女手执盛满枣栗的盘子,边抓枣栗撒向床上,边唱《撒帐歌》:"一把栗子,一把枣,小的跟着大的跑",用这种方法祝早生贵子,子孙满堂。又如傣族的"尝新米"习俗,先将一部分煮熟的新米饭送去寺院贡佛,再将一部分用于祭祖,然后全家人再共食。

民俗文化是一个区域或者一个民族历史的见证,是优秀历史的传承,不管是否和农产品直接相关,都在农产品的开发过程中起着很重要的作用。

将农产品赋予区域文化。 根据和农产品相关程度可以分为三类,直接和农产品相关的区域农产品文化,间接和农产品相关的农业类文化,以及和农产品没有关系的但是能体现区域特色的文化,例如名山大川、名人故里、重大的历史事件发生地等。直接和农产品相关的区域农产品文化,例如嵩山少林寺里的1 000多年的银杏树,就是和银杏有关的国家级保护植物。间接和农产品相关的农业类文化,例如云南的哈尼梯田,对于梯田产的特色米来说，就是直接相关的区域农产品文化，而对于哈尼别的农产品如核桃、板栗等来说，就是间接相关的农业类文化。和农产品没有关系的区域文化范围就很广了，例如山东济源的王屋山是愚公移山时住的地方，那么王屋山产的任何农产品就和王屋山里愚公移山的区域文化有关系了。

农产品的文化博大精深，理解了文化才能给农产品创造更多更广的价值。

资料来源：农文化公众号，2019-03-05

岗位介绍

从市场营销就业岗位来看，主要的岗位有销售类岗、营销类岗、运营类岗等，如表1-4所示。

表1-4 营销类就业岗位

岗位类别	具体岗位
销售类岗	业务员、跟单员、促销员、电话销售员、客户经理、销售助理等
营销类岗	产品经理、品牌经理、市场分析员、客户服务专员、营销主管等
运营类岗	新媒体运营、推广运营、社群运营等

对于高等职业院校学生来讲，初始就业岗位主要是上述各类的基层职位；随着在工作中能力素质的提升，可获得更高的职位。一般需要3年左右时间，可以升至更高的岗位。

问题：农产品市场在现代经济中的作用是什么？	问题：农产品集贸市场存在哪些问题？	问题：如何解决农产品集贸市场存在的问题？
农产品市场的概念、特点及类型	农产品集贸市场概念、特点及存在的问题	农产品集贸市场存在的问题及对策

任务三　农产品营销人员应具备的职业修养

一、了解农产品营销人员职业道德素养

（一）职业道德

职业道德素养是如今社会当中职业生活的具体化，并且与人们的职业活动密切相关。广义上的职业道德是指从业人员在职业活动中应遵循的行为准则，涵盖了从业人员与服务对象、职业与职工、职业与职业之间的关系。狭义上的职业道德是指在一定职业活动中应遵循的、体现一定职业特征的、调整一定职业关系的职业行为准则和规范。不同的职业人员在特定的职业活动中形成了特殊的职业关系，包括了职业主体与职业服务对象之间的关系、职业团体之间的关系、同一职业团体内部人与人之间的关系，以及职业劳动者、职业团体与国家之间的关系。

（二）农产品营销人员应遵循的职业道德

（1）爱岗敬业：爱岗和敬业，互为前提，相互支持，相辅相成，是从业人员的职业道德的内在要求。农产品营销人员要树立职业理想，强化职业责任；开拓创新，精益求精；培养干一行、爱一行、专一行的理念。

（2）诚实守信：即忠诚老实，信守承诺，是从业人员职业道德的核心，在营销职场上就是要忠诚于所属企业，维护企业信誉，保守企业秘密；对待客户货真价实、守信，这一基本规范是营销人员必须具备的素质，必须遵守的信条。

（3）顾客至上：从事农产品营销人员要树立"以客户为中心"的理念，在面对顾客时，要能够察言观色，透过顾客的外在表现，了解顾客内在的真实想法，以投其所好，灵活调整营销计划，从而提高顾客的满意度，是营销人员正确处理与客户之间道德关系的基本准则，也是营销从业人员职业道德的基本规范。

（4）公平竞争：指企业及其从业人员之间要采取合法、正当的手段展开竞争，应当遵循公平竞争的原则，不得从事不正当竞争。这是对从业人员从事业务活动的基本道德要求。具体而言，就是要尊重竞争对手，不恶意诋毁、贬低或负面评价其他企业及其从业人员，要依靠专业的技能和服务质量展开竞争，通过加强与同业之间的交流与合作，相互学习，实现共同进步。公平竞争有利于遵循公平的市场原则，有利于遵循诚信的市场原则，有利于遵守公认的商业道德。

（5）遵纪守法：是农产品营销从业人员要遵守的基本准则，是维护社会制度、秩序，增强企业凝聚力的必然要求。在营销活动中，营销人员不仅要严于律己，廉洁奉公，更要树立强烈的纪律意识，以遵规守纪为荣，以违法乱纪为耻，做一名合格的营销工作者。

（6）团结协作：是一种为达到既定目标所显现出来的资源共享和协同合作的精神，它可以调动团队营销人员的所有资源与才智，并且会自动地驱除所有不和谐、不公正的现象，同时对表现突出者及时予以奖励，从而使团队协作产生一股强大而持久的力量。因此，作

为农产品营销人员要学会协调个人和集体的关系，要将自己融入整个团队中去，处理好团队成员之间的关系，成员间相互帮助，彼此信任，大家共同提高，利益共享，责任共担，共同为实现团队的营销目标而努力。

二、培养农产品营销人员职业能力

职业能力是人们从事某种职业的多种能力的综合，可以定义为个体将所学的知识、技能和态度在特定的职业活动或情境中进行类化迁移与整合所形成的能完成一定职业任务的能力。

农产品营销人员应具备的职业能力有以下几种。

1. 人际沟通能力

人际沟通能力是指人们为达到某种目的，通过一定的方式，使彼此了解相互信任并适应对方的一种活动过程。作为一名优秀的农产品营销人员，要想在营销的过程中取得成功，必须学会逐渐提升人际沟通层次，提高与同事、领导、客户的人际沟通能力，这对于从事农产品营销人员而言是非常重要的。

2. 团队合作能力

团队合作能力是指建立在团队的基础之上，发挥团队精神、互补互助，以达到团队最大工作效率的能力。现代农业企业对团队合作能力的培养十分重视，要求农产品营销人员要学会处理个人与集体、局部与全局之间的关系，努力将个人融入整个团队中去，形成团队成员相互帮助，彼此信任，共同提高，利益共享，责任共担，共同为实现团队的营销目标而努力。

3. 信息搜集处理能力

当前农产品市场竞争日益激烈，单纯地对农产品市场进行调研或用旧有手段进行信息搜集已经不能适应海量农产品市场信息瞬息变化的情况。农产品营销人员应具有敏感性，具备较强的信息搜集和处理能力，不轻易放过任何有价值的信息，要做农产品市场活动中的有心人，将收集到的新问题、新情况作出快速的反应，并在整理后及时反馈给公司，供其决策之用。

4. 应变能力

应变能力是人所具有的随着变化了的情况立即采取不同应付措施的技能和本领。农产品市场中任何一个机会都十分宝贵，这种机会很可能会稍纵即逝，如果抓不住则会错失良机，这就要求农产品营销人员必须具有灵活机动的应变能力，在坚持原则的同时，化复杂为简单，取得营销活动的成功。

> 读一读

农产品营销工作不是一个人单打独斗就能够完成的，是需要多人合理分工以及密切配合的，明确各自岗位职责，发挥各自所长，互补互助达到团队最大产出。

农产品营销

问题：如何发挥农产品批发市场在农产品流通中的作用？

农产品批发市场的相关知识

问题：如何优化农产品批发市场的运作？

农产品批发市场的相关知识

任务实训

实训项目	介绍家乡的一种特色农产品
实训目的	（1）教师引导学生能够学会小组讨论与独立思考相结合的学习方式。 （2）增进学生对家乡特色的了解，唤起学生对家乡的热爱之情
实训步骤	（1）教师提出实训前准备及相关要求。 （2）根据全班学生的基本情况，考虑性别比例、家庭区域、沟通交往技能、学习组织能力等方面因素进行分组。 （3）指导学生通过查阅资料了解家乡特色农产品的外部特征、营养价值或用途、食用方法等，并提供必要指导。 （4）以小组为单位进行交流、讨论，共享信息
实训成果	汇报演讲，每组3~5分钟，可适当准备多媒体材料做辅助

序号	标　准	分值	得分
1	内容完整，表达有条理； 语言连贯、用词新颖，具有吸引力； 神情自然，姿态大方得体	50	
2	在课堂规定时间内完成组队	10	
3	陈述家乡农产品特色鲜明	15	
4	担任组长，协调各组员的小组任务	10	
5	针对随机提问，回答自然得体； 展示在规定时间内完成	15	
	总计	100	

课后习题

一、单项选择题

(1) 狭义农产品不包括下列（　　）。
　A. 水产品　　　B. 畜产品　　　C. 林产品　　　D. 油料作物

(2) 下列选项不属于农产品需求特点的是（　　）。
　A. 大量性　　　B. 连续性　　　C. 多样性　　　D. 弹性较大

(3) "赚钱产品的生产不要赶，赔钱产品的生产不要丢"的经验，是农产品价格的（　　）表现。
　A. 季节变动规律　　B. 周期变动规律　　C. 市场经济变动　　D. 市场供求规律

(4) 许多企业近年来高举"环保""健康"旗帜，纷纷推出诸如由棉、麻和丝等天然纤维制成的"生态服装"，使用可降解的塑料包装材料，它们所奉行的市场营销观念是（　　）。
　A. 推销观念　　　B. 生产观念　　　C. 绿色营销观念　　　D. 社会营销观念

(5) "民以食为天"体现的是农产品营销活动的（　　）。
　A. 广泛性　　　B. 基础性　　　C. 季节性　　　D. 不稳定性

二、多项选择题

(1) 农产品大多是生物性自然产品，其特点有（　　）。
　A. 鲜活性
　B. 易腐性
　C. 季节性强，短期总供给缺乏弹性
　D. 易存储性
　E. 需求的大量性、多样性、连续性

(2) 农产品营销的功能有（　　）。
　A. 交易功能　　B. 价值增值功能　　C. 形态改变功能
　D. 空间转移功能　　E. 组织和风险回避功能

(3) 农产品是指农业活动中获得的（　　）。
　A. 植物　　　B. 动物　　　C. 微生物
　D. 初级加工品　　E. 纤维产品

(4) 农产品营销的特点有（　　）。
　A. 营销产品的生物性、自然性
　B. 农产品供给的季节性强，短期总供给缺乏弹性
　C. 农产品需求的大量性、连续性、多样性和弹性较小
　D. 大宗主要农产品品种营销的相对稳定性
　E. 政府宏观调控的稳定性

(5) 随着农产品营销理论的发展，农产品营销的基本职能包括（　　）。
　A. 集货职能　　B. 交易职能　　C. 储藏职能
　D. 加工职能　　E. 包装职能

三、判断题

(1) 初级农产品包括谷物、油脂、农业原料、畜禽产品、林产品、渔产品、蔬菜、瓜

果、花卉等农产品。（　　）

（2）依据农产品质量特点和对生产过程控制要求不同，将农产品分为一般农产品、认证农产品、标识管理农产品。（　　）

（3）农产品由供给平衡转向供给总量有余，卖方向买方市场转变。（　　）

（4）农产品生产经营的主体是生产者与经营者个人和组织。（　　）

（5）消费需求环境变化，消费观念、结构、质量都发生变化。（　　）

四、简答题

（1）谈谈你对农产品营销的理解和认识。

（2）简述农产品营销的基本功能和职能。

（3）简述农产品营销的新方式。

（4）论述我国农产品营销的发展趋势。

（5）简述农产品营销人员需具备的素质。

拓展知识

（1）观看中央台的《每日财经》《聚焦三农》以及新闻栏目，了解农产品最新资讯。

（2）可以利用网络查找收集相关农产品的资料，如中国农民网中的农业资讯（http://www.farmer.gov.cn/hyfz/nyzx//）和中国营销网（https://www.hizcn.com）

项目二

农产品营销环境

学习目标

知识目标：
(1) 了解农业生产的特点、种类、我国农产品营销现状。
(2) 了解农产品营销宏观环境、了解农产品营销微观环境。
(3) 了解绿色销售的概念、制约绿色农产品营销原因。
(4) 了解农产品的产品策略、价格策略、品牌策略、促销策略。

技能目标：
(1) 能对农产品根据概念正确分类，能从各个角度对农产品市场环境进行正确分析。
(2) 能够对农产品的营销环境进行宏观分析、微观分析。
(3) 能够辨析绿色农产品销售的原因、提升农产品绿色营销意识。
(4) 能够制定农产品的价格、挖掘农产品的品牌优势、掌握农产品的促销策略。

素养目标：
守正创新，热爱农村，致力于农业现代化的发展。

思维导图

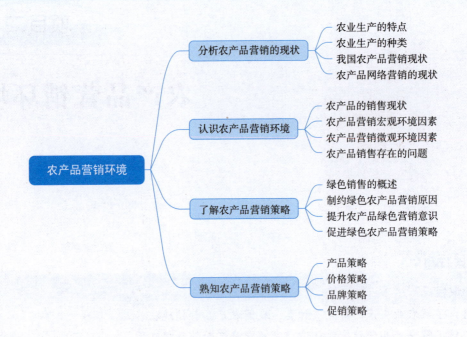

引导案例

运城是山西的农业大市,处于全国黄淮海优质小麦生产带、优质棉花生产带,是山西最大的粮棉基地、全国最大的苹果和芦笋产地,小麦、水果产量占全省的50%左右;苹果、蔬菜产量占全省的60%以上;棉花、芦笋产量占到全省的90%以上,其中芦笋占全国的1/2、全球的1/4;果汁加工量占到全省的95.2%、全国的1/4。但"卖难"问题一直伴随着农业产业结构调整的全过程,是一个老大难问题。比如受疫情影响,前两年的棉花、西瓜滞销,价格低迷,农民收入受到很大影响。

思考:农产品同质化现象严重,如何改变农产品价格低,农产品滞销的问题?

任务一 分析农产品营销的现状

一、农业生产的特点

农业生产具有地域性、季节性和周期性的特点。地域性是指不同地区，生产的结构和品种以及数量都不相同，不同的生物或植物，其生长发育的自然条件不同。季节性和周期性是指农业生产活动需要按照季节进行，并有一定的变化周期，需要因地制宜，不违农时。农业生产具有季节性，农产品市场的货源随农业生产季节而变动。

二、农业生产的种类

按生产对象分类通常分为：种植业、畜牧业、林业、渔业、副业；按投入多少分为：粗放农业和密集农业；按产品用途分为：自给农业和商品农业；根据生产力的性质和状况可分为：原始农业、古代农业、近代农业和现代农业。农业生产在空间的分布上具有明显的地域差异，不同的地域，生产的结构品种和数量都不同。

特别是一些鲜活农产品，如不及时采购和销售，就可能给农户造成经济损失。而且，农产品生产分散在农村千家万户，农产品在集中交易时具有地域性特点，通常采用集市贸易的形式，规模小而分散；因农产品具有鲜活的特点，在运输、储存、销售中会发生腐烂、发霉和病虫害，极易造成损失，因此农产品市场风险比较大。所以农产品在销售时要尽量缩短流通时间，妥善保管，降低风险。

三、我国农产品营销现状

（一）农产品营销的组织化程度低

我国农业最基本的经营现状是小生产对大市场，有人形容为"提篮小卖"对付"跨国公司"。因此可以说组织化程度是制约农产品营销的一道坎。千家万户分散的经营格局、随意性的种植制度、不确定的品种、数量和质量，很难与销区建立相对稳定的供货渠道，占据相对稳定的市场份额，小生产很难与国内外大市场、大流通对接。

问题：农产品营销中存在的质量问题和品牌意识如何？

农产品营销的现状

（二）农产品营销的质量品牌意识差

随着城乡居民生活的小康化，人们的安全、营养、保健意识显著增强，卫生质量和品牌正成为人们选择的第一要素。然而，目前千家万户的小生产方式，高毒、高残留农药的使用和农产品中的农药残留及其他有害有毒物质难以做到更有效的监控，难以满足日益强烈的高营养、无污染、保健化的要求。

（三）农产品营销的市场体系不健全

生产经营活动不规范，产业链上各经营环节的利益分配严重不公。生产成本居高不下，农民的收入相对较低。

（四）农产品营销的科技含量低

技术服务体系不健全，新技术、新成果的入户率和到位率不高，距离标准化、规范化、专业化的现代农业生产还相差很远,加之目前绝大多数农民文化水平不高,也难以接受新技术、新事物,生产随意性大,统一指挥调度难,也不容易步入规范化生产、标准化分级、品牌化销售的发展轨道。

此外,我国农业农产品的销售形式单一且效益低下,出现供需不平衡现象。传统农产品营销模式无法适应市场发展及变革的脚步,无法满足人民的需求变化。因此,只有借助科学技术的进步和网络的发展,改变经营模式才能发展创新型农业营销策略,促进农业发展和农村经济发展,那么农产品网络营销是什么现状呢?

四、农产品网络营销的现状

(一)营销意识欠缺

对于农产品销售而言,电子商务营销是促进农产品快速销售快速收益的新型销售模式。当下这种营销概念的适用范围还仅限于网络较发达和认知水平较高的大中型城市,对于偏远地区而言,农产品经营者对于新型电子平台网络销售形式的认识不足和相对滞后,对销售风险和销售成本评估存在夸大性和不可控性,还没有真正认识到网络销售对于农产品的推广和产品品牌建设的益处。因此许多的农产品经营者不愿意借用网络技术和电子平台发展经营、销售产品,在传统经营模式中逐渐失去市场占有率,收益甚微。

(二)营销队伍不足

对于部分对网络技术有一定认知、对电子平台或直播带货等营销手段也有意向的农产品种植户或经营者而言,最大的困境来自营销人员严重不足,缺少完善的营销管理队伍,因此在市场中始终找不到产品卖点和营销策略,导致产品与消费者之间脱节,售后服务也得不到落实和保障。

(三)营销配套欠佳

(1)网络普及度低。我国当前网络覆盖率出现严重的地域性差异和分配不均现象,大多数偏远地区不具备最基本的网络条件,关于农业和农产品的信息门户网站少之又少,农产品经营者无法掌握实时的农产品市场动向和消费者需求。加之关于农产品的电子营销专门平台建设严重滞后,网络配套设施的建设无法跟上农产品网络销售的需求。

(2)农产品自身不足。相较于传统经营模式而言,线下销售对于消费者而言更容易把控产品质量。农产品的线上销售对产品的包装和保鲜都提出了更高更规范的要求。许多农户认识不到产品包装和品牌对于网络销售的重要性,一些生鲜产品在储存和运输过程中因技术条件不足会导致产品在运输过程中的损坏和变质,由此极大地破坏了产品的形象和线上销售的信誉。这些因素导致消费者对于网络电子平台上销售的农副产品的质量缺乏信心。

知识拓展

东方甄选——直播带货案例

一、东方甄选发展历程

东方甄选是新东方集团旗下直播带货平台,于 2021 年 12 月 28 日推出,运营主体为新东方在线。2022 年 8 月,东方甄选推出了独立的 APP,并在各大应用平台上线。

新东方作为一家以教育起家的企业,"双减"政策后,新东方教育集团董事长俞敏洪于2021年12月28日宣布成立"东方甄选"。2021年年底正式入驻直播电商行业,主要涉足农产品直播带货领域。万事开头难,东方甄选初期经历了半年的寒冰期,其间直播间一直不温不火。据灰豚数据统计,2022年6月,东方甄选的账号粉丝数一个月内增加了近2 000万,直播间当月农产品销售额高达近7亿元,在其所入驻的平台内成为月销售首位,截至2023年1月6日,东方甄选抖音平台粉丝数达到了2 911.6万,一跃成为农产品直播间领军者。2022年9月24日,东方甄选平台开启宁夏、新疆专场活动。由于疫情的影响,这次活动无法实现外景直播,只能在室内直播间进行直播,这也是东方甄选第一次以室内模式进行特色农产品专场活动。9月24日专场直播活动销售额突破8 000万,其中大多数是宁夏、新疆等西北地区的特产。2022年12月28日,东方甄选再创数据新高,举办的周年庆专场活动销售额突破9 000万元,场均观看人次3 084.7万。据灰豚数据统计,2022年12月东方甄选的营业额突破8亿元,直播26场,新增粉丝48.6万。

二、东方甄选直播优势

(一)主播优势

东方甄选的主播团队主要是新东方曾经的高学历老师,文化素养较高,知识面较宽,在直播带货时更能带来精神层面需求满足。例如,主播董宇辉作为曾经的老师,有足够的学识和口才,双语切换自由,从诗词歌赋到地理人文再到人生哲理,与其他直播间的吵闹不同,东方甄选直播间文化气息更加浓厚,他们的主播都是有过教育经验的老师,知识储备充足,正是因为有着学历和履历的加持,才得以让他们不管在任何岗位都更容易发光。与众不同的直播风格,将知识与卖货结合起来,语言诙谐幽默,兼具知识性和趣味性,同时还能够引起观众的共鸣。

(二)口碑优势

新东方是知名品牌,跨界转型农产品直播销售,也继续沿用了品牌名称的核心词"东方",领导班子和工作人员也继续沿用了原有新东方的人员。东方甄选在新东方品牌的名牌加持下,从成立之初就有不小的知名度。2021年年底,众多教培机构在"双减"政策的出台之下,纷纷破产清算,而新东方的董事长俞敏洪发声,如果有一天倒闭,账户上必须满足退还所有学生的钱,一定会坚守底线。优秀的个人形象和公司品牌是新东方东山再起的资本,也给公众留下了深刻的印象,良好的口碑优势是东方甄选如此爆火的原因之一。

(三)选品优势

东方甄选上线以来就公开选品逻辑:只要产品质量好,就有机会被选择。进入新时代以来,互联网几乎全民普及的同时,电商交易在生活中也占据越来越多的比重。近年来,生鲜市场已经趋近于饱和,而东方甄选作为电商界的初学者,面临不少竞争对手,为了减少同类竞争对手带来的压力,东方甄选定位高品质农产品为主流产品,既响应国家乡村振兴策略,发展新农村,也更容易获得流量加持。

(四)情怀优势

东方甄选直播抱着助农的初心,与观众达成情绪的感染与交互,进一步满足消费者的情感需求。利润低、品质不可控、物流困难、季节性强等不可控因素使农产品在电商产品中并不讨喜,而东方甄选抱着助农扶农的创业初心,走进了这个既是机遇也是挑战的领域。

能为农民带来切实利益,不少消费者愿意选择为情怀买单。据统计,东方甄选的顾客群体65.48%为女性,而年龄分布为31~40岁最多,占48.87%。这也足以说明,东方甄选的顾客相当一部分是愿意为情怀买单的青年女性。

(五)"知识+带货"直播模式经验借鉴

"知识+带货"的直播模式对于农产品直播来说是一种创新。随着电商业态的不断升级,直播内容也在不断更新换代。据灰豚数据统计,近30天内,东方甄选直播的场均观看人次为1 250.9万,是农产品直播的领军者。东方甄选实现了知识付费和主播带货的新型组合,动静结合,对现有传统喊麦式直播风格进行了有益补充。"知识+带货"的助农形式作为农产品电商销售的一个创新模式,给农产品营销带来的新经验和值得借鉴推广之处主要在于:进一步思考和研究直播的方向。

资料来源:合作经济与科技杂志社,"东方甄选"营销模式分析,2023-11-16

【读一读】乡村振兴在行动——驼子村的变迁:从"落后村"到"幸福村"

任务二 认识农产品营销环境

近年来,国家出台了很多推动农村电商发展的政策,这些政策的出台为农村电商造就了较好的发展环境。《国家质量兴农战略规划(2018—2022年)》中指出,以质量兴农为基础,提出以创新为前提,优化农产品产销方式,推进电子商务"下乡",实施"互联网+"工程,促进互联网和农产品相结合,鼓励农民与电商平台、农产品营销平台合作。

一、农产品的销售现状

"民以食为天",农产品是最基本的消费产品,拥有最广泛的消费群体。近年来,随着全球环保意识的增强,人们消费观念的转变,崇尚自然、注重安全、追求健康的思想深深影响着人们的消费行为,绿色农产品已日益成为消费的主导潮流。分析影响绿色农产品营销的环境力量,开展农产品绿色营销,对保护生态环境,防治污染,发展循环经济和倡导可持续发展有十分重要的意义。

目前,普通农户的销售渠道主要有以下四类:一是与第三方平台合作,比如淘宝、天猫等大型电商平台。二是自建电商平台。许多农户、农业企业与家庭农场都自建了网站,网络宣传提高了农产品的知名度和销量。三是与快递物流企业合作。顺丰、邮政等为农产品提供平台销售、包装、运输、售后一条龙服务,不仅拓宽了农产品的销售渠道,还增加了企业的快递揽收量。四是农产品经理人代理销售渠道。部分农户通过经理人将农产品销往各地,他们是各大商超、企业单位等销售终端和农产品的桥梁。

二、农产品营销宏观环境因素

(一)对人口环境分析

我国是一个农产品生产和消费大国,我国政府历来十分重视农产品生产与消费,并把它作为一项事关人民安康、社会稳定和经济发展的大事来抓。目前,我国农产品生产已基本满足了国内城乡居民对食物消费数量的需求。通过对人口环境分析,主要有以下几类(以阳山水蜜桃为例):

问题:社会文化环境如何影响农产品营销?

农产品营销环境

1. 现有竞争者

随着经济的迅猛发展,农产品电商同样发展迅速,很多农户都想瓜分农产品线上和线下市场这块"大蛋糕",如北京香水水蜜桃、浙江金华源东白桃、苏州凤凰水蜜桃,虽然很多水蜜桃品牌实力不及阳山水蜜桃,但整体市场竞争仍较为激烈。

2. 潜在竞争者

目前,农产品品牌已经初具发展规模,新的品牌企业进入农产品行业的难度增加,且前期所需成本不断加大,产品运输、保鲜、包装等环节耗费量大,导致新进入者较难立足,想要获得消费者的认可和信任,就需要大量的时间和精力。

3. 替代品的威胁

虽然城市中农贸市场的销售模式更加亲民,更容易被顾客接受,且大型商超中可以随时买到各种类型的水蜜桃，但是阳山水蜜桃的口碑和购买后消费者的食用体验远比其他品牌更好，堪称水蜜桃中的"法拉利"。因此，其他品牌暂时难以超越阳山水蜜桃的地位。

4. 购买者的议价能力

在农产品销售行业中，不同层次市场的买方议价能力存在差异性。在低端农产品市场中，消费者往往注重农产品的性价比，但在中高端市场，消费者更加注重其品牌、专业性、顾客体验和口碑等，消费者复购率较高，价格竞争能力更强。一直以来，阳山水蜜桃都是靠优良口碑驱动线上电商平台销售，所以买方的议价能力对阳山水蜜桃威胁较小。

（二）对自然环境分析

我国长期以来的高消耗、低产出，高污染、高浪费的传统生产方式，使我国自然资源和环境遭到了严重的破坏。目前我国化肥、农药用量居世界之首，氮肥（纯氮）年使用量2 500多万吨，农药（成药）超过130万吨，二者单位面积用量分别为世界平均水平的3倍和2倍，这些物质的长期大量投入已对我国农业生态环境构成严重威胁，全国每年因农业污染造成的直接经济损失高达160多亿元。

通过不断实地考察研究，现在水蜜桃的贮藏保鲜技术已被破解，即从田间采摘把握阳山水蜜桃腐烂的根源，在桃子成熟前套上纳米保鲜果套，一方面抑制水蜜桃的生长，另一方面避免桃农手指直接接触水蜜桃，导致表面的机械损伤。同时，开发具有抑菌作用且能分解乙烯的水蜜桃专用保鲜包装，结合现代物流的冷链运输，能延长15天的保鲜期。此外，5G、大数据、智能物联网和互联网、自动化技术设备等的连通，实现了人、货、场的最优匹配，从生产、供应、仓储到配送，可以建立更加智能的供应链系统和强大的信息沟通渠道。

（三）对社会文化环境分析

在世界性的环境保护浪潮冲击下，近年来，人们的环境意识逐渐增强，消费者的消费观念发生了巨大的变革，"绿色心理"的产生，形成了对"绿色食品"的需求。随着我国经济的发展，人们也将逐渐认识和认可自然、健康营养、环保、生态等观念。因此我国绿色食品消费市场具有巨大的开发潜力。

阳山水蜜桃因其优越的原产地自然地理位置优势，比其他水蜜桃形大色美、汁多味甜，被誉为水蜜桃界的"法拉利"。桃子不仅有营养，在中国传统文化中还代表着长寿和福气。此外，阳山镇举办过"桃王争霸赛"，就连央视纪录片"改革开放四十年"都来跟踪拍摄，这些都让阳山水蜜桃美名在外，更成为送礼佳品。

（四）对政治法律环境分析

目前，全球已签署与环保有关的法律、国际性公约、协定或协议多达180多项。许多发达国家都已建立了环境标志制度，绿色食品法律体系也十分健全。在我国，促进和保障绿色食品生产的法律环境也逐渐形成。通过实践，我国总结出了一套严格的标志使用审查确认程序，创立了一套科学的产品质量保证体系，从而使我国的绿色食品日益引起国际社会的广泛关注。这些符合社会主义市场经济体制，适合新形势发展需要的农药管理法规体系的建立，为强化管理，依法治理打下了良好的基础。

一方面，国家对食品安全的把控越发严格，建立了健全的食品安全管理制度，从而采取有效的管理措施保证食品安全。虽说严格的食品安全政策让阳山水蜜桃销售面临着巨大压力,但严控产品质量安全能让消费者买得放心。另一方面,国家非常重视农产品销售问题。为了让农产品行业更快发展,政府制定了多项与之相关的产业支持政策和法律法规,如与之密切相关的物流、冷链环境等,为行业的发展创造了良好的政策环境。

(五) 对消费者分析

绿色食品消费群体表现出以下特点:从受教育程度上看,受教育程度较高者占整个绿色食品消费群体的多数,达到 64.3%;从年龄结构上看,乐于追求时尚的青年人、儿童、老年人等将是绿色商品消费的重要群体;从收入水平看,收入水平较高的消费者对绿色商品更为青睐。

(六) 对经营企业调查分析

近几年来,绿色食品一直保持了加快发展的态势,产品年均以 25% 以上的速度增长,产业整体水平不断提升,产品年销售额 1 000 万元以上的绿色食品企业已有 587 家,占绿色食品企业总数的 30.4%,其中国家级农业产业化龙头企业有 117 家,约占全国农业产业化龙头企业 372 家的 31.5%,部分绿色食品产品已形成集中优势产区。

(七) 对公众意向调查分析

据市场调查,目前只有 37.2% 的中国公众表示愿意消费绿色食品。提高消费者对绿色食品的认可,无疑将成为绿色食品企业营销的主题。

三、农产品营销微观环境因素

农产品营销从微观环境看,主要是农业生产与经营组织的核心能力问题。如农业生产能力,是劳动密集型生产还是资本密集型生产,是集约经营还是粗放经营;农业资金与生产投入状况;农业管理水平,是小生产还是社会化大生产,能否创立现代经营制度下的农业组织方式;农产品营销能力,能否选择或拥有高效稳定的农产品营销网络,是否占有较高的农产品市场份额等。

四、农产品销售存在的问题

(一) 线上销售存在的问题

1. 诚信问题突出

线上销售主要应用淘宝、百度搜索、今日头条、微商城等开展营销推广,高度重视搜索排名,高额的推广费用会使商家运营成本提高。为了盈利,部分商家会提高水蜜桃市场价或降低在线销售的水蜜桃质量,诚信问题的缺失、不合理的定价及良莠不齐的质量会降低消费者的消费欲望,不利于水蜜桃产业的长久发展。

2. 电商人才缺乏,发展速度变缓

现在,阳山水蜜桃种植户基本以家庭为单位,一个人无法同时完成种植和销售两大任务,通常是年纪稍大的桃农负责种植培育,年轻的子女负责电商销售,缺乏专业的电商营销技能。电商人才资源的紧缺是阳山水蜜桃电商销售需要解决的难题,吸引城市中的电商从业者回村发展也需要当地政府的支持。

3. 产品包装欠缺，储存保鲜难

随着电子商务的发展，电商平台成为农产品的重要销售渠道，众多农特产品由原产地发往全国各地。水蜜桃虽深受消费者喜爱，但因保鲜技术难题，在很长一段时间只能在周边地区售卖。水蜜桃果皮薄、水分含量充足，不能挤压，易变形，一个包装箱中只能放置6~12个桃子，运输过程中极易损伤。加之，水蜜桃成熟季节正值高温天气，储藏不当会腐烂变质，水蜜桃常温保鲜包装技术是制约水蜜桃产业发展的重要因素。

4. 假冒阳山水蜜桃众多，市场监管不严

因水蜜桃成熟期短且不易存储，桃农需要在很短的时间内将新鲜采摘的水蜜桃卖出去，不得不线下销售和线上销售同时进行。在阳山桃农辛苦忙碌时，也会有奸商混入其中，趁机以高价兜售假冒阳山水蜜桃，或以次充好欺骗广大消费者。由于水蜜桃难以逐个鉴定质量，市场监管难度大，致使冒牌销售阳山水蜜桃的情况时有发生。

（二）线下销售存在的问题

1. 产能扩大，供大于求

2002年起，无锡市惠山区出台政策激励农户发展阳山水蜜桃栽种规模，水蜜桃产量增加的同时，营销渠道却没有进一步拓宽。国家对农业经理人的培育工作非常重视，已经提到国家层面的战略高度，希望通过对农业职业经理人的培育，促进农业的规模化和产业化发展。现在，阳山的农业经理人已经带动周边桃农改善了水蜜桃种植技术和桃园管理方式，但不能解决水蜜桃的销路问题。

2. 销售渠道原始单一

桃农自身卖桃的渠道主要是初期买卖结交的老顾客，并依靠老顾客介绍新顾客，每到水蜜桃成熟的时节，顾客都会前来成箱购买。由于阳山镇桃园规划合理，公路交通便利，有桃农会在路边搭棚售卖自家新鲜采摘的水蜜桃，一天下来也能卖出去几箱。总体来看，线下销售途径原始单一，限制了桃农进一步扩大种植规模。

【读一读】我国智慧农业典型案例

【拓展知识】农产品营销方式介绍（一）

任务三 了解农产品营销策略

一、绿色销售的概述

所谓的绿色营销,是指企业经营者在满足消费者需求、赚取利润的同时,注重保护自然环境,节约自然资源,以维持人类健康为己任,将企业的生存发展与自然环境、消费者利益紧紧联系在一起的营销活动。而农产品绿色营销是指农产品生产经营者为了平衡企业、消费者和环境三者之间的利益,在农产品的生产、加工、包装环节采取的一套科学有效的营销策略和行为组合。它的实质是在保护自然环境的前提下,利用现代科学技术,投入无公害的生产资料,把农产品营销活动及消费者、大自然和谐统一起来,生产出既保护环境,又有利于人类可持续发展的产品。

农产品绿色营销

二、制约绿色农产品营销原因

(一) 绿色农产品营销环境有待改善

中国农业品牌资源丰富,但形成著名品牌少,与农业大国的地位很不相适应。农产品著名品牌少的原因在于绿色农产品营销的环境存在不足,主要表现在监管不严格,缺乏公共部门提供公共投资和公共服务,农业支出比例小,农产品质量监测设备落后等。

(二) 绿色农产品企业营销能力薄弱

目前我国也形成了不少名牌产品。比如广东省的开平市有金山火蒜、马冈鹅;蓬江区则有荷塘冲菜、潮连白玉鸽、泰昌即食海蜇;江海区有礼乐果蔗、礼乐巨峰葡萄、鹏中皇腊味;新会市有新会柑、会城韭黄、小农占大米、司前马蹄、新会双水果蔗、新会陈皮;台山市有红岭种子园石硖龙眼、台山珍香大米;恩平市有圣堂香蕉、恩平勒菜、良西马铃薯、良西沙葛等特色农产品,但还是不够。

(三) 绿色农产品价格较高

价格较高制约了绿色企业的竞争力。由于绿色农产品与普通农产品不同,无论在质量标准还是环保标准中都有较高的要求,因此,其成本也会偏高。一般来讲,无公害农产品价格比普通食品高出10%,绿色食品价格又比无公害产品高出10%~20%。有机食品价格最高,比普通食品高出100%~150%。价格高成为绿色农产品发展制约因素,如何降低绿色产品的价格,或者提升性能价格比成为农产品绿色营销的重要任务。

(四) 企业维权意识不强

我国海关连续查获多宗涉嫌假冒的出口产品,在通知正牌厂商后,厂商竟然不予理睬,企业维护企业品牌意识不强,只顾眼前利益,不愿意向海关交纳担保金,认为打假是浪费精力,客观上纵容了不法企业侵权。

由于发展绿色农产品的成本包括环保和改善环境支出的费用,因此比一般商品价格高很多。消费者的价格敏感度高制约了绿色营销的发展,消费者的绿色意识不强也成为绿色营销的制约因素。

三、提升农产品绿色营销意识

政府作为绿色农产品生产的监督者和市场流通的管理者，它对改善农产品绿色营销环境发挥了关键性作用。政府要从政策、资金、技术等方面出发，为农产品绿色营销提供一切有利的环境。

（一）确保政府的引领

政府应加强对绿色农产品的传播。各级政府要加强与各种媒体之间的合作，积极传播环境保护和农产品绿色消费知识，积极引导消费者关注自身健康问题和环境保护给他们带来的利益，增强他们的环保意识。

（二）加强监管力度

提高农产品质量安全水平，保障广大消费者的身体健康，是各级政府的一项重要任务。在批发市场开展检测抽查工作，把好农产品质量安全市场准入关口，是一项具有很强社会公益性质的事业，是各级政府全程监管农产品质量安全工作中的重要一环。

（三）保证资金投入

农业是一个较为典型的弱势产业，既要面临自然灾害的风险又要面临市场风险，还经受发展带来的风险。农民也是弱势群体，缺少利益代言人。这种现状决定了农业仅靠自身无法投入巨额资本满足国家技术标准、环保要求、质量、规格以及低成本要求，所以有必要对农业弱质性采取必要的对策。

（四）提高检测水平

检测设备是规范农业生产很重要的工具。配备检测设备，依照国家标准检测有机磷类农药、有机氯农药、氨基甲酸酯类农药、除虫菊酯类农药、其他类农药，以及硝酸盐、亚硝酸盐残留检测。

（五）发挥企业作用

企业是绿色农产品营销发展的主体，企业作为绿色农产品的生产者和经营者，承载着更大的责任。在整个营销过程中，企业是绿色农产品营销发展的主体，企业必须抓好绿色产品的开发直至最后的流通工作，以及商标的维护工作。

四、促进绿色农产品营销策略

网络营销使农产品的营销渠道发生了根本性改变，借助各种网络信息和电商平台，农产品生产者可以快速获取市场和消费需求的相关信息，打破了农产品供需双方的时空限制，化解了农产品生产者和消费者信息不对称的问题，突破了农产品销售的区域壁垒。网络营销减少了农产品产业链的流通环节，直接面向终端消费者，缩短了产品销售时间，降低了销售成本。通过网络电商和信息平台，农产品生产者可以快速传播相关产品和价格信息，

问题：如何辨别低碳农产品？

低碳农产品

吸引消费者关注，扩大产品宣传，也可快捷获取消费者的各种需求和反馈信息。通过大数据、云计算、人工智能等信息技术对消费者的消费行为进行数据分析，结合相关数据信息对农产品市场需求进行全面分析和精准预测，并将其应用到农产品的生产环节中，从而实现按需定产、精准营销，避免了投资成本风险和资源损耗，使农产品生产–销售的产业链更完善顺畅，也大大提升了农产品营销的经济效益。

（一）利用新媒体

以微博、微信、今日头条等为代表的新媒体，比传统媒体具有更强的互动性，人人都可参与信息的传播和发布。新媒体营销是一种新型营销方式，不仅可以在品牌与消费者之间形成一种紧密的双向沟通互动模式，还能进一步提高品牌的知名度和影响力。

（二）开展农产品直播

直播的即时互动性可以拉近阳山水蜜桃品牌与顾客之间的距离，增强用户信心，还可以起到快速传播的效果。直播可以直观地展示阳山水蜜桃的生长环境，详细介绍产品包装，可以刺激顾客的购买意愿，进一步增加销售额。同时，通过一系列福利活动的设计，促使顾客关注店铺，以增加复购的可能性。

（三）打造特色品牌

虽然我国农产品数量多，但多数农产品的知名度非常低，特色农产品没有品牌效应和规模效应。农产品经营者亟须开发品牌文化，挖掘品牌内涵，充分利用各种渠道加大对农产品品牌的宣传。比如，无锡阳山水蜜桃种植大户孙建勤是江苏省乡土人才"三带能手"，其种植的阳山水蜜桃多次获得国家级大奖，具有非常丰富的农特产品种植经验。作为无锡市首批农业经理人，他已经与阳山镇500多家种桃农户达成合作协议，联合打造"状元桃"品牌文化，与"阳山"区域品牌形成"双品牌"发展格局，经济效益显著提高。

（四）策划线下活动

由于桃农的线下客户主要是亲戚朋友，也有老顾客介绍产生的新客户，因此除了开展很多网上销售和广告营销活动之外，还要利用多种多样的线下活动维系与老客户、大客户之间的关系，积极主动地扩张市场，扩大售卖范围，例如开展"桃缘聚友"主题活动，当地政府也可以举办桃花节系列活动。

（五）"O2O+CSA"商业模式

社区支持农业（Community Support Agriculture，CSA）模式建立在生产者与消费者相互信任的基础上，是一种农产品生产者直接面向消费者的模式，能够解决我国农产品销售环节中间商过多、质量得不到保证等问题，有利于农业的长远可持续发展。结合当前"互联网+"背景，O2O商业模式受到国家重视，农产品销售可以采用创新的"O2O+CSA"商业模式，将线上渠道与线下渠道打通，走产业化、安全化、可持续发展的销售之路。

【读一读】中华老字号
——中国世代传承品牌

【拓展知识】农产品营销
方式介绍（二）

任务四　熟知农产品营销策略

农产品营销是一项必不可少的工作。当前农产品市场同质化情况严重，商家要想在激烈的市场竞争中脱颖而出，制定合理的农产品营销策略显得尤为重要。

一、产品策略

多数消费者在购买农产品时更多关注农产品本身，因此农产品是商家经营的根本。农产品是否符合市场需求，是否吸引消费者的注意在很大程度上决定了商家的日常经营状况，因此，商家有必要对产品策略有所了解。具体来说，产品策略包括新产品策略、产品组合策略以及包装策略。

农产品营销对策

网络营销的对策

农产品营销策略-产品策略

（一）新产品策略

随着社会、经济的发展，消费者对于农产品的需求逐渐从"吃饱"转变为"吃好"，并呈现出越来越多元化的发展态势。对于想要获得长远发展的商家来说，紧跟市场发展趋势，保持良好的产品更新换代的节奏至关重要。商家不能仅仅满足于经营现有的农产品，而应采取适当步骤和措施开发新产品。

一般而言，新产品开发都有一定的流程，包括新产品构思、产品方案筛选、形成产品概念并测试、初拟营销计划、商业分析、新产品研制、市场试销、正式上市。

例如，某经营猕猴桃的商家想要开发新产品，使用头脑风暴法提出了两个新产品的设想方案：一是开发沃柑，二是开发新口味猕猴桃。经过比较两个方案后，商家认为自身已具备多年的猕猴桃种植、销售经验及相关渠道资源，而果园所在地也更适合猕猴桃的种植，开发新口味猕猴桃所需种植技术也有价格合理的引进渠道。由于方案二的可行性、效益性和适应性更高，商家选定了方案二。

接下来，商家开始对新产品构思进行描述，并经过测试、筛选，形成了新产品概念——肉厚多汁的黄心猕猴桃。然后，商家开始拟定新产品营销计划书，分析新产品的预期销售额、成本、利润等，认为其能获取较高的利润，符合经营目标。

最后，商家开始利用引进的新技术，种植新口味猕猴桃，并将新产品投入市场试销，发现消费者对新产品的接受度还不错，但普遍反映不够甜，于是商家又根据消费者的反馈意见改进新产品的种植技术和方法，然后将改进后的新产品正式投入市场。

(二) 产品组合策略

产品组合是指商家生产经营的各种不同类型产品之间的组合。产品组合策略是指商家为面向市场，对所生产经营的多种产品进行组合的谋略。制定产品组合策略的目的是使产品线广度（产品线数量）、产品线深度（每条产品线中包含的产品品种），以及各产品线之间在生产技术、营销方式和最终用途等方面的一致程度处于较优的组合状态，以提高竞争力，取得更好的经济效益。

1. 扩大产品组合策略

扩大产品组合策略是指增加产品线的广度和深度。增加产品线的广度主要是指增加产品线，如原本经营水果、蔬菜，现增加新产品线——粮油；增加产品线的深度是指在原有产品线内增加新的产品品种，如原本经营的水果仅包括梨子、苹果，现增加新水果品种——柑橘。

农产品具有较强的季节性，消费者对部分农产品的需求量变化较大，农产品的价格也存在波动，这些因素使某一种类农产品的盈利水平较不稳定。商家适当提升产品线广度，将有利于分散市场风险，提升收益稳定性。

另外，由于同一产品线中的各品种农产品具有相似的物理属性，可以采用相近的工艺和设备进行贮藏、包装与运输，商家适当增加产品线的深度，将有助于降低销售成本，满足消费者的多元化需求，从而扩大市场范围。

2. 缩减产品组合策略

缩减产品组合策略是指通过缩减产品组合的广度、深度等，使商家集中力量进行经营。当农产品市场不景气，或者生产所需的原材料价格大幅上涨时，商家可以采用该策略淘汰需求量小、生产成本高的产品线或产品品种，留下利润率高的产品线或产品品种，从而有效缩减经营成本，集中资源和技术力量提升农产品的品质。

3. 产品线延伸策略

产品线延伸策略是指商家改变原有的农产品市场定位，将目光转向其他不同类型或相同类型的其他市场或其他领域的农产品。例如，商家原本经营平价芒果，现将产品线向上延伸，增售高端精品超大芒果，以期带来更丰厚的利润；商家原本经营中等价位的菜籽油，现将产品向上、向下延伸，增售高档冷榨工艺菜籽油和平价农家菜籽油。

(三) 包装策略

当前有些商家不重视农产品的包装，仅使用编织袋、塑料袋之类的包装。其实，精致的包装可以提升农产品的美观度，使农产品看上去更有档次，这对农产品的销售是十分重要的。当然，商家在策划农产品包装时，也不能仅仅追求美观，还需要采用一些包装策略，那包装策略有哪些呢？

1. 相似包装策略

相似包装策略是指商家的农产品在包装上采用相同或相似的图案、颜色，保证整体风格一致。相似包装策略有助于形成一个包装系列，给消费者留下深刻的印象，从而提升农产品的形象效应。该策略能够节约农产品包装的设计和制作成本，一旦形成明显的包装风格，就能加快消费者对农产品的认知，有利于商家推广与宣传新产品。

2. 多用途包装策略

多用途包装策略是指采用多用途包装以促进农产品销售的一种策略。

3. 分等级包装策略

分等级包装策略是指按照农产品的等级设计包装的一种策略。商家可以按照农产品的质量、价值,将农产品分成不同等级,如车厘子按尺寸大小可分为超大果、大果、中小果,不同等级农产品采用不同的包装。一般而言,农产品品质越好,售价越高,包装就越精美,包装设计成本也就较高。

4. 附赠品包装策略

附赠品包装策略是指在包装容器内附赠奖券、奖品,或包装本身可以换取礼品,以吸引消费者购买的一种策略。

5. 改变包装策略

改变包装策略是指改变和放弃原有的农产品包装,改用新的包装。当农产品升级换代、消费者包装需求发生变化或科学技术发展更新后,商家往往需要对农产品包装进行改变。改变包装有助于打造全新的农产品形象,改变农产品在消费者心目中的地位。

二、价格策略

农产品定价是影响市场需求和购买行为的一项重要因素,直接影响商家能获取的利润。合理的农产品定价不仅能促进农产品的销售,还有助于增加商家的利润;不合理的农产品定价则会制约消费者的需求,降低收益。而要想进行合理定价,商家必须掌握农产品价格策略。

农产品营销
策略-价格策略

农产品价格策略是指在定价目标的指导下,根据农产品特征和市场条件,综合考虑影响价格的各种因素,运用具体的定价方法,对农产品价格进行决策。那农产品价格策略有哪些呢?

(一)渗透定价策略

同一个品种的农产品具有较大的同质性,因此商家经常会采用渗透定价策略吸引消费者。

所谓渗透定价策略,是指商家把农产品投入市场时的价格定得相对较低,以吸引大量消费者,迅速打开市场,短期内获得比较高的市场占有率,同时通过接近成本的定价,吓退其他打算进入该领域的竞争者的一种定价策略。因此,渗透定价策略也称为低价定价策略。

渗透定价策略对应的是低价,但低价是相对于农产品品种和服务水平而言的,强调的是物美价廉,并非指一味降低价格。

渗透定价策略适用于以下情况:农产品刚进入市场;农产品的市场规模大,市场竞争激烈;农产品需求弹性较大,消费者的价格敏感度较高,小幅的降价就能刺激市场需求,大批量生产能显著降低生产成本,薄利多销带来的利润大于以正常价格销售带来的利润。

(二)撇脂定价策略

撇脂定价策略是指农产品进入市场后,商家有意识地把农产品价格定得较高于成本,以期在短期内获取厚利,尽快收回投资的一种定价策略。在这一策略下,农产品在定价时不以成本为标准，而以高价凸显农产品的高品质、高附加值。撇脂定价策略适用于商家重点打造的优质、特色农产品，其可以让农产品与其他同类农产品拉开差距，获取更多利润。例如，某原生态黑猪肉由于采用的是慢养 300 天的黑猪的前腿肉，肉质、口感上佳，其定价也远高于一般的猪肉价格，符合其精品猪肉的定位。

在实施这一策略时，商家往往需要同时采取强大的宣传攻势，让消费者在短时间内就对农产品形成深刻的认知，并产生强烈的购买欲望。

（三）尾数定价策略

心理学家的研究表明，价格尾数的细小差别能够明显影响消费者的购买行为。利用价格尾数进行定价的策略称为尾数定价策略，是指在定价时利用消费者求实惠的心理，制定非整数价格，让消费者产生农产品定价准确、相对便宜的印象，从而激起消费者的购买欲望，促进农产品的销售。例如将 500 克白菜定价为 1.9 元，远比定价 2 元更吸引消费者。该策略比较适合中、低等价格的农产品，尤其是大众化、没有经过加工的初级农产品。

（四）整数定价策略

对于高档农产品或用来送礼的农产品，消费者出于按质论价和炫耀心理，往往希望价格稍高一些，在这种情况下商家就可以采取整数定价策略。

整数定价策略与尾数定价策略相反，是指商家把原本应该定价为零数的产品价格改为高于该零数价格的整数，一般以"0"作为价格尾数。例如，一盒高档礼品装天然燕窝定价 4 998 元，就比定价 5 000 元给消费者带来的高档次消费满足感弱。

（五）差别定价策略

在当前多元化发展的农产品市场中，"一刀切"式的定价方式在很多情况下已经不能满足实际需求，这时商家需要考虑使用差别定价策略。差别定价策略是指根据不同消费者，不同销售场所、时间和不同产品规格，把农产品分为多个价格档次。

差别定价策略具体包括以下情况：针对不同消费群体制定不同的价格，例如，一些生鲜超市采取会员制，针对会员实行会员价，吸引消费者注册会员，以增强消费者黏性；针对同一农产品的不同规格制定不同价格，例如，把草莓按照大小分成中果、大果和特大果 3 个不同的等级，每个等级对应不同的价格，针对不同销售场所制定不同价格，即根据销售场所的交通便利程度、商业繁华度、消费层次等因素确定不同的价格，地处商业繁华、人流量大或周边居住人口密度高的农产品销售场所，其农产品定价会更高；针对不同的时间段制定不同价格，如春节期间的新鲜蔬菜的价格就比平时高。

（六）折扣定价策略

在实际经营过程中，为了鼓励消费者尽早付清货款、大量购买、淡季购买等，商家有时会降低农产品的价格，这时就需要采取折扣定价策略。折扣定价策略包括以下两种形式。

一是数量（金额）折扣。农产品由于保鲜期短，需要在短时间内大量售出，因此，商家常会采用数量（金额）折扣刺激消费者的购买热情。数量（金额）折扣指商家为了鼓励消费者多购买农产品，达到一定数量或金额时给予一定程度的折扣。数量（金额）折扣包括累进折扣和非累进折扣，累进折扣是指消费者在一定时期内累计购买达到一定数量或金额时，即被给予折扣优惠，购买次数越多，折扣比例越高；非累进折扣是指消费者一次性购买达到要求的数量或金额时,即被给予折扣优惠,如商家规定,消费者一次性购买3盒鸡蛋即可享受8折优惠。

二是交易折扣。交易折扣是指根据各类中间商在市场营销中的不同功能给予不同的折扣,而具体交易折扣的多少,则应根据行业、农产品的不同以及中间商所承担责任的多少来确定。一般来说,批发商所享受的价格折扣较高,零售商商则较低。例如,某生产芒果的商家按芒果零售价格的40%和10%分别给予批发商和零售商折扣,若芒果单价为20元/斤,则应给予批发商的折扣为8元,零售商的折扣为2元。

三、品牌策略

农产品品牌能够将农产品与同类农产品相区别,表现该农产品的特点,使消费者迅速想起该农产品的品质、口感、特色等,如内蒙古科尔沁牛肉、辽宁盘锦大米、黑龙江东宁黑木耳等。要想成功建设农产品品牌并加以推广,商家需要掌握品牌建设和品牌推广两个层面的相关知识。

(一) 品牌建设策略

当前我国农产品品牌的数量很少,知名的农产品品牌更少,大多数商家要么没有品牌观念,要么不懂如何建设农产品品牌。因此,商家有必要掌握农产品品牌建设策略。

1. 树立品牌观念

商家要转变观念,认识到农产品品牌化对于自身发展的意义,以及当前消费者对于高品质消费日益增长的需求,在自身实力允许的前提下,将品牌建设作为经营管理的重点。

2. 确定品牌定位

商家在进行品牌定位时可以采取以下3种策略。

根据农产品自身特性定位。农产品自身特性包括种源、生产技术、生产过程等,这些特性都可以作为农产品品牌定位的因素。例如,某商家生产的西红柿采用有机肥灌溉,未使用农药化肥等,就可以将品牌定位为绿色健康的有机西红柿。

根据农产品产地定位。消费者对一些地区的特色农产品较为熟悉,如果商家生产的农产品刚好属于当地特产且具有一定知名度,商家就可以用农产品产地来进行品牌定位,如广东清远土鸡。但需要注意的是,采用这种策略时,商家还需进一步突出自己生产的农产品与周边地区农产品的区别,否则无法形成自己的品牌特色。以广东清远土鸡为例,根据土鸡的养殖法还可以分为深山散养、农家散养和暗室笼养等,如定位品牌时可以进一步明确养殖方法为农家散养。

根据消费者特征定位。该策略根据消费者的特征(如性别、年龄、职业、收入情况、所在地区等)来确定农产品品牌定位。例如,某生产坚果的商家通过市场调研得出目标消费者主要是青年女性,多关注饮食健康、减肥等话题,就可以将品牌设定为健康、青春、活泼的风格。

3. 提高农产品质量

农产品质量是品牌建设的基石。在生产成本可接受的范围内,商家应尽量提高农产品的质量,并建立农产品质量标准,使农产品的质量管理更加规范,以保证农产品质量的稳定性。

4. 设计品牌形象

与一般行业的品牌不同,农产品品牌形象设计需要考虑农产品自身的特殊性,商家在设计时,不仅要进行深入的市场调查,还要结合农产品产地的地域文化,对农产品品牌形象进行整体规范、统一的规划与定位。商家在设计品牌名称时,应采用简洁易记、朗朗上口、寓意好的名称,如"鲁花""福临门"等。

5. 注册和保护商标

商家要树立较强的商标意识,及时在相关部门注册农产品商标,作好商标保护工作,以防品牌知名度提升后商标被他人抢注,引起法律风险,造成经济损失。

(二) 品牌推广策略

商家除了保证农产品品质、服务水平,维护农产品口碑,还需要进行品牌推广。具体来说,制定品牌推广策略时需注意以下要点。

选择合适的推广平台进行精准投放。商家可以开展推广平台调研,根据各渠道的数据选择适合自身的平台,如商家的目标群体为一、二线城市的年轻人,就可以选择微博、抖音等年轻人喜爱的平台进行推广。

打造立体推广矩阵。在互联网时代,各种新媒体平台层出不穷,商家应借助多个平台的传播力量,打造立体化的推广矩阵,并打通线下、线上渠道,提升品牌传播力。例如,酣酱香酒品牌为了尽快提升品牌知名度,不仅开设了近千家线下实体店,还借助微博、微信公众号、官网等平台推广品牌信息,吸引了大量粉丝,取得了不错的推广效果。

利用品牌故事赋予品牌文化内涵。随着生产力和生活水平的提升,消费者通过购物满足精神需求的特征越来越明显,这就使农产品在使用价值和交换价值之外,还有了文化、历史、政治、社会、科技、自然等元素组成的符号价值。因此,对于品牌推广来说,赋予品牌文化内涵非常重要,品牌故事就是一个很有效的手段。一个好的品牌故事,不仅可以让消费者了解农产品,还可以让消费者与品牌完成感情交流,让消费者感受到品牌的温度,进而从精神、情感方面认同品牌。刚刚,我们就了解到了"五芳斋"的品牌故事,如何从一位以弹棉花为生的浙江人开设的粽子摊发展为家喻户晓的粽子品牌。

四、促销策略

促销是商家常用的销售手段,但在农产品电商中,很多商家没有意识到农产品促销的重要性,促销手段单一。农产品促销即运用各种方式,向消费者提供农产品的信息,帮助消费者认识农产品,使消费者对农产品产生好感,以引起消费者的注意与兴趣,从而激发消费者购买欲望的过程。要想做好农产品促销,制定合理的促销策略是十分有必要的。一般而言,农产品促销策略包括网络广告推广、人员销售、公

农产品营销策略-促销策略

共关系维护和销售促进等的选择与组合使用。

(一) 网络广告推广

简单地说,网络广告就是在网络上做的广告。网络广告具有成本低、易检索查询、可突破地理位置的局限,实现直接洽谈协商等优点,对商家来说,实用性强、门槛低,效果也相当不错。

网络广告主要包括以下 4 种形式。

(1) 网幅广告。网幅广告常在网页中以 GIF、JPG 等图像文件格式表现广告内容,是网络中较常见的广告形式。

(2) 链接式广告。链接式广告占用空间较小,在网页中的位置比较自由,主要是提供通向商家指定网页的链接服务。链接式广告形式多样,包括小图片、小动画以及提示性的标题或文本中的热字等。

(3) 插播式广告。插播式广告是在一个网站的两个网页出现的空间中插入的网页广告,又称为过渡页广告,就如同电视节目中出现在两集电视剧中间的广告。

(4) 竞价广告。竞价广告是一种由商家自主投放、管理,通过调整价格来进行排名,按照广告效果付费的网络广告。例如,国内著名的百度竞价广告就是依托百度搜索技术为商家提供的搜索排名服务,借助行业领先的百度搜索和资讯流推荐,实现广告精准投放,只有当用户点击广告之后,才会产生费用。

(二) 人员销售

人员销售即由销售人员进行产品展示以达到建立客户关系、促进销售的目的。人员销售是十分传统的促销手段,对于农产品电商而言,销售人员与消费者面对面接触的机会较少,但销售人员可以通过网络与消费者实时交流,如当下热门的直播营销就可以视作电商中的人员销售。

相比于网络广告,人员销售注重与消费者之间人际关系的培养,销售人员可以通过有亲和力的语言和表情拉近与消费者之间的心理距离,让消费者产生亲切感、归属感,使其产生购买行为。同时,人员销售可以获得消费者的即时响应,例如,在直播中,消费者就可以直接通过弹幕发表自己的意见,销售人员可以解答消费者的各种疑问,与消费者进行互动。

(三) 公共关系维护

公共关系维护即通过树立正面良好的形象引起消费者注意,以及消除不利的传言和事件影响。商家可以通过以下活动维护公共关系。

(1) 与媒体建立联系。商家应积极与媒体建立联系,及时将自身的最新动态提供给各大媒体,同时还可举办记者招待会或邀请记者参观生产基地,借助媒体的影响力,扩大商家及其农产品的影响。

(2) 参加或举办专题活动。商家可以参加或举办农业展会、农事节庆活动、新品发布会、订货会等,吸引业内人士和消费者等参加,提高自身知名度。

(3) 口碑营销。在现在的网络营销环境下,大部分企业或品牌开始大打粉丝牌,不管是"卖技术""卖品质",还是"卖情怀",都是进行口碑营销,只有拥有好口碑才能发挥粉丝的作用,通过粉丝的主动宣传扩大品牌影响力。口碑营销比较常见的两种方式是利用在线社群和新媒体平台。

(4) 投放公关广告。公关广告主要有3种类型:一是致意性广告,如向消费者传达节日问候或感谢等;二是倡导性广告,主要传递正面的价值观念,如倡议保护环境,提倡不浪费粮食等;三是解释性广告,即就某一问题作出澄清,以消除误会和负面影响。

(四)销售促进

销售促进包括在特定市场上鼓励消费者购买、提高中间商交易效益的各种促销活动,是围绕商家营业额进行的一种促销方式。销售促进追求短期促销效果,具有不规则性、非常规性,对消费者的购买行为有直接影响。适用于一定时期、一定任务的短期特殊推销,是其他促销手段的辅助手段。

销售促进的手段包括有奖销售、赠送样品、发放优惠券、打折销售、提供分期付款服务等。在进行销售促进时,商家应根据具体的情况选择适当的方式,如"双十一"活动期间采取发放优惠券的方式刺激活动期间的销量。同时,商家还应确定合适的时间和目标人群,并制订实施方案,以提升销售促进的效果。最后,商家还应及时对活动效果进行评估与分析,总结经验教训。

【读一读】实施"数商兴农"工程

【拓展知识】农产品营销方式介绍(三)

任务实训

实训项目	制定自己家乡特色农产品营销策略,形成调研文件
实训目的	(1) 教师引导学生能够学会小组讨论与独立思考相结合的学习方式。 (2) 增进学生对家乡农业生态的了解,激发学生对家乡的热爱
实训步骤	(1) 学生分组,选择一名成员,以其家乡作为后续步骤的基础。 (2) 资料收集:通过查阅资料、电话访谈等方式了解家乡特色农产品种类及销售情况。 (3) 讨论分析:选取合适的特色农产品,进行深入了解及资料分析。 (4) 制定策略:依据讨论分析结果,总结营销策略。 (5) 成果展示:制作PPT并展示
实训成果	汇报演讲,每组3~5分钟,可适当准备多媒体材料做辅助

序号	标准	分值	得分
1	内容完整，表达有条理；语言连贯、用词新颖，具有吸引力	25	
2	收集资料翔实、丰富，并能够对大量的资料整理汇总归纳	25	
3	营销策略准确，能根据当地特色制定针对性策略	20	
4	小组内分工明确，组员各司其职	10	
5	针对随机提问，回答自然得体，且在规定时间内完成展示	20	
	总计	100	

课后习题

（1）概括总结农产品的特点。

（2）实地考察，角色扮演体会农产品市场实际情况，进行总结分析。

（3）实战篇：策划家乡特色农产品直播带货营销技巧。

（4）实战篇：如何把家乡的农产品打造成特色农产品品牌。

实战模块

项目三

农产品+直营店营销

学习目标

知识目标：

（1）理解直营店的定义及其与其他零售模式的差异。

（2）掌握农产品直营店的运营策略和核心环节，如市场分析、店铺布局、产品陈列、价格策略等。

（3）了解农产品直营店在现代零售环境中的重要性及其带来的挑战和机会。

（4）熟悉直营店的数字化与技术应用，如数据分析、增强现实、智能货架等。

技能目标：

（1）能够独立进行市场分析，为直营店选址提供数据支持。

（2）具备店铺布局和设计的能力，确保店铺环境与品牌形象和农产品特点相匹配。

（3）能够制定并执行产品陈列和定价策略，以吸引并留住消费者。

（4）具备数据收集与分析的能力，能够针对销售数据调整运营策略。

（5）能够规划并实施推广活动，提高店铺知名度和销售额。

素养目标：

（1）培养学生的创新思维，鼓励他们探索农产品直营店的新模式和新策略。

（2）增强学生的团队合作意识，使其在实际运营中能够与团队成员有效沟通和合作。

（3）培养学生的客户导向思维，使其始终将消费者的需求和体验放在首位。

（4）提高学生的数字化和技术素养，使其能够灵活运用现代技术手段优化店铺运营。

（5）培养学生的社会责任感，鼓励其在运营中注重食品安全、环境保护和社会公益。

农产品营销

思维导图

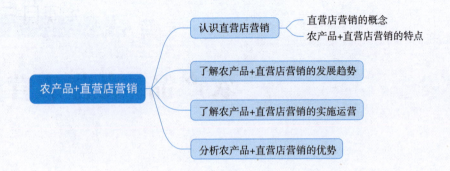

引导案例

张涛是一位对农业充满热情的创业者。他发现，尽管现代都市中的消费者日益追求有机、天然的食品，但他们仍然难以找到信赖的供应来源。因此，他决定开设一家农产品直营店，将家乡的新鲜农产品直接带到城市消费者的面前。

然而，开设一家成功的直营店并非易事。首先，张涛需要了解直营店的定义及其与其他零售模式的差异。经过调研，他认识到直营店可以为消费者提供更直接、更真实的购物体验，但这也意味着更高的运营成本和风险。

为了确保店铺的成功，张涛开始深入研究农产品直营店的运营策略。他对多个目标市场进行了分析，选择了一个人流量大、消费能力强的位置作为店铺地址。他还请教了专家，设计了一套与农产品特点相匹配的店铺布局和产品陈列方案。此外，他还制定了一套具有竞争力的价格策略，并策划了一系列的推广活动。

在运营的过程中，张涛发现数据分析是提高效率和盈利的关键。他开始使用智能货架和数据分析工具，收集并分析消费者的购买行为和反馈。基于这些数据，他不断调整店铺的布局、产品陈列和定价策略，使其更符合消费者的需求和喜好。

经过一段时间的努力，张涛的直营店逐渐获得了消费者的认可和支持。他的故事告诉我们，只要我们掌握了正确的知识和技能，就可以在现代零售环境中为农产品找到一个独特的、成功的市场定位。

任务一　认识直营店营销

一、直营店营销的概念

直营店营销是指企业通过自己管理和运营的零售店面直接向消费者销售产品的一种营销策略。这种方式使企业能够完全控制其在市场上的品牌形象、产品陈列和客户体验。与依赖分销商、代理商或其他零售渠道不同，直营店营销允许企业直接与消费者接触，为他们提供更加个性化的服务和购物体验。

直营店的主要优势在于它提供了全面的品牌控制能力。企业可以确保在每个店面中均一致地展示其品牌价值和信息，同时维护高标准的服务质量。这种控制力扩展到了产品的展示方式、店面布局和员工的客户服务方式上，确保消费者在任何一个直营店中都能获得相同的品牌体验。

此外，直营店还提供了收集市场反馈的有效途径。企业可以直接从消费者那里获得关于产品和服务的反馈，并据此调整其营销策略和产品开发。这种直接的消费者反馈机制为企业提供了快速适应市场变化的能力。直营店也是实施营销活动和促销策略的理想场所。企业可以在自己的店铺内灵活地开展各种促销活动，如季节性折扣、特殊节日促销或忠诚度计划等。这些活动可以直接针对目标顾客群体，从而提高营销活动的有效性。

然而，直营店营销也伴随着较高的初始投资和运营成本，尤其是在选址、店铺设计、员工培训和日常管理方面。尽管如此，通过减少中间环节，企业通常能够享受更高的利润空间。此外，成功的直营店营销需要企业具备有效的市场洞察力、优秀的运营管理能力以及持续的创新精神。

直营店营销的成功很大程度上取决于店面选址、店铺设计、员工培训、顾客服务质量以及有效的市场营销策略。

二、农产品+直营店营销的特点

农产品结合直营店营销的特点主要体现在提供亲身的产品体验、增强品牌控制和一致性、直接与消费者互动、完善的产品展示和教育以及增加顾客忠诚度上。这种营销方式使农产品品牌能够直接展示产品的新鲜度和质量，同时确保品牌形象和信息的一致性。通过直营店，品牌可以更好地了解和响应消费者需求，同时通过教育和互动活动增加产品吸引力。直营店还有助于建立长期的顾客关系和提高利润空间，同时使品牌能够迅速适应市场变化。此外，直营店也强化了品牌与当地社区的联系，为农产品品牌在当地市场树立良好的社会形象提供了机会。

（一）提供真实的产品体验

直营店使消费者能够直接体验农产品的新鲜度和质量。例如，消费者可以亲自尝试和比较不同的农产品，如水果、蔬菜、奶制品等。

（二）增强品牌控制和一致性

农产品品牌通过直营店能更好地控制品牌形象和客户体验。从店面设计到员工培训，每一个细节都可以精心规划，以确保品牌信息的一致性和专业性。

（三）直接与消费者互动

直营店提供与消费者直接互动的机会，使品牌能够更好地了解消费者的需求和反馈，从而快速响应市场变化。

（四）完善的产品展示和教育

直营店为农产品提供了一个展示平台，品牌可以通过各种方式展示产品的独特之处，如通过烹饪演示、品鉴会等活动，增加产品的吸引力。

（五）增加顾客忠诚度

通过提供高质量的产品和优质的顾客服务，直营店有助于建立和增强顾客的忠诚度。忠诚的顾客更有可能成为品牌的长期支持者和推广者。

（六）更好的利润控制

由于中间环节的减少，农产品直营店可以提供更好的利润控制。品牌可以直接从生产者到消费者，减少了分销商或零售商的成本。

（七）敏捷的市场反应

直营店营销使农产品品牌能够更快地适应市场变化和消费趋势，如快速引入新产品或调整营销策略。

（八）强化社区关系

直营店经常成为当地社区的一部分，为农产品品牌与当地社区建立良好关系提供了平台，通过社区活动和合作，增加品牌的社会影响力。

任务二 了解农产品+直营店营销的发展趋势

农产品结合直营店营销的发展趋势正向着增强顾客体验、数字化和技术集成、强调可持续性和透明性、深化本地化和社区参与、实施多渠道销售策略、提供个性化服务和定制化产品、加大健康和营养教育以及利用品牌故事进行情感营销的方向发展。这些趋势反映了消费者对高质量、个性化、健康生活方式的需求增加,以及技术在提升购物体验和运营效率方面的重要作用。随着市场和消费者行为的演变,农产品的直营店营销策略需要不断创新,以适应这些新的挑战和机遇。

农产品结合直营店营销的未来发展趋势预示着一种更为综合和动态的营销方法,其中体验式零售、技术创新、可持续性原则、社区参与和多渠道整合将成为关键要素。随着消费者越来越注重食品的来源、生产方式和营养价值,直营店将不仅仅是销售点,而是成为品牌故事、产品透明度和顾客教育的中心。这将包括使用先进技术如 AR 和 VR 来增强购物体验,以及利用大数据和 AI 来提供个性化推荐和更高效的库存管理。此外,直营店将更加注重与当地社区的融合,通过举办活动和推广本地产品来加强与消费者的联系。在多渠道营销方面,线上线下的无缝整合将是提升销售和顾客满意度的关键。最终,农产品的直营店营销将成为一个多功能平台,不仅促进销售,还强化品牌价值和消费者忠诚度,主要体现在以下方面:

1. 增强顾客体验与互动

未来的直营店越来越可能专注于提供独特的顾客体验,比如通过互动式展示、品鉴活动或教育性研讨会,来吸引和教育消费者。

2. 数字化和技术集成

直营店可能会更多地利用数字技术,如增强现实(AR)、虚拟现实(VR)和人工智能(AI),来提升购物体验和优化库存管理。

3. 可持续性和透明性

随着消费者对可持续性和透明性的关注日益增加,直营店可能会更加注重展示其农产品的可持续生产方式和供应链透明性。

4. 本地化和社区参与

直营店可能会加强与本地社区的联系,通过支持当地活动和提供本地特色产品来吸引社区成员。

5. 多渠道销售策略

虽然重点放在直营店,但结合在线销售渠道可能成为一种趋势,创建一个无缝的线上线下购物体验。

任务三　了解农产品+直营店营销的实施运营

农产品结合直营店的实施运营重点在于创建一个吸引消费者的零售环境，其中包括提供高质量的、新鲜的农产品，强化顾客体验，和有效地展示产品的独特性。这种运营方式涉及直接与消费者的互动，确保品牌形象和信息的一致性，并通过教育活动、品鉴会等增加顾客参与度和品牌忠诚度。同时，注重可持续性和透明性，让消费者了解产品的来源和生产方式。此外，通过利用技术工具优化库存管理和顾客服务，以及融入社区和参与本地活动，直营店能够更好地满足当地市场的需求，同时提升品牌的市场竞争力。总之，农产品直营店的实施运营旨在通过提供高品质产品和优质服务，构建持久的顾客关系，并推动品牌的持续增长。

（1）高质量产品展示：重点放在展示和销售新鲜、高质量的农产品，突出其独特性和优势。

（2）强化顾客体验：创建吸引人的零售环境，提供优质的顾客服务，包括个性化的购物体验和增强的客户互动。

（3）品牌形象和信息一致性：在直营店中保持品牌形象和信息的一致性，通过店面设计和员工培训确保品牌价值的传达。

（4）顾客教育和参与：通过教育活动、烹饪演示、产品品鉴等活动增加顾客的参与度和对品牌的忠诚。

（5）可持续性和透明性：强调产品的可持续生产方式和供应链的透明性，提高消费者的信任和品牌的责任感。

（6）利用技术优化运营：使用数字工具和技术（如库存管理软件）来优化店面运营和提升顾客服务质量。

任务四　分析农产品+直营店营销的优势

农产品结合直营店营销的主要优势在于能够直接控制和提升消费者的购物体验，同时强化品牌形象和价值传递。直营店为消费者提供了亲身体验农产品的机会，如通过品尝、触摸和亲眼见到产品的新鲜度，从而增强购买决策的信心。这种模式还允许品牌通过店面设计、员工培训和顾客互动，确保一致和专业的品牌展示。直接的消费者反馈机制帮助品牌快速适应市场变化和客户需求，同时，减少中间分销环节可以提高利润空间。此外，直营店还为品牌提供了一个平台，用于教育消费者关于产品的特点、健康益处和可持续生产实践，从而加深顾客对品牌的理解和忠诚度。通过这些方式，农产品的直营店营销能够有效地提升消费者体验，增加销售，同时强化品牌在市场中的地位。

（1）增强消费者体验：直接展示农产品的新鲜度和质量，提供亲身体验和品尝机会，增强购物体验。

（2）品牌形象控制：直接管理店面设计和布局，确保品牌信息的一致性和专业展示。

（3）直接客户互动：直接与消费者交流，收集反馈，更好地理解和满足客户需求。

（4）提高利润空间：减少中间分销环节，直接销售给消费者，提高利润率。

（5）市场反应速度：快速响应市场变化和消费者趋势，灵活调整产品和策略。

（6）顾客教育和忠诚度：教育消费者关于产品的健康益处和可持续生产，加深品牌忠诚度。

（7）本地市场融合：结合当地特色和社区活动，建立与本地市场的联系和品牌认同。

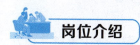

岗位介绍

1. 直营店经理

（1）职责：负责整个店铺的日常运营，包括员工管理、库存控制、销售目标设定等。

（2）技能要求：强大的领导能力、零售管理知识、良好的客户服务意识、基本的财务管理能力。

2. 市场分析师

（1）职责：进行市场趋势分析，识别目标客户群体，提供营销策略建议。

（2）技能要求：深入的市场分析技能、数据解读能力、对零售行业的理解。

3. 视觉陈列设计师

（1）职责：设计店铺内部布局和产品陈列，以吸引客户并提升购物体验。

（2）技能要求：良好的审美和设计能力、对零售空间布局的理解、创新思维。

4. 数字化运营专员

（1）职责：利用数字工具和技术（如数据分析、增强现实）来优化店铺运营和客户体验。

（2）技能要求：熟悉数字技术在零售环境中的应用、数据分析能力、对新兴技术的适应能力。

竞赛介绍

1. 农产品直营店营销策略大赛

（1）目标：设计一套完整的农产品直营店营销策略，包括市场定位、促销活动、客户关系管理等。

（2）评估标准：策略的创新性、实用性、市场分析的深度和可执行性。

2. 视觉陈列创意设计赛

（1）目标：设计农产品直营店的内部布局和产品陈列，以提升顾客购物体验和提高销售额。

（2）评估标准：设计的创意性、实用性、对顾客行为的引导能力。

3. 数字化零售解决方案挑战赛

（1）目标：开发利用数字化工具（如数据分析、增强现实）来优化农产品直营店的运营效率和顾客体验的解决方案。

（2）评估标准：方案的创新性、技术实现的可行性、对运营效率和顾客体验的改善程度。

4. 店铺运营模拟挑战

（1）目标：在模拟环境下管理一个农产品直营店，涵盖库存管理、员工协调、顾客服务等多个方面。

（2）评估标准：运营效率、解决问题的能力、客户满意度和销售业绩。

5. 农产品供应链创新竞赛

（1）目标：设计创新的供应链管理方案，以提高农产品的质量控制、减少浪费并提升供应效率。

（2）评估标准：供应链方案的创新性、可持续性、对成本和效率的影响。

任务实训

任务目标：为某农产品品牌规划并执行一个直营店的开设和运营计划。

步骤：

市场分析与选址：

（1）调查目标市场，确定潜在的客户群体。

（2）选择适合的店铺位置，考虑交通便利、人流量大、与品牌形象匹配等因素。

店铺布局与设计：

（1）根据品牌形象和农产品特点，设计店铺的内外部装修风格。

（2）规划店铺空间，确保展示区、销售区、休息区等功能区域明确且流畅。

产品陈列与价格策略：

（1）根据农产品的种类、新鲜度、销售策略，设计合理的陈列方式。

（2）确定产品的定价策略，考虑成本、竞争对手、市场需求等因素。

员工培训与服务标准：
（1）为员工提供产品知识和销售技巧的培训。
（2）设定服务标准，确保每位顾客都能获得满意的购物体验。

推广活动与客户关系管理：
（1）规划开业促销活动，吸引顾客入店。
（2）建立客户管理系统，收集客户信息，为其提供个性化的服务和优惠。

运营数据的收集与分析：
（1）定期收集店铺的销售数据、顾客反馈、员工建议等信息。
（2）根据数据调整运营策略，不断优化店铺的运营效果。

评分标准：

序号	标准	分值	得分
1	市场调研详尽，店铺位置选择合理	10	
2	店铺布局能体现农产品特色，有明确的功能区域划分	15	
3	价格策略多样，能适应不同市场情况	25	
4	促销活动规划合理，有吸引力	25	
5	员工培训规划合理，服务标准切实有效	15	
6	数据分析机制符合店铺需求，有相应的运营调整办法	10	
	总计	100	

知识拓展

农产品营销

课后习题

一、单项选择题

(1) 直营店的主要优势是（　　）。
A. 低成本　　　　　　　　　　B. 快速交货
C. 直接与消费者互动　　　　　D. 能在全国范围内快速推广

(2) 在直营店中，（　　）方式最能展示农产品的新鲜度。
A. 打折促销　　　　　　　　　B. 现场烹饪展示
C. 发放宣传册　　　　　　　　D. 电视广告

二、多项选择题

(1) 在直营店的运营中，（　　）因素是提高销售额的关键。
A. 店铺位置　　　　　　　　　B. 产品质量
C. 服务质量　　　　　　　　　D. 广告投放

(2) 以下（　　）活动可以增强直营店顾客的黏性。
A. 品鉴会　　　　　　　　　　B. 烹饪课程
C. 购物满额赠品　　　　　　　D. 产品种植故事分享

三、判断题

(1) 直营店的成功与否完全取决于其产品的质量。（　　）
(2) 在直营店中，与顾客的直接交流可以帮助品牌更好地了解市场需求。（　　）

四、案例分析

"田心农品"：从农田到餐桌的成功直营之路

"田心农品"位于江苏的一片丰饶之地，拥有超过200亩（1亩=666.67 m^2）的农田。这片土地上生长着各种各样的有机蔬菜、果树以及一些特色农产品。农场的主人刘先生，是第三代接手这片农田的年轻人，他有着现代的思维和对农业的深厚情感。

几年前，刘先生决定尝试新的销售模式。他在城市中心租下了一个门面，开设了"田心农品"的首家直营店。店内的装修简单自然，墙上挂着农田的照片，中央摆放着各种新鲜的农产品。

为了保证农产品的新鲜度，刘先生每天凌晨从农田采摘农产品，然后驱车数小时送到城市的直营店。他坚持不使用任何化学农药和化肥，所有的农产品都是纯天然的。

与此同时，刘先生也开设了"田心农品"的线上商店。他拍摄了大量农田的视频和照片，详细介绍了每一个农产品的种植过程。他还在网店上开设了预约服务，消费者可以预约到农田中来体验农耕生活，亲手采摘农产品。

但是，"田心农品"的最大亮点是它的社区互动。每周，刘先生都会在直营店举办农产品烹饪课程，邀请消费者一起学习如何制作健康美味的食物。他还经常邀请农田的邻居来分享他们的农耕故事和经验，让城市的消费者更加了解农田的生活。

凭借其新鲜的农产品、真实的农田体验和丰富的社区活动，"田心农品"的直营店迅速吸引了大量的忠实消费者。无论是农产品的销售,还是农田体验的预约,都呈现出持续增长的趋势。

在经营的第三年,"田心农品"的年销售额达到了500万元,远超刘先生的预期。鉴于此,刘先生计划在其他城市开设更多的直营店,将纯正的农田味道带到更多的消费者餐桌上。

问题:
(1) 请描述"田心农品"的主营业务是什么?
(2) "田心农品"在哪里开设了首家直营店?
(3) 为了保证农产品的新鲜度,"田心农品"采取了哪些措施?
(4) 除了实体店,刘先生还采用了哪些方式来推广他的农产品?
(5) "田心农品"如何利用社区互动增强与消费者的联系?

项目四

农产品+短视频营销

学习目标

知识目标：
(1) 掌握短视频营销的概念、内涵。
(2) 熟悉短视频营销的特点。
(3) 了解农产品+短视频营销平台。
(4) 了解农产品+短视频营销的发展趋势。

技能目标：
(1) 能够对短视频平台进行简单的分析。
(2) 能够简单掌握农产品在短视频平台的营销方法。
(3) 能够注册、认证抖音平台账号，并上传短视频。
(4) 能够设计并制作有关农产品营销的短视频。

素养目标：
(1) 通过对短视频平台的了解，了解中国当前的社会主义核心价值观和爱国主义精神。
(2) 通过学习短视频平台的变革，培养学生的开放精神、全球视野。

思维导图

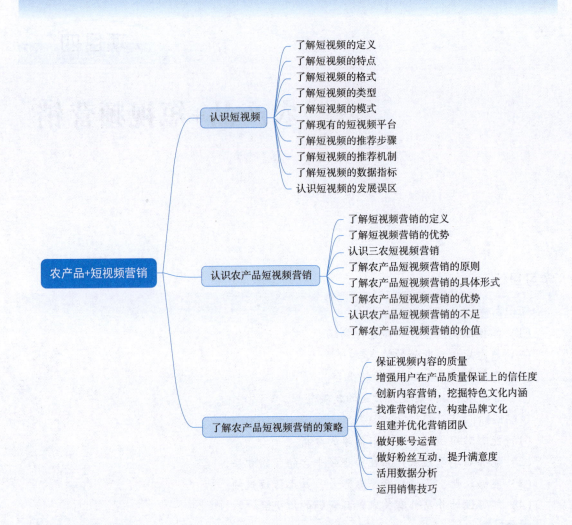

引导案例

抖音账号"布鲁斯口琴程程"创建于2022年3月,该账号主要涉及领域为口琴演奏、教学。在抖音上进行成年人乐器教学是一个相对冷门且有价值的事情,初期账号利润主要来源于教学费用和带货利润。2023年6月,该账号被中国最大口琴品牌"国光"发掘,并签署长期战略合作。目前账号利润有了大幅增长,同时因为教学成果的不断交付,口碑的不断传递,全网粉丝的数量也在不断扩大。从事短视频行业,不是简单的拍段子,而是要创造价值。要么为用户创造物质价值,要么为用户创造精神价值,其核心是要让用户觉得有用。所以账号要做出自己的特色风格,无论是以什么为客体做宣传和营销,都会有相应的受众群体。受到粉丝的追捧,才能在为社会创造价值的同时给自己带来利润。

任务一 认识短视频

一、了解短视频的定义

短视频即短片视频,是一种互联网内容传播方式,一般是在互联网新媒体上传播的、时长在 5 分钟以内的视频。随着移动终端的普及和网络的提速,短平快的大流量传播内容逐渐获得各大平台、粉丝和资本的青睐。

问题:短视频是如何满足不同用户需求的?

短视频的定义、特点、类型

问题:你认为短视频工作中最重要的环节是?

短视频工作者的一天

二、了解短视频的特点

(一)时间短,内容丰富

短视频一般总时长短,用户可以利用碎片化的时间浏览。短视频内容包罗万象,用户观看时只需上下滑动视频界面即可,可以让人们在快节奏背景下较轻松愉悦地了解更多资讯。

(二)操作简单,使用群体庞大

市面上使用较多的短视频播放和剪辑 APP 包括抖音、快手、剪映等,这些软件本身就包含了美颜、滤镜及各种特效,操作简单,用户只需根据自己的需求选择即可。剪辑软件低成本和易操作的特性,给非专业的短视频用户带来了极大的便利。特别是互联网信息匮乏的偏远贫困地区,农户可以把农产品的种植生产、销售过程制作成短视频发布在互联网上,以此来宣传和销售农产品。

(三)同质化严重,缺乏创新

短视频平台为赚取更多流量,会对用户上传的短视频进行自动审核,一旦系统判定该视频可以赚取更多流量,就会给该视频更多的流量推送。在当今"流量为王"的社会背景下,又会有更多的用户发布类似的视频"蹭"流量,吸引粉丝关注。同时,短视频平台会根据用户的浏览记录、浏览时间的长短来判定用户喜欢的视频类型,给用户打标签,继而推荐相同标签的其他视频,造成用户刷到的内容基本一样,缺乏新意。

三、了解短视频的格式

(1) AVI:音频视频组合格式。
(2) RMVB:多媒体数字容器格式。

(3) WMV：微软推出的视频编解码格式。
(4) MOV：苹果公司研发的音频视频格式。

四、了解短视频的类型

短视频的类型多种多样，形式也不断更新，随着时代的进步而发展。要想通过短视频进行营销和运营，就必须全面了解短视频的不同类型，不同的类型有不同的特色，不同的特色能够展示出不一样的风采。

（一）网络视频广告

网络视频广告通常会出现在网络视频正式开播之前，或者是观看视频中间。相对于电视广告来说，网络视频广告的成本较低。时长一般是1分钟、30秒等。

（二）原创短视频

原创短视频是网络视频的主要来源之一，通常是自己制作的，具有十分显著的独特性。目前来看，网络上的原创短视频主要来自三个方面，即由电视台与传媒企业发布、视频网站自制或推出自媒体人短视频以及视频团队与影视组织自创。

（三）宣传片

宣传片即通过视频拍摄的方式对企业的形象和文化进行诠释，并把它传递给广大受众，从而树立企业的良好口碑，打响品牌，吸引更多人消费。一般来说，宣传片可细分为不同类型，如企业宣传片、产品宣传片、公益宣传片和招商宣传片等。

（四）品牌广告

品牌广告与宣传片有些类似，即个人、组织或企业根据举办的活动内容所制作的相关短视频。一般以会议、庆典、博览等形式呈现，但它与宣传片明显有一点不同，即它的主题非常明确。

（五）系列短片

系列短片指在主题和内容上具有一致性，可以串联起来的影片，而且它是由多个剧集组成的短片。它的集与集之间是环环相扣、紧密联系的，并且可以构成一个完整的故事。一般而言，系列短片可以分为两种，即系列广告和微剧集。

（六）UGC 视频

UGC 由 "User Generated Content" 简化而来，其含义是用户自创内容。UGC 视频即用户自己生产内容，然后上传发布在互联网上，与其他用户分享，这类视频的特点比较新颖，通常是以个人为单位，时间也比较短，且充满个性。

（七）影视短视频

通常会出现在各大专业视频网站，比如爱奇艺、搜狐、腾讯、优酷、B 站等，而且有的影视短视频会因为版权的原因，对普通用户限制开放，只有购买该视频网站的会员才能看到相关短视频。

（八）微电影

微电影是互联网时代的一种电影形式。因为微电影常常将人类的情感诉求融入其中，因此各大网络视频平台喜爱用这种方式传递品牌价值和品牌观念，它具有内容短小精悍、打造成本低、互动性强和投放精准等特点。

五、了解短视频的模式

（一）录屏模式

录屏形式是短视频博主下载安装录制电脑屏幕的软件，然后将自己在电脑上的操作录制下来。在录制过程中，短视频博主也可以录音，进行更完善的录制。最后，将所录制的视频内容导出为视频格式文件。

日常的课件录制、操作视频等通常都是以录屏的形式呈现出来的。在录屏形式当中，最受欢迎的内容是游戏解说类、电子竞技类等。录屏形式有助于短视频博主实时将正在操作的内容记录下来，进而完成教辅、讲解等目标。录屏形式真正操作起来并不麻烦，只要稍微学习一下，短视频博主便可轻松上手。

一般来说，录屏形式通常面向的用户是需要迫切学习、了解某方面的知识、技能的人，因此用户所关注的便是短视频为他们解决了什么问题，或者是提供了什么价值。利用这一点，短视频博主在策划内容时便可以以行动号召作为方向。

在策划录屏形式的短视频内容时，可以通过标题、文案等来进行行动号召，表达出自己能够帮助到用户。

（二）自演自说模式

自演自说形式是比较受欢迎的一种短视频展现形式，但是这一方式对短视频里展现的人物的要求较高，既要有表演天分，同时也需要有真材实料。如果能够具备这些条件，那么很有可能表演几个短视频便能获得上百万的播放量。如果展现人物的条件不够优秀，不仅播放量不乐观，掉粉速度也会非常快。在自演自说形式的短视频中，要求视频人物必须做到自然、平实，同时能够将笑点、悬念等效果最大化呈现，否则视频全程缺乏看点，自然没办法引起用户的关注及转发。

自演自说形式的短视频通常在搞笑类内容中比较常见，因此策划此类内容可以以搞笑类为标准，学会从搞笑类的短视频中寻找亮点。这一展现形式与脱口秀相似，都是需要用铺垫与笑点来完成的。也就是说，通过铺垫内容来制造预期，然后解读预期的源头来制造笑点。自演自说形式的短视频在策划时，可以选取段子式"神转折"为重点内容，以便在各种情况下得到最大化发挥，并且收获相应的效果。

（三）剧情模式

相对于前两种而言，剧情的展现形式成本相对较高，因为这一展现形式通常需要较为完整的情节，同时主题也要足够突出，需要2个或者2个以上的演员进行合作。在某些情节上，短视频还要反复拍摄多次。

由于剧情本身所包含的情节特点，剧情形式的短视频相比其他类型的展现形式更容易吸引用户，并且迅速积累粉丝。

对于剧情形式的短视频内容来说，短视频博主在策划时，需要做到内容有创意、有态度，才能更受欢迎。通常情况下，可以通过加剧情、剧情延续或者改剧情来实现这一目标。

（1）加剧情：短视频里有许多操作是非常专业、实用的，但是这些内容对于不少用户来说显得有些枯燥，吸引力会降低。因此，短视频博主可以自己加入一些剧情，让内容变得更为有趣。

（2）剧情延续：当剧情形式的短视频已经形成了一定的热度，为了能够持续性发展，短视频博主可以进行剧情延续，因此在策划时可以将反套路、剧情发展（后续情节）、态度回应等内容加入其中，让剧情更受喜爱。

（3）改剧情：改剧情是指在创作短视频内容时，沿着前一小段的剧情表演，把后一段剧情改掉。但这与"神转折"的内容有所不同，"神转折"是建立在原创的基础上而进行的，而改剧情是针对当下有一定热度的短视频主题而进行的。短视频博主在策划这一类内容时，应该注意所改变的剧情的发展方向，或搞笑或表明态度或是其他内容。

想一想

（1）互联网技术的发展越来越快，为传统的农业生产与销售带来无限商机，科技与传统、现代与历史的有机结合，需要我们在创新中不忘传统，在发展中不忘初心，如果你是一个农产品短视频博主，在经营自己的账号时应该怎么做？

（2）农产品短视频营销过程中需遵循相关法律准则和道德底线，坚守诚信原则，确保消费者的利益，如果你是一个农产品短视频博主，遇到违背法律、道德的事情应该怎么做？

六、了解现有的短视频平台

（一）抖音：记录美好生活

相对于一般的短视频平台来说，抖音短视频 APP 的出现犹如一股清流，它抛弃了传统的短视频拍摄形式，转而拍摄音乐短视频。对于如今的年轻人来说，这一软件的出现，能让他们以不一样的方式来展示自我。此外，抖音短视频 APP 的音乐中的节奏感十分明朗强烈，让追寻个性和自我的年轻人争相追捧。

问题：如何根据受众选择合适的平台进行营销？

短视频平台介绍

相比其他的短视频拍摄软件只是在视频的呈现方式上下功夫，抖音短视频 APP 则是另辟蹊径，以音乐为主题进行视频拍摄，这是其最大特色。

抖音短视频 APP 作为一款音乐短视频拍摄软件，主要功能自然是音乐视频的拍摄。此外，抖音短视频 APP 还有一些小功能值得发掘，举例介绍如下：

（1）在首页为用户提供相关的音乐推荐，用户可以根据自身的喜好选择相应的背景音乐。

（2）用户也可以选择快拍或者慢拍两种视频拍摄方式，并且具有滤镜、贴纸以及特效，帮助用户将音乐短视频拍摄得更加具有多变性和个性。

（3）抖音短视频 APP 还能将拍摄的音乐短视频分享到朋友圈、微博、QQ 空间，以及有针对性地分享给微信朋友等。

因此，运营者如果想要利用抖音平台推广短视频，就需要利用好该平台上的所有可利用的功能，并结合平台所具有的特色和优势。

抖音短视频 APP 因为通过主打音乐短视频的方式，成为视频拍摄软件中的一股清流。但也是这一股清流的类型太过于固定，所以自然也就局限于音乐短视频当中。作为音乐短视频拍摄软件来说，抖音短视频 APP 深受年轻人的欢迎，但在拍摄除音乐视频之外的其他视频时，就能看出其很明显的后劲不足。

（二）快手：记录世界，记录你

以"记录世界，记录你"为口号的快手自 2012 年转型为短视频社区以来，就着重于记录用户生活并进行分享。其后，随着智能手机的普及和流量成本的下降，这一款手机应用也迎来了发展的春天。

截至 2017 年 3 月，快手的用户已达到 4 亿，日活跃用户数也达到了 4 000 万。发展到 2018 年 12 月，快手 APP 的下载安装已经达到了 43 亿多次。可以说，在各款短视频中，快手的下载安装次数是最多的。

快手发展得如此迅速，是与其 APP 特性和热门综艺认证分不开的。另外，快手区别于其他短视频平台的一个重要特征就是其在功能的开发上，并不着重于多，而是追求简单易用，并积极进行功能的提升。正是这一特征，使用户乐于使用快手来制作、发布和推广短视频。

当运营者单击两下或三下时，在拍摄页面会出现"隐藏功能"信息提示框，显示"本模式下可拍摄或截取长达 17 秒的视频"或"本模式下可拍摄或截取长达 57 秒的视频"的字样。

其次，在快手用户推广视频时，为达到上热门的运营目标，可以设置双标题或多标题。其操作为：在视频编辑页面，单击"更多"按钮，展示更多功能；单击"文字"按钮，进入"文字"页面；选择标题背景和形式，输入文字设置第一个标题；完成后，再次选择标题背景和形式，输入文字设置第二个标题。这样设置后的视频就会在播放时在相应位置显示设置好的字幕和标题。

（三）火山：让世界为你点赞

火山小视频 APP 是由北京微播视界科技有限公司研制发布的一款主打 15 秒短视频拍摄的手机视频软件。它号称最火爆的短视频社交平台，以视频拍摄和视频分享为主。

火山小视频 APP 作为 2017 年热度较高的一款短视频拍摄软件，有其独特性，主要包括 5 个方面。

（1）通过平台制作视频非常方便、快捷，只要 15 秒。

（2）基于精准的大数据算法，为用户提供个性化内容。

（3）提供强大的视频特效功能，让视频内容快速升级。

（4）画质清晰的视频实时上传，给人精美的视觉感受。

（5）提供直播功能和美颜滤镜，实现用户高颜值直播。

同时，火山小视频为了加快发展，吸引更多人关注和参与，推出了一系列与小视频相关的扶持计划。

（1）火电计划：这是一项培养 UGC 原创达人的长期扶持计划，在发掘和寻找之后，通过纪录片和宣传片的方式来分享他们与火山小视频之间的真实故事和生活。

（2）火苗计划：这是一项建立在 10 亿元视频现金补贴基础上的，共包括两个核心内容，即开通打赏功能和小视频达人培训计划。变现和培训双管齐下，激励用户打造优质内容。

（3）15 秒感动计划：火山小视频基于社会责任，推出了"15 秒感动计划"，旨在通过身边的感人故事，发现和传递社会正能量。

火山小视频 APP 诞生于短视频软件满天飞的时候，与市面上众多的短视频拍摄软件相比，火山小视频 APP 并不具太多优势，但是火山小视频 APP 在拍摄完视频之后的编辑之中，却有独一无二的"抖动""黑魔法""70 年代""灵魂出窍""幻觉"这 5 款特效处理，让视频充满个性化的同时又别具一格。

因此，在火山小视频 APP 上进行推广，一方面可以借助该应用的特点打造个性化视频，另一方面可以借助平台的扶持政策，做到两者兼收，那么其短视频运营之路还是可期的。

（四）微视：随便拍拍都有趣

微视作为 BAT 三大巨头之一，腾讯旗下的短视频创作和分享平台，是可以实现多平台同步分享的。同时，它作为腾讯的战略级产品，一直处在不断更新和功能研发中。

（1）版本 4.0：这一版本更新的功能主要有视频跟拍、歌词字幕和一键美型等，同时与 QQ 音乐数以千万的正版曲库打通，让品牌和产品升级得以全面实现。

（2）版本 4.3.1：在原有的基础上更新了"长腿功能"，同时有着腾讯 AI Lab 黑科技的支持，使一键调节腿部长度和身材比例成为可能，它也因此成为首个研究瘦腿操作的短视频 APP。

（3）版本 4.8.0：该版本的 APP 主要更新了 5 大功能，即直播来袭、创意合拍、分段剪辑、声音贴纸和草稿拍同款，从而让用户能进一步感受短视频拍摄和编辑，提升短视频推广价值。

微视产品的品牌口号为"发现更有趣"，因此，其短视频内容运营和推广也正是基于这一点而制作的，包括 3 大主要特点和方向，即"超好拍""超好看"和"超好笑"。

微视与抖音有着很大的相似之处。当然，同样也存在一些不同。

首先，在短视频拍摄页面，微视的"美化"功能包括了 4 项内容，相对于其他 APP 来说，多了"美妆"和"美体"两项，且在美颜上其各选项呈现出更加细化、多样化的特征。

其次，在短视频拍摄页面，微视的"海报"功能和"声音"功能也是微视短视频的亮点之一。运营者可以利用微视"海报"和"声音"制作更多画面、更有创意、声音个性化与多样化的短视频。

（五）西瓜：给你新鲜好看的

西瓜视频 APP 是今日头条旗下的独立短视频应用，同时也可看作是今日头条平台上的一个内容产品，其推荐机制与头条号的图文内容并无太大差别，都是基于机器推荐机制来实现的。通过西瓜视频平台，众多视频创作者可以轻松地向大家推广和分享优质视频内容。

基于西瓜视频与今日头条平台的关联，运营者可以通过今日头条平台后台进行短视频的运营和推广。而通过今日头条平台后台的西瓜视频发表和推广短视频，具有多个方面的优势，具体分析如下：

1. 利用合辑功能

"发表合辑"是为适应视频内容的发展而推出的新功能，指的是视频集合，当然，这种集合并不是简单地把多个视频组合在一起，而是需要运营者对已发表的视频内容进行重新组织和整理之后的集合，是具有自己思想的、有固定主题的视频集合的发表。

因此，运营者可以把有着相同主题的一系列短视频进行整理，再设置一个吸引人的主题名称，就能吸引众多想要获取某一方面知识且想要系统学习的人来关注，最终实现短视频推广的目标。

2. 设置金秒奖

通过今日头条后台的西瓜视频发布的，还可以参与金秒奖。一般来说，出现在"金秒奖"频道首页中的内容，都有较高的流量，有些更是高达百万播放量，引发了传播裂变。即使参与评选之后，并没有获得相关奖项，也能通过与"金秒奖"这一短视频行业的标杆事件发生关联而增色不少。

因此，运营者可以通过发表自己制作的优质短视频内容，参与金秒奖。当然，这里的质量主要包括两个层面的内容：一是所呈现出来的视频内容的质量；二是拍摄、制作的视频在图像、音效和字幕等多个方面的质量。只有这样，才能打造优质短视频，也才能在众多参与作品中获胜，夺得桂冠，为自身短视频内容打上优质标签，从而吸引大量用户浏览。

3. 多样推广方式

为了扩大推广范围和提升推广效果，西瓜视频还积极进行多方面的营销尝试，如 2017 年 6 月的"找回新鲜感"跨界营销活动就吸引了众多人参与，刷爆朋友圈。

在这一活动中，西瓜视频围绕"西瓜"这一当季水果，与百果园、果多美企业合作，一方面在 30 万颗西瓜上贴上创意标语和二维码，并通过扫描二维码为购买者提供与"找回新鲜感的 45 种方式"相关的短视频内容；另一方面还准备了一个 360°全方位环绕的视频体验馆，带给用户身临其境的观影震撼，成功地让年轻人排起了长队观看。

（六）美拍：每天都有新收获

美拍 APP 是由厦门美图网科技有限公司研制发布的一款集直播、手机视频拍摄和手机视频后期于一身的视频软件。

美拍 APP 自 2014 年面世以来，就赢得了众多人的狂热参与，可以算得上开启了短视频拍摄的大流行阶段。后经众多明星的使用与倾情推荐，将其真正深入到人们的心中，每当人们一想起短视频拍摄，总会想到美拍 APP，所以这款软件深入民心的程度可见一斑。

此外，美拍 APP 主打"美拍+短视频+直播+社区平台"。这是美拍 APP 的第二大特色，从视频开拍到推广和分享，一条完整的生态链，足以使它为用户积蓄粉丝力量，再将其变成一种营销方式。

美拍 APP 主打直播和短视频拍摄，以 20 多类不同类型的频道吸引了众多粉丝的加盟与关注。

除拍摄功能外，美拍 APP 还有些细节功能：一是为用户提供了 15 秒、60 秒以及 5 分钟的视频时长选择，为用户的短视频拍摄时长提供了更多种选择；二是强大的 MV 特效和大头电影等有趣的功能,能帮助用户拍摄出更具个性化的手机短视频;三是表情文让照片也能说话,提供在线音乐,边听边感受。

美拍 APP 主打直播与美拍,而且其拍摄视频的时长虽然作出了相应的改变,但用户还是比较受限制,只能选择软件提供的几种时长方式,用户并不能自定义视频拍摄时长,所以在进行美拍 APP 视频推广时,要注意视频拍摄时间长度的把握。

(七)爱奇艺:悦享品质

爱奇艺是一个以"悦享品质"为理念的、创立于 2010 年的视频网站。在短视频发展如火如荼之际,爱奇艺也推出了信息流短视频产品和短视频业务,加入短视频发展领域。

一方面,在爱奇艺 APP 的众多频道中,有些频道就是以短视频为主导的,如大家喜欢的资讯、热点和搞笑等。另一方面,它专门推出了爱奇艺纳逗 APP。这是一款基于个性化推荐的、以打造有趣和好玩资讯为主的短视频应用。

当然,在各有优势的短视频社交属性、娱乐属性和资讯属性等方面,爱奇艺选择了它自身的方向,即偏向娱乐性。无论是爱奇艺 APP 的搞笑、热点频道,还是爱奇艺纳逗 APP 中推荐的以好玩、有趣为主格调的短视频内容,都能充分地体现出来其娱乐性。

而对于运营者来说,正是因为爱奇艺在某些频道上的短视频业务偏向于专门的短视频 APP 开发,让他们找到了推广短视频的平台和渠道。同时,爱奇艺作为我国三大视频网站之一,有着巨大的用户群体和关注度,因而如果以它为平台进行短视频运营推广,其效果应该是不错的。

(八)腾讯:不负好时光

腾讯视频是我国市场最大且发展最迅速的在线视频平台,它于 2011 年正式上线运营。对于短视频运营者来说,腾讯视频网站是有着巨大优势的,即它拥有最大的移动端日活跃用户和付费会员。且在短视频迅速发展起来的情况下,腾讯视频也开始多处布局短视频内容,共推出了众多短视频产品,如微视、速看视频、MOKA 魔咔、闪咔、有视频、下饭视频、猫饼、腾讯云小视频等。

当然,在腾讯视频其本身的平台上,短视频内容也不遑多让。很多频道中都包含有短视频内容身影。特别是在"小刷"频道,呈现出来的完全是一个与其他短视频 APP 一样的页面布局,分两列多栏的列表格式展示,其内容大多是不到 1 分钟的短视频内容。

且在该频道中,用户单击短视频跳转到相应页面后,除了同其他短视频平台一样展示内容外,它还会在页面上显示"发弹幕"图标,有利于运营者与用户、用户与用户之间更好地进行互动,从而在社交短视频化方面走得更远。

(九)优酷:这世界很酷

优酷是国内成立较早的视频分享平台,其产品理念是"快者为王:快速播放,快速发布,快速搜索",以此来满足多元化的用户需求,并成为互联网视频内容创作者的集合地。

在优酷平台上,不管你是资深摄影师,还是一个拍摄爱好者,也不管你使用的是专业的摄像机,还是一部手机,只要是喜欢拍视频的人,都可以成为"拍客"。

除了"拍客"频道外,优酷还推出了"原创"和"直播"等频道,来吸引那些喜欢原创并且热爱视频的用户。在优酷"原创"频道中,有很多热爱视频短片的造梦者,他们不断坚持并实现自己的原创梦想,借助平台诞生了一大批网络红人,同时他们也为优酷带来了源源不断的原创短片。

在优酷平台上还有一个"科技"频道。在该频道上，用户可以观看各种与科技产品相关的视频，比如手机测评、概念机曝光等。这些内容对于经营与科技相关产品的企业来说，是一个非常不错的产品宣传渠道和短视频内容推广渠道。首先，企业可以通过视频形式展示品牌文化，通过企业产品文化的短视频宣传推广，能使用户更为认可企业产品，这种形式的运营推广方式具有特别的意义，所以大型的互联网公司，对于企业文化的宣传向来都十分的重视。其次，企业可以利用短视频宣传企业的产品，介绍产品的用法，这样不仅能使企业的产品介绍更全面，也能在一定程度上打消用户的疑虑，进一步带动用户的购买欲望，从而实现运营和营销的目的。

（十）哔哩哔哩：哔哩哔哩干杯

哔哩哔哩，创建于 2009 年 6 月 26 日，被网友们亲切地称为 B 站。B 站早期是一个 ACG（动画、漫画、游戏）内容创作与分享的视频网站。经过十年多的发展，围绕用户、创作者和内容，构建了一个源源不断产生优质内容的生态系统，B 站已经涵盖 7 000 多个兴趣圈层的多元文化社区，曾获得 QuestMobile 研究院评选的"Z 世代偏爱 APP"和"Z 世代偏爱泛娱乐 APP"两项榜单第一名，并入选"BrandZ"报告 2019 最具价值中国品牌 100 强。2018 年 3 月 28 日，哔哩哔哩在美国纳斯达克上市。2021 年 3 月 29 日，哔哩哔哩正式在香港二次上市。2022 年 3 月，哔哩哔哩公布 2021 年第四季度和财年财务业绩，2021 财年财务业绩总净收入为 194 亿元人民币，较 2020 年增长 62%。

哔哩哔哩拥有动画、番剧、国创、音乐、舞蹈、游戏、知识、生活、娱乐、鬼畜、时尚、放映厅等 15 个内容分区，生活、娱乐、游戏、动漫、科技是 B 站主要的内容品类并开设直播、游戏中心、周边等业务板块。B 站是极具互动分享和二次创造的文化社区，也是众多网络热门词汇的发源地之一。其特色是悬浮于视频上方的实时评论，即"弹幕"。这种独特的视频体验基于互联网的弹幕能够超越时空限制，构建出一种奇妙的共时性的关系，形成一种虚拟的部落式观影氛围，给观众一种"实时互动"的错觉，用户可以在观看视频时发送弹幕，其他用户发送的弹幕也会同步出现在视频上方。

七、了解短视频的推荐步骤

短视频如今作为风口，涌入的平台与个人都在迅速增加。在如此多用户提供的海量信息内容面前，将每一个视频都进行人工审核与推荐是不现实的。大多数平台应对海量信息，都得依靠算法进行审核并且推荐。作为参与短视频营销的乙方，了解平台算法推荐流程，以此来完善自身内容，获得高推荐率是非常有必要的。在当前的技术条件下，各大平台的算法推荐基本流程包括以下 4 个步骤：

农产品短视频营销策路

（一）审核与筛选

用户所上传的短视频内容、填写的文案以及标签等，都是审核的基本内容。审核过后剔除那些敏感的、违法的、不符合平台要求或者定位的内容，筛选出正常健康的视频内容呈现到用户面前。

(二)少量推荐

筛选出来的短视频内容会随机推荐到少量符合标签的用户的界面上,用户单击查看之后形成反馈数据,由平台进行再次收集,以便进行下一步的推荐。通常情况下,如果某个短视频能够获得高点赞量、高播放量、高转发量或者高评论量,能够被平台进行再次推荐的可能性会更大,从而收获更多用户的观看。与之相反的是,指标并不可观的短视频将有可能会湮没在海量的短视频当中,播放量也并不可观。

由此可见,这一环节是决定短视频发展走向的关键性步骤。具备较强实力的团队能够在内容上先贴合用户需求,让平台推荐到更多用户的手中。除此之外,这些团队还可以人为干预短视频的点赞、评论以及转发数量,通过组织人手来增加指标数量,以此来争取短视频内容能够在下一环节中得到推荐。但是根据不完全数据统计,大约有80%的短视频止步于这一环节。

(三)大量推荐

能够到达这一环节的短视频大多是比较精品的内容。通过前期的小范围测试后,短视频将会被平台分发给大量用户,获得更多的播放量。在这一步骤当中,点赞、评论、观看完成度、转发等指标数据同样是平台考验的内容,而那些获得几百万甚至上千万播放量的短视频正是在这一步中形成的。但是在一路推荐的过程中,无数短视频已经被平台筛选下去,能够形成超级流量的短视频所占比例根本不到1%。

(四)重复

重复是指平台在收集数据后不断完善自己的算法机制,并且不断重复以上3个步骤,以此来给用户推荐他们最喜欢的优质短视频内容。

以上4步是基于算法主导而形成的推荐流程,短视频内容分发的过程中,都会被平台或多或少地进行干预。而对于短视频平台内的头部账号,更容易获得平台所提供的流量倾斜,在通过第一步的审核与筛选之后,极有可能会跳过少量推荐的步骤,直接获得大量推荐。

八、了解短视频的推荐机制

每一位短视频博主都想成为平台中的佼佼者,并且获得更多的播放量。然而每个平台都有自己的推荐机制,短视频博主只有充分了解了各大平台专属推荐机制的规则,才能够对症下药,在每个平台中发布更符合平台调性的内容。在此,我们通过抖音、快手以及微视3个平台,来了解平台之间推荐机制的不同点:

短视频推荐机制与数据指标

(一)抖音的推荐机制

抖音平台的算法机制对于用户而言是有着独特魅力的,即去中心化。比如短视频博主在微信公众号发布内容,如果没有粉丝,就没有人点击进去查看,但是抖音平台不一样,用户拍摄的任何视频,无论质量好坏,只要符合审核标准,发布后便一定能够获得播放量,只是量多与量少的差距而已。

我们可以将抖音的推荐机制当作是流量池，根据算法给每一位用户分配一定的流量池。如果短视频博主在这个流量池中表现得好，那么其短视频内容将有机会被推荐给更多用户，而流量池的推荐则是根据点赞量、评论量、转发量、完播率这4个标准来进行评判的。因此短视频博主需要在一开始便想方设法发动身边的人来给自己的短视频点赞、评论、转发并且完全播放完毕，以此来获得被继续推荐的机会。

(二) 快手的推荐机制

与抖音相反的是，在快手平台中，用户点赞、评论、转发视频都无法帮助短视频上热门，这正是由于快手推荐机制中独特的反作弊手段，因此短视频博主再努力刷播放量和评论也无济于事，对于快手的推荐分发也毫无影响。

快手的推荐机制是根据播放率以及完播率来决定的，也就是说，要用户单击视频进行查看并且完整观看，短视频内容才有可能成为热门，获得更多的流量。

举个例子，用户在快手发布一则短视频，快手平台会将短视频随机分配到100位用户的界面中，而这100位用户中有60位用户观看完毕，那么快手便再将短视频推荐给1 000位用户，而1 000位用户中有700位观看完毕，那么快手平台将会以此类推，继续扩大范围进行推荐。

由此可见，快手平台是通过一轮接一轮的检验来判断短视频内容是否优质，只有真正获得用户喜欢的短视频内容才能上热门。如果短视频内容的播放率和完播率较低，那么便无法获得快手更大范围的推荐。因此，在快手平台中，想要获得更多的分发推荐，便需要通过提升播放率和完播率来达到目标。

(三) 微视的推荐机制

微视平台的推荐机制与抖音的相似，主要参照短视频类型、粉丝数量、播放的完整度以及用户对内容的认可度，由此可看出微视对内容质量的看重程度。但是，微视平台的推荐机制也不太完善，这与审核人员的喜好有着一定程度的关联，因此可能导致内容质量一般的短视频上了微视首页，而内容质量优秀的短视频却被埋没的现象。另外，如果发布质量一般，短视频博主每个月坚持发15~20条的短视频内容，也是有机会能够获得推荐的。

通过以上3个平台的介绍，可以发现各大平台的推荐机制虽然各有不同，但整体而言大同小异，内容的质量是第一考虑因素。除此之外，相似的内容也会出现推荐量抢夺的现象，因此短视频博主可以多做一些具备独家特色的短视频内容，而不是一味去追求热点话题和题材，通过别的渠道来获得更多的推荐量。

九、了解短视频的数据指标

短视频的推荐量是播放量的重要前提，想要获得推荐量，则必须满足各大平台的指标。一般来说，短视频博主做好以下8个指标数据，便有很大的可能性获得各大平台的推荐，进而让短视频内容获得更大范围的传播，提升自身影响力。

(一) 活跃度

活跃度代表短视频账号生产内容的数量、频率等，相当于员工上班打卡一样，短视频账号也需要通过更新内容来"刷存在感"，以此来保障账号的活力。目前各大平台对于视频发布数量、频率还没有具体的规定，并且各方之间要求也不尽相同，但通常情况下原创的、优质的并且更新频繁的是最好的。

（二）原创度

原创度是指短视频博主自己进行创作的内容，而不是基于其他博主的成品内容来进行再创作。需要注意的是，各大短视频平台正在逐渐增强对原创内容的保护力度。

原创度是短视频平台引导博主在保证内容数量的基础上实现质的飞跃，毕竟只有在"量"与"质"两个维度都得到保障的情况下，用户在第一时间获取新鲜内容所获得的用户体验才是最佳的，同时这也是平台引流的重要手段。

（三）垂直度

垂直度考察的是账号在所属专业领域内发表内容的专注程度，内容变异越少账号垂直度越高。也就是说，如果短视频博主的内容涉及交叉领域，垂直度很有可能会降低。事实上，博主偶尔调整内容角度是可以的，但不能频繁变动。

另外，一些平台已经取消了视频分类的功能，随着推荐算法持续优化和机器识别能力不断提升，作者自选分类在推荐过程中已不发挥实际作用。也就是说，短视频博主自行定义的分类对于计算垂直度的作用不大，因此还是通过算法以及用户反馈来获取这一指标较为有效。

（四）互动/喜爱度

互动/喜爱度是指短视频账号受到用户的欢迎程度，这需要短视频博主通过鼓励用户对内容进行讨论、转发来提升互动度。与此同时，短视频博主也要及时回复一些优质评论，而对于负面的评论最好及时删除。

（五）健康度

健康度比上述的几个数据都要更严肃一些，能够代表短视频账号的整体素质。通常情况下，短视频账号健康度的考察内容是对违规、涉嫌违规或者擦边的程度进行评测，比如抄袭内容、传播有害信息等。需要注意的是，"标题党"所造成的内容与标题严重不符，导致用户观看体验下降，被举报或者机器识别之后，也会造成健康度的下降。

（六）播放维度

播放维度即众所周知的收视率的代名词，是用来评估视频内容受欢迎程度的重要体现，也就是短视频的播放量。短视频的播放量越高，获得推荐的可能性越大。

（七）转化度

转化度是最直接体现用户对内容认可程度的指标，用户通过短视频获取有效信息并且被打动之后，才有可能转化成为粉丝，才是对短视频一种真正的认可。

（八）粉丝维度

粉丝维度代表了短视频账号的整体影响力，可以从粉丝的忠诚度、粉丝量等各个维度进行估量，在很多场景之下，也是平台重点关注的指标。

十、认识短视频的发展误区

（一）重视后台轻前台

短视频平台出现之后，运营者开始有了更广泛的运营阵地。但是这一过程中，他们却忽略了前台的使用，有的只是纯粹的后台操作，即拍摄和发布视频。至于查看自身内容发布后的呈现效果和与用户进行互动,则很少有运营者去付诸实施。

这样的做法是不对的,其原因在于每个平台都有其自身的运营逻辑,短视频平台也是如此。如果运营者不去前台通过亲身查看去了解,那么很难真正了解该平台的用户行为,最终也很难成为该平台的运营获胜者。

(二) 完全不进行互动

在各种应用中,与用户互动是通过前台来进行的,但很多运营者都忽略了这一点。而就短视频运营这一话题来说,与用户互动至关重要。

对于那些不与用户互动的短视频运营账号,无论是对其长期发展还是短期发展来说都是不利的,是运营者要坚决避开的一大误区。运营者的精力是有限的,因此,选择一些有想法、有价值的评论进行回复和互动即可。

(三) 过度重视热点作用

在互联网时代,热点都是自带流量的,能赢得更多关注,因此,很多运营人都会选择利用热点来进行内容、品牌等推广。确实,追热点是一种有效的运营推广方法,但是要知道,无论什么,都过犹不及。所以,在追热门的时候,不要硬追热门,而是要注意热门匹配与适度。

对于短视频这样更多的是通过视觉信息来吸引用户的内容形式,只是硬追热门的做法根本不可取,运营者要做到的是让更多用户受热点的吸引而关注你,进而肯定其价值,乐意点赞、评论和转发。这样的短视频运营才是成功的,才是打造百万视频大号的正确方式。

(四) 运营平台十分狭窄

在短视频运营过程中,很多人一般都会选择一两个热门平台来进行运营,这样的话,既能抓住用户流量,又能节省运营精力和时间,可谓是一举两得。

然而,实际上,这种运营方法也是短视频运营要注意避开的误区。运营者应该多多拓展运营渠道,尽量避免渠道单一的情况。在拓展运营渠道的过程中,选择从多个角度入手。从新手开始,积少成多,最终打造出用户关注度高和推广效果好的账号。

另外,如果运营者在前期工作中因为定位不精准而选择了偏离其目标用户的平台和渠道,那么,即使运营者定位精准,在自身账号的目标用户定位也有可能与多个平台重合的情况下,只选择了其中一二,那么必然造成流量和资源的浪费,不能发挥出运营的最大作用。

(五) 对渠道动态很漠视

运营者在进行短视频推广时,所选择的平台和渠道都是在时刻发生变化的。只有了解和洞悉了这些变化情况,才能在众多账号中脱颖而出,成功成为业界大咖。

只专注于短视频打造和推广,极容易在不清楚自身账号运营动态的情况下做很多无用功,也容易与平台脱节,影响运营效果。因此,运营者一定要注意避开不持续关注平台动态的误区,重点关注账号相关动态、渠道官方动态、官方举办活动,成为平台动态最忠实的反映者和参与者。

(六) 不重视平台数据分析

一般来说,短视频 APP 平台的数据相对比较简略。因此,很多人忽略了数据及其相关信息。

其实，这样的做法是错误的。运营者如果只是纯粹去拍摄和发布短视频，而没有关注用数据来衡量的运营状态和效果，那么根本就不能很好地了解自身账号的运营情况，想要获得提升也就很难了。

数据分析是必不可少的，它是指引用户成功的关键。

岗位介绍

短视频演员

工作职责：

（1）根据短视频剧情文案进行出镜，配合摄影师编导拍摄，达成优质的短视频。

（2）运用恰当的语言语调、表情、动作等，完成表演。

（3）跟编导、编剧以及拍摄团队沟通交流视频脚本，快速理解脚本内容，并能对拍摄脚本提出表演创意，优化表演与视频表现内容。

（4）大开脑洞，与编导、编剧、运营一起构思有趣有料的视频内容，将你的想法变成优秀作品。

（5）不断提高自己的审美品位，提升自己的化妆技术、穿搭水平。

岗位要求：

（1）影视表演、播音主持等相关艺术院校优先考虑。

（2）五官端正、形象气质佳、性格开朗，有辨识度。

（3）口齿伶俐，普通话标准，幽默诙谐，有良好的沟通能力，上镜好，面对镜头自然大方，不怯场，不矫情，良好的镜头感，表现力强，适应在镜头前展示才艺。

（4）抖音、快手、各类直播等重度发烧用户，有网红、歌手、模特、播音、主持类经验及段子手者优先录用。

（5）有跟剧组、主持人、平面模特、影视表演等经验或会唱歌舞蹈乐器等才艺者优先。

（6）对于抖音等短视频平台录制或平台主播经验，并且能够拍摄出有创意的作品者优先。

（7）创作过有传播量的作品，部分平台已有大量粉丝者优先考虑。

【案例分析】李子柒

任务二 认识农产品短视频营销

一、了解短视频营销的定义

短视频营销是以互联网为重要载体，以短视频为基本工具，内容丰富，无所不包，利用网络视频展示产品的优点及企业的品牌理念，将互联网、视频、营销三者相结合，以变现盈利为主要目的的活动。

短视频营销是内容营销的一种，短视频营销主要借助短视频，通过选择目标受众人群，并向他们传播有价值的内容，这样吸引用户了解企业品牌产品和服务，最终形成交易。做短视频营销，最重要的就是找到目标受众人群和创造有价值的内容。

二、了解短视频营销的优势

营销，就是根据消费者的需求去打造销售产品和服务的方式和手段，主要有网络营销、服务营销、体验营销、病毒营销、整合营销以及社会化营销等。短视频属于网络营销的一种，也是具有巨大潜力的营销方式之一。短视频营销具有得天独厚的优势。

（一）营销成本低

传统的广告营销成本高昂，要投入数以万计的资金。相对而言，短视频做广告的营销成本要低得多，主要包括视频制作成本、传播成本以及运营成本。制作成本主要包括拍摄器材、道具、布景等方面的费用，最简单的直接用抖音、快手的短视频拍摄功能就能完成。传播成本低是因为短视频运营者只要在短视频平台上传内容就能起到较好的推广效果。团队运营成本包括团队成员的工资和各种运营管理费用。短视频营销团队通常规模较小，运营成本也较为低廉。低廉的营销成本大大降低了人们用短视频做营销的门槛。

（二）营销效果好

短视频是文字、图像、影音的结合体，比起单纯的图片、文字和音频更容易给用户带来立体直观的展示效果。用户从短视频中获取信息，跟从电视上获取信息本质上是相同的，只不过短视频的时长更短，且能随时随地观看。

因此，短视频营销同时具备了内容丰富和欣赏性较高两大优点。这对企业展示产品或者宣传某种应用教程非常有利。如今的短视频营销往往带有产品购买链接，能让用户在观看视频内容之后直接实现"一键购买"，大大简化了购物流程。

（三）营销指向强

相对于其他类型的营销手段，短视频的指向性更强，能够更加精准地锁定目标用户。因为用户不会随手点开自己不想观看的短视频。只有觉得短视频内容有继续观看的价值，才不会点击退出键。凡是有耐心看完短视频的用户，基本上都会认可你推荐的东西。短视频营销的这个优点意义重大，它可以跟电商进行无缝对接，也可以跟其他的社交媒体平台展开合作。运营者通过短视频平台发起各种活动比赛，吸引众多用户参与，再借助平台的搜索排行榜形成垂直领域的品牌影响力。这就形成了一个不断涨粉的良性循环。

（四）受众群庞大

自 2017 年以来，短视频行业蓬勃发展，其中用户规模更是呈现出爆发式增长态势。2023 年，短视频用户规模达 10.12 亿，占整体网民规模的 94.8%。

（五）互动性良好

几乎所有的短视频都可进行单向、双向甚至多向的互动交流。对视频作者而言，这一优势能帮助视频作者获得用户的反馈，从而有针对性地对自身进行改进；对用户而言，他们可以通过与视频作者发布的短视频进行互动，从而对视频作者的品牌进行传播，或者表达自己的意见和建议。

（六）传播速度快

短视频的制作门槛低、传播效率高。各短视频平台让三、四线城市和农村用户群体获得了展示自我的发声渠道，扩大了原创内容生产者的范围。这使短视频的传播范围远远超过了其他媒介。因为比起文字、图画、音乐，短视频更容易形成"病毒式"传播的显著效果。对于广大用户来说，看短视频是最不费力也最不费脑的。无论文化程度高低，都能看懂短视频。易辨识的优点使短视频成为传播速度最快的知识载体，更容易受到大众青睐。

（七）存活时间长

相较于电视广告，短视频一时之间不会因为费用问题而停止传播，因此存活时间久。这与短视频打造的较低成本分不开。大多都是用户自己制作并上传的，所以费用一般相对较低。

（八）效果可衡量

短视频营销不是虚无缥缈的东西，其营销结果可以即时实现数据化展示。运营者可以通过分析短视频传播后产生的各种数据来评估其营销效果。各大短视频平台本身就有大数据统计功能，可以为运营者提供比较全面、准确、具体的决策依据。这使短视频营销具备较多的科学依据，能够最大限度地避免运营者作出盲目的决策。

（九）能满足用户多种心理需求

用户观看短视频不仅仅是为了打发时间，同时还隐藏着多种心理需求。比如，独自在异地打拼的年轻人，工作压力大能谈心的朋友少，没太多时间进行线下社交活动，具备分享和社交功能的短视频平台就成了他们生活中的一个重要的情感寄托。用户能在短视频平台上看到各种各样的有趣的或者有用的内容，满足自己的好奇心。用户可以关注自己喜欢的短视频账号，将其有意思的内容分享给自己的好友。用户还可以自己创作和上传短视频，通过这种方式来展示自我、吸引他人关注，从而满足自我实现的心理需求。从这个意义上来说，短视频对人们的日常生活有着积极的影响。

三、认识三农短视频营销

三农即农民、农村、农业，随着渠道下沉作用的影响，三农领域充满了流量红利。2018 年 5 月 31 日，当电商们为即将开始的"6·18"大战投入大量资金做宣传时，账号名为"我是马小坏"的视频博主已经在庆祝胜利，凭借短视频，"马小坏"在 4 个小时之内卖光了1 000斤玉米，三农短视频的影响力由此可见一斑。

短视频产业目前正处于爆发式增长时期，以"竞速"（时间、速度上的竞争）与"下半场"（巨头企业进入市场，淘汰小企业）为特征。未来几年，我国的短视频行业仍然处于风口，市场规模增长幅度大。根据QuestMobile发布的数据，短视频领域的第一个营地已经从1个增加到4个。再加上排行榜的变化，整个行业的前景充满变数，加上渠道的下沉，农村用户群已经成为各大短视频平台试图抢夺的对象。

最近，越来越多的年轻人决定回到农村老家做自媒体运营，拍摄与三农相关的视频短片，如抓螃蟹、摘野果、野外烧烤、烹饪农家菜、做农活等。看似粗糙，没什么特别的，但视频点击量却非常高。

三农相关的短视频博主，通过展示真正的新农村生活，反映出了我国的农村绝对不是脏乱差的污浊之地，也不是一些直播平台上衣着暴露的女人在田里插秧的荒诞模样。

即使是城里人，往上数三代，农民也占了大多数，年青一代的"90后、00后"对乡村生活也并不陌生，在寒暑假期间，经常会回归农村，探望老人。大多数的中国人对乡村生活有着深厚的感情和情怀，所以三农视频获得了众人的追捧。

与美女主播不同，三农视频内容非常简单，没有滤镜，博主也不是很健谈，忠实地记录了乡村生活动人的一面，反映了真正的中国乡村的风土人情。

在城市工作和生活的压力太大了，很多时候城里人都梦想着可以回到农村，摆脱那些混乱的人际关系、劳神的脑力工作，过一种宁静而悠闲的乡村生活，日出而作，日落而息，但这种愿望显然不可能轻易地实现。但是每当他们观看这些三农短视频的时候，就可以暂时摆脱城市工作带来的巨大压力，在视频中放松一下自己。

随着渠道的下沉，农村的网络技术也越来越发达，三农视频的博主数量逐渐增加，拍摄内容也越来越有创意。正因为有了这些内容，三农视频才有了一个巨大的流量市场。三农视频老少咸宜，三代人可以坐在一起观看，唤起对乡村生活的回忆。

四、了解农产品短视频营销的原则

（一）不强推销原则

成功的内容营销在于吸引和分享，让用户看完视频后不会有被推销的感觉，从用户的角度出发，以分享他人的理论观念进行产品讲解介绍，在满足用户了解需求的同时，用产品本身的优势吸引观众，自然能获得消费者信任。

（二）真实性原则

真实性原则是指商家在营销宣传活动中，将产品如实地展现给观众，在内容营销的设计中要着力突出真实感，将农产品绿色环保、纯天然、无污染的优势展现出来。

（三）人格化原则

从用户角度出发介绍产品价值、产品特性与使用方法，让看视频的人能有场景带入感，并且形成个性化的视频人格色彩。从理论上说，视频人格化成熟之后的延伸是对账号的识别度，例如像"型男行走乡村"中温暖朴实的袁勇、"巧妇9妹"中勤劳乐观的九妹、"乡野丫头"里心灵手巧的秋子等，都带有非常浓厚的个人风格，这种风格能有效将用户的关注延伸到对应账号的识别度上。

(四) 有限意图原则

把内容要展现的意图集中在有限的范围内，即有限意图原则。对于内容营销的设计来说，产品未必都需要有厉害的卖点或功能很好的效果，最主要的是，内容营销能否抓住产品的最大卖点，把亮点有效地凸显。

(五) 科普性原则

农产品的主题决定了短视频朴实、接地气的内容风格，为此，要在视频中穿插科普有关农产品的知识，结合生活场景，说老百姓听得懂的话，借助恰当的示例使内容变得通俗易懂。

(六) 欲望布局原则

欲望布局也叫作痛点布局，简单来说就是根据消费者的需求和愿望，在内容营销过程中有针对性地凸显自己的产品特性与对应的使用功能，而不是一味突出价格、质量。只有消费者对产品的这些特性有较透彻的了解，信任才能建立起来。视频能贡献给客户的价值越多，效果越好，观众自然会更愿意关注你、相信你，此外，还可以用以往遇到过的典型交易案例作介绍，激发客户的购买欲望。

五、了解农产品短视频营销的具体形式

(一) 社交型"短视频+农产品"

2016年以来，随着通信网络的迅速发展与国家相关政策的保障，农村网民数量呈现爆发式增长，抖音、快手、西瓜视频等社交平台纷纷崛起，活跃于移动互联网平台的短视频凭借其短、平、快的大流量传播内容成为农村市场的信息主流。越来越多的"短视频+农产品"突破城乡现实空间壁垒，形成了开放、多元、一体的移动短视频社交圈，激发了农产品营销历史上的一次极具颠覆性的时代变革。

社交型"短视频+农产品"主要由"草根"网民的原创内容生产以及职业化的网络多渠道生产两种方式构成。前者以新农人个体利用自媒体网络账号进行短视频内容生产传播，或将农产品营销嵌入真实而生动的田园生活体验，或直接展示农产品的生产、收获及创新过程，在日常化的生活图景中，通过非专业化的短视频拍摄满足人们对于农产品人文价值、商业价值的想象，从而获得营销效果的提升。这种生产方式下的"短视频+农产品"传播成本低、传播渠道便捷，人人均可以在移动互联网上为自己的产品代言。然而，由于新农人个体用户生产内容单一，质量参差不齐，且不具备规范、稳定的内容输出方式，导致农产品持续盈利难以维系。

于是，另一种专业化的短视频生产形式 MCN 出现了。MCN 生产是指一种多频道网络的产品形式，它的生产内容更加系统化、专业化。"在大量资金的支持下，通过对职业'农人网红'的培训，使内容的连续输出得到保证，稳定变现"。风靡全网的首批中国农民丰收节推广大使"李子柒"正是 MCN 机构精心打造的网红品牌之一。2020年3月，国内首家农业行业 MCN 平台正式发布，为5G时代的"短视频+农产品"营销带来了更加专业化、优质化、职业化的服务与引导，加速内容变现的运作效率，勾勒出百花齐放的农产品线上视觉景观。

（二）电商型"短视频+农产品"

农村电商发展初期，主要通过图片、文字等传统方式完成商品信息的展示与传达。随着移动互联网时代的视频表达演变为日常化生活工具，短视频作为一股强劲的力量介入到传统农村电商的传播路径，电商型"短视频+农产品"由此萌生。电商型"短视频+农产品"主要呈现为两种方式，其中一种为淘宝、京东等传统网购零售平台农产品营销的传播手段，即电商广告短视频化。每一段置于销售页面顶端的短视频都是传统影视广告形式的"网络版"，通常由农产品销售方主动参与短视频制作，根据产品整体的销售规划进行线下影像策划、拍摄、包装、制作，之后在农产品电商平台进行传播。这些短视频广告不受传统电视广告在时长、内容、质量等方面的约束，而是以更加灵活、生动的方式出现，迎合受众观看预期并获得产品认同。农产品电商广告经由短视频化传播能够有效帮助商品提高20%以上的转化率。

另外，移动互联网时代的到来一次次刷新着农产品营销的游戏规则，同时也衍生出前所未有的营销模式，即电商与社交平台联动下的体验式"短视频+农产品"。随着受众对媒体需求的不断扩展，现代交互新媒体的格局和意识使受众日益强烈地希望突破单向供给，最大程度实现主观能动性的需求。"主动参与"的用户需求激发了商品营销策略的升级，并在以抖音、快手为代表的短视频社交平台开辟内容营销阵地，通过体验式营销模式建立对话式视频社交，吸引流量激发移动端冲动性购物欲望后通过商品链接引流到淘宝、京东等传统电商平台，促进内容变现。尽管2018年以来，部分社交短视频平台也已开通了自身的电商渠道，然而从内容设计与营销方式上来看，与前者无异。

（三）资讯型"短视频+农产品"

资讯型短视频往往以新闻事件为基础，依托专业团队及拍客资源完成移动互联网线上原创报道或新闻分析。在乡村振兴的时代背景下，"短视频+农产品"作为其中一种类型，成为众多资讯型短视频平台聚焦的热点。如央视频APP发布的湖北郧西县《5G进村，带动农产品营销助力农民致富》、重庆云阳县《一组黑色农产品种出光明脱贫路》等，这些"短视频+农产品"具有鲜明的新闻特性，结构紧凑，信息集中，迎合了移动互联网时代受众碎片化阅读场景下的日常信息获取习惯。

然而，从其传播效果来看，此类短视频的点击量和关注度与社交型、电商型短视频存在明显差距，用户黏性与活跃度较低，其影像文本融汇了传统新闻基因，影像自身凝聚的商业潜质因其内嵌的新闻性而削减。

然而不可否认的是，资讯型"短视频+农产品"也正是因为其严肃、专业的优质内容生产方式，客观、公正、权威的新闻媒体特性，通过"日常报道视频化"的途径间接实现农产品品牌建构，推动用户自发地在移动网络中传播，加强线上线下联动，为农产品营销创造契机。

六、了解农产品短视频营销的优势

（一）不受时空限制，覆盖面广

尽管短视频产生的时间不长，它的发展却是异常迅速的。根据统计数据，2023年，我国短视频平台上活跃的用户以疯狂的速度增长着，用户总数已经超过10亿，而且点击量还在不断地增加，令人惊叹不已。

短视频的特点是内容丰富，传播速度较快，覆盖范围广，制作者的身份各不相同，所包含的特征十分多元化，聚集了不同类型人群，特点各异，消费习惯不同，消费水平不同，年龄构成不同，文化水平不同。在进行农产品宣传、营销的过程中，由于受到空间、时间等因素的制约，使供求之间的信息交流出现了错位。但是，利用短视频这样一种新的销售手段，可以让买家和卖家之间快速形成联络，使消费者更方便地了解农产品的生产和销售情况，促进农产品的推广和销售，提高了农业生产的有效性，增加了当地农户的收入。可以看出，农业短视频营销拥有着传统媒介无法相比的信息优势，不但能够扩展农产品发展市场，还可以在短时间内加快短视频在农村地区的推广应用速度，从而提高农产品销售经济效益。

（二）有效降低农产品营销成本

自媒体具有较多的传播优势，不但丰富了当前的宣传方式和渠道，而且多数自媒体平台都是长期免费开放的，有效降低了农产品的宣传、推广成本。

在传统的营销模式下，推广和营销农产品都是利用大众媒体来展开宣传销售工作的，但是这样所产生的成本也是极高的，农产品生产者只能从中间商手中获取一小部分的经济利益。

而短视频营销却是依靠免费的平台，并且能够共享大量的客户资源，使用起来也极为简单，相关信息也极为丰富，整体的宣传成本并不高。短视频的拍摄制作方式、发布时间等都可以根据生产者的安排来进行调整，从源头减少了农产品销售期间的成本投入，并且提高了生产者对农产品宣传的信心。

（三）门槛较低，有利于提升消费体验

传统媒体在宣传费用和制作条件上的限制，使农户在传统媒体上推销产品的积极性受到了很大的限制。迅速发展起来的短视频经济，给农户提供了一个更加简便、高效的方式出售自己的农产品。

在自媒体平台，短视频营销是一种非常简单、迅速的方式，制作者只需要拥有基础操作技能以及一台智能手机，这对大多数当地农户来说都不是一个太大的问题，因此，农户可以迅速学习在平台上发布短视频的方法。平台运作简单，短视频易于发布，而且交互模式更加丰富，所以获得了广大农户更多的拥护和喜爱。农产品短视频中有些制作的非常有趣，易于在平台上吸引到更多的关注，让消费者可以更加直观和深入地认识到自己想要的农产品，从而加快他们的购物速度，改善他们的购物感受。

七、认识农产品短视频营销的不足

（一）营销中冷链环节不健全

目前看来，大部分农户的短视频营销都是以品种多、数量多的新鲜农产品为主，具有水分含量高、鲜味强、易腐烂、不易储存等特点，比如，蜜桃新鲜采收后经过物流运输、储存及销售，鲜味显著降低，品质降低，甚至出现腐烂，导致顾客满意度降低，有的折损率甚至高达30%~50%，极大地降低了新

问题：提升农产品短视频营销效果的方法有？

农产品短视频营销的不足

鲜农产品的商品价值。

因此，这对农产品流通特别是冷链物流提出了更高的要求。然而，当前整体的冷链物流还未实现全面规范化，冷链产业市场化水平还不高，冷藏公司数量少，冷藏资源十分匮乏，这给第三方物流企业和农产品供给者之间带来了很大的运输困难。当一个订单量大的时候，他们没有足够的人力、物力资源处理，从而导致农户面临着农产品损失的危险。再者，目前的农业生产集中度较低，不能在规定时间内将新鲜农产品集中起来进行规范化的预冷冻，导致了新鲜农产品的损失增加。

(二) 带货博主专业能力不足

从事农产品短视频营销的博主，很大一部分都是农民，其文化水平普遍不高，这就给产品专业性宣传和推广带来了一些局限性。如今，已经建立了很多短视频营销培训基地用来助力乡村振兴，专门在农村对农民进行培训各种专业知识和技术，但是，这种培训并不是全面而完善的，再加上由于农民本身学习能力不足、学习进度较慢等因素，导致了农产品短视频营销的整体水平有待提高。

(三) 内容生产同质化

短视频行业之所以成为资本竞逐高地，在于移动互联网市场经历爆发式崛起后形成了新的运营机制。"短视频+农产品"生产者引诱目标受众，利用便捷的创作和较低的技术门槛引起受众注意力，当某个产品以最低的时间、人力、财力投入成本引发短期内"集聚性"关注并获得极高的流量变现率后，同类型视频相互抄袭模仿，跟随数量激增。

一夜之间，网络中涌现出无数个"李子柒""山村二哥"的追随者，塑造了无数个乡村厨神与劳动能手。大量的 UGC 或 MCN 内容生产者们在循环复制与投机取巧中无意发展"短视频+农产品"的多样性，相继臣服于同类竞争者的成功模式。加之短视频平台利用算法技术分析用户观看频次、评论数量等数据，抓取用户使用心理并不加鉴别地进行相似的内容推送，造成了同质化的营销话题、产品包装、故事设计。内容供给越发单一，而优质的原创"短视频+农产品"得不到及时的定位推送，网络营销生态遭到破坏，陷入同质化的恶性循环之中，待市场完全饱和后才会引发竞争机制的重新开启。面对"短视频+农产品"内容存在的同质化隐忧，如何形成特色化、个性化、精细化的竞争策略，增强用户黏性，发挥网络营销优势，是当下亟待解决的问题。

(四) 盈利模式单一化

互联网经济时代的开启为传统实体经济带来严峻挑战，在下行趋势持续扩大的市场环境下，短视频的发力无疑为农产品营销注入新的活力。"短视频+农产品"作为当代新农人自主创业的新渠道已然构成了消费市场的增长点。

然而，在网络市场日趋繁荣的背后仍存在着"短视频+农产品"盈利能力不足、盈利模式单一等现实问题。短视频营销目的是要激发消费者实际的消费行为，通过广告传播及植入链接两种模式获得盈利。前者营销目的更加清晰、直观，主要利用传统电商平台向用户直接传递农产品信息，提高品牌认知度并促成购买行动。后者基于多平台协同联动机制，打造集创意、故事、情感于一体的"短视频+农产品"形态，通过植入购买链接，激发用户感性购物冲动并将其观看行为转变为消费行动，继而带动农产品销售额的提升。

尽管线上农产品短视频营销大战如火如荼，然而这种营销的手段还并未建立起理想的盈利模式，一方面由于引导用户的视频使用习惯具有较长的周期性与持续性，而"短视频+农产品"在内容表达中需要在短时间内注入营销意图并兼顾用户情感体验，用户黏性和忠诚度的形成需要培育。因此，"短视频+农产品"的快速变现能力薄弱。另一方面，近70%的新农人UGC短视频因缺少持久的流量供应陷入创业焦虑，千篇一律的乡村景观属于浅表的视觉消费，很容易沦为走马观花式的短暂性视觉狂欢，新农人仅凭短视频平台补贴难以为继，线上"短视频+农产品"营销陷入僵局。

八、了解农产品短视频营销的价值

（一）经济价值

通过短视频平台销售农产品使农产品销售有着高效率低成本的优势，还能够通过短视频宣传所特有的高流量、形象化的特点去刺激农产品的消费。农产品的销售可以免受时间以及空间的限制，用户可以利用闲余的几分钟时间快速通过短视频平台了解甚至购买到心仪的商品。由于短视频APP受众广而多，短视频流量充足，农户、经销商也可以通过拍摄短视频对其产品进行有效宣传，避免了因为推销对象不精准而产生不必要的销售费用，同时也免去了传统销售途径的中间费用，降低了成本。

（二）社会价值

通过短视频来售卖农产品，一来可以带动"三农"的发展，让农民能够靠自己的双手富起来，同时也能够让人们通过短视频了解到更多农产品的相关知识，让城市居民也可以感受到淳朴的乡情，品尝到原生态的瓜果蔬菜、土特产，欣赏到农村的土工艺品，更使发达地区能够反哺欠发达的边远农村，进一步实现先富带动后富，响应党的十九大报告中提出的乡村振兴战略。

（三）文化价值

通过短视频来售卖农产品，为传统农业提供了新的发展机遇。许多传统农产品由于市场需求的变化而面临边缘化的风险。通过电商平台，农民可以将他们的产品推广给更广泛的受众，从而保护和传承传统的农业文化。另外，通过短视频也可以为消费者提供更多关于农产品的信息和教育资源，通过产品描述、视频介绍和农民的故事，人们可以更好地了解农产品的生产过程、传统技艺以及与农业相关的文化价值。同时，通过短视频进行农产品的营销，也为农产品创新和多样性提供了更广阔的市场。传统农产品可以通过短视频进行品牌塑造、包装设计和市场定位等创新，以吸引更多消费者的关注，促进农产品多样性的保护和发展。

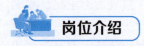
岗位介绍

短视频摄像/剪辑
工作职责：
（1）负责公司抖音IP矩阵账号的日常拍摄、剪辑、发布。

（2）与出镜 IP 搭档，参与各类商业及原创视频内容的剧本创作，协作完成短视频主题的策划。

（3）定期分析账号和视频相关数据，提出合理化建议，不断改进工作。

岗位要求：

（1）具备一定的行业经验，熟悉抖音等短视频平台的运营逻辑。

（2）熟练掌握剪映、Pr 或会声会影或 Adobe After Effects 等专业视频剪辑软件。

（3）思维活跃、脑洞大开、富有创造性和高度执行力。

（4）良好的沟通能力、理解能力和协调能力。

（5）可以接受加班以及不定期外勤工作。

【案例分析】乡野丽江娇子

任务三　了解农产品短视频营销的策略

一、保证视频内容的质量

如今短视频市场人口红利开始走下坡路，格局发展形成严重的马太效应。一方面，各大短视频平台的短视频头部账号由于形成了自己的一定特色，再加上庞大的粉丝规模以及专业的运营能力，另外还得到平台流量倾斜，这些短视频的内容以及地位都越来越巩固。而另一方面，看到短视频发展风靡之势的后来者，通过模仿各种短视频头部账号的内容来发展成的中长尾账号，即便再如何努力也难以跻身短视频大号行列。

有研究表明，发布高质量的农产品短视频内容，可大大增加消费者购买积极性，并且适当地对短视频内容进行一定营销推广效果更加明显。以农产品销售为主的短视频营销者，应善于利用短视频平台的功能，准确定位消费人群，将短视频内容尽可能地推送给最符合、最有可能购买的一些用户。在选择推送对象时，还需要考虑用户过往的消费水平、是否长期在短视频平台上观看内容等因素。其次，营销者在发布视频内容时，要尽可能突出自己产品或者品牌特色，要充分展示内容的独创性和优质性，而不是简单的复制粘贴和转发分享网络中随处可见的内容，这是难以吸引消费者注意的。只有自身投入去努力营造一个长期对消费者有价值的平台，并创造一种好的消费观以及购物体验，才能够真正地提高消费者购买意愿。

这也就是说，想要真正地发展短视频，改变这一现状，还是需要遵循"内容为王"的终极信条。高质量的短视频内容对于短视频账号的带动作用很明显，如今位列头部账号的短视频除了眼光独到，快速占领短视频垂直领域，更重要的还是其创作的内容足够优秀，突出差异化，并且获得用户的认可，为自己的推广宣传奠定良好的基础。

二、增强用户在产品质量保证上的信任度

农产品销售既要关注产品品质，更要重视食品安全。农村自媒体创作者需要树立正确的价值观，依据规范的服务制度，无论是农产品售前还是售后都要及时跟进，接受且重视消费者的反馈，努力改进不足之处。

通过短视频平台去销售农产品实际上面临着一个巨大的竞争市场，用户可以通过超市、市场、老牌电商平台等途径购买到心仪的商品。用户愿意去超市、市场选购无非是可以亲眼所见，亲手挑选，他们抱有自己挑的肯定不会有错的消费心态。而对于短视频来说，其实完全可以利用自身内容来增强消费者的信任度。农户可以多拍摄农产品的种植、收获以及后续加工等记录性视频，将一个个生机勃勃的农场果园展现给屏幕另一端的短视频用户，让他们身临其境，增强对短视频博主的好感以及对所购农产品来源的信任感。同时可以在短视频博主的主页页面标注详细的产地、相关物流信息、食品检验标准等数据信息，增强说服力。更重要的是要用心把关，保证农产品的质量，从品相、口感、新鲜度等多方面入手，打造好的品牌形象，赢得不错的口碑。

三、创新内容营销，挖掘特色文化内涵

农户在利用视频、新媒体宣传产品时，不能仅简单地介绍农产品，还要创新内容营销，利用短视频营销设计，充分挖掘特色文化，结合地区文化特色，发掘关于产品的人文风俗，将网红经济与农产品营销相结合，打造一系列有温度有故事的文化产品，提高产品的营销水平，真正解决持续发展和品牌建设问题。比如，通过短视频展示农村的好玩、有趣、有灵魂，营造对田园生活的美好向往。又比如，促成有一定粉丝量基础的网红与助农平台、公益项目合作，宣传当地特色农产品，通过互联网拓宽传播路径，增加乡村文化知名度，吸引资金，推进生态农产品深加工进程，建立新型产业，实现产业一体化。当然，将贫困地区群众的日常生活、风土人情等展现给消费者，增加消费者的体验感，借助短视频营销的这个平台，推销自己的特色农产品和文化，增加农产品的文化价值，打造属于自己的特色也是十分不错的选择。

目前，具有超强购买力的消费群体，大多都是 80 后、90 后和 00 后，从小在城市里长大，厌倦了城市喧嚣，反而对农村的青山绿水和充满野趣的生活更容易产生好奇，在农产品短视频中找到了不同于城市生活的乐趣。同时，现在年轻人具备了互联网的营销意识，对传统的多级中间商的模式已产生排斥，更喜欢软性的、能够引起共鸣的情感营销和故事营销，它们更容易与消费者建立信任和黏性。

纵观当今火爆的短视频带货账号，无一不是通过短视频分享吸引人的故事，传达主播的价值观，无形中与消费者产生了共鸣，建立起信任纽带，消费者就认同了销售者推荐的产品。很多大主播在销售任何产品时，粉丝用户都会愿意下单，其深层次原因在于，他们打造了一批超强黏性的忠实顾客，用户消费的是产品背后的价值观和精神共鸣，产品的销售从来就不缺消费者。

四、找准营销定位，构建品牌文化

在自媒体时代下，短视频平台的发展速度十分迅速，尤其是智能手机的普及让短视频在农村地区也得到了快速的发展。越来越多的农产品短视频进入短视频平台中，农产品短视频营销的方式逐渐兴起，但相同的拍摄方式也逐渐增多。通过对农产品短视频进行分析不难发现，多数农产品短视频的拍摄表达方式较为单一，缺少让消费者眼前一亮的感觉，也缺乏一定的创新和想象，这样的短视频是缺少广泛传播要素的，最终所获得的营销效果也并不理想。

在农产品短视频营销过程中，最主要的就是要突出农产品的视觉效果，创作者需要在视频制作期间不断提高自身的创作意识，最好结合当下的热点内容，吸引消费者的视线和兴趣，从而激发他们的购买欲望。除此之外还可以构建品牌文化，让消费者不仅能够了解农产品的生产种植情况，还能够充分认识当地农产品的特性和人文精神，从而提高农产品营销的感染力，最终获取理想的短视频营销效果。

另外，也要明确自媒体品牌的定位。定位，就是观众持续关注你的目的。想要运营一个优质的自媒体账号，最好是在自己擅长的领域里精耕细作，形成自己独特的风格和特色，别人无法轻易模仿和超越，这样才能在这个领域中处于优势地位。通常来说，短视频账号

定位越垂直、越精准，所能吸引到的粉丝也越精确、越优质。

营销定位策略如图4-1所示。

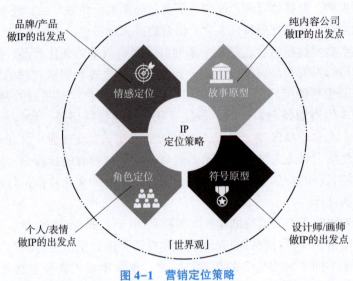

图4-1 营销定位策略

五、组建并优化营销团队

（一）提升专业度，优化营销团队

毋庸置疑，当前短视频营销的火爆也大大超出了业内人士的预期，取得了非常好的营销效果。要将农产品短视频营销做大做强，当然还离不开一支过硬的营销队伍，来保障短视频营销的专业化程度。

首先，要建立一支专业化的短视频制作团队，既要具有相应的专业技术，又要有高超的制作水准，保障出品的短视频内容专业、准确、新颖，不仅能为消费者带来最基础的产品信息，让他们充分了解产品的特点、产品的安全程度，还要有文化内涵和底蕴，能让消费者从心底接受所销售的农产品，让他们对产品、商家、平台都有一个良好的认知，摒弃那种做短视频营销的好像都是"游击队"的思想。

其次，要构建一支专门的短视频营销团队。短视频的推广本身也是一种产品，也需要很好的团队来保障营销的充分推动。好的农产品短视频营销不仅能够抓住消费者的胃，更能抓住消费者的心。当前的时代是一个广告为王的时代，"酒香不怕巷子深"已经成为历史，即使产品再好，也不要忘记"酒香也要勤吆喝"。产品的营销不一定非要照本宣科的宣读产品是什么、从哪里来、味道怎么样、多少钱，而是要充分挖掘顾客心理，不断的挠他们的痒痒，让他们有一种"欲罢不能"的感觉，让他们觉得，我要的就是这种农产品，这个农产品就是专门为我准备的，只要让消费者产生了这种心理，农产品何愁没有销量，何愁没有市场？

（二）明确团队分工

短视频团队需要找到合适的人才能组建起来，并且在组建过程中需要不断根据各方面因素来调整人员结构,明确各方分工,以此来达到最佳的人员配置组合。短视频团队在人员数量、岗位职责、知识技能方面都有明确的要求,这些内容都是明确人员分工的因素,下面将逐一进行介绍:

1. 人员数量

短视频的工作流程通常分为六大板块,分别是前期准备、内容策划、拍摄、剪辑、发布以及变现和粉丝转化,每一个板块又有相应的细分内容。除非一个人同时具备策划、拍、演、剪、包装以及其他能力,否则是无法独立完成短视频工作的。

通常情况下,短视频博主在确定视频内容方向之后,视频周产2~3个,视频时长通常控制在5分钟之内,因此建议短视频配备人员在4~5人。需要注意的是,团队配备人数与短视频的内容方向是有关系的。比如短视频主要往旅游方向发展,4~5人的团队是远远不够的。

2. 岗位职责

在短视频的经营初期时,团队人员都需要负责多项工作,因此掌握的技能也比较多。通常情况下,短视频团队的人员可归纳为4个角色。

(1)编导:在短视频节目中,编导相当于导演,短视频的风格、内容方向、策划以及脚本都是编导需要负责的内容。不仅如此,在拍摄与剪辑的环节,编导也需要参与其中,由此可见这个角色的重要性。

(2)摄影师:主要负责拍摄,但是对于初创的短视频团队而言,摄影师还会涉及搭建摄影棚、设定视频拍摄风格等工作。

(3)剪辑师:当拍摄成片出来后,需要剪辑师剪辑精彩内容以及作出适当的修饰。不仅如此,剪辑师还需要设计策划整个流程,因为这将会影响短视频的剪辑与包装问题。也就是说,在团队创建初期,剪辑师同时需要负责或者参与短视频包装等内容。

(4)运营:在视频完成后,如何将内容实现最大程度的曝光、通过什么渠道来宣传更合适、如何管理用户的反馈内容等,都是团队中运营人员需要负责的内容。

六、做好账号运营

(一)注意更期的稳定性

短视频更新时间是抢夺注意力的重要因素,相当于一个人每天出现的时候,多出现几次,即便相貌平平也能够吸引你的注意,但如果那个人出现的时间不固定,那么你只会认为是偶遇,不会多做思考。同样的道理,频繁且稳定更新的短视频博主能够给用户留下印象,如果短视频博主更新不稳定或者是根据心情创作内容,这样不仅不利于早期的粉丝积累,也不利于后期粉丝关系的维护。

(二)做好人设定位

用户平台属性不一样,导致用户的偏好有所不同。短视频博主需要在一定程度上迎合用户的口味,营造自己的人设,才有可能获得用户的认可,为自己的短视频发展营造一个良好的基础。而在营造短视频人设的过程中,短视频博主需要遵循"三不"原则来为自己进行定位。

1. 第一"不":不要随波逐流

与长视频的寡头垄断行情相比,不同短视频所针对的受众并不一样,因此用户偏好也有所不同,这便造成了同样的博主人设在不同平台中的流量表现不一样的情况。各大短视频平台是内容的出口,因此博主需要遵循不同平台之间的规则、玩法、用户偏好等。比如美拍平台适合 5 分钟左右的短视频,可以将一个故事较为完整地展示出来;抖音平台适合 15 秒的超短视频,由于时间限制问题,并不适合长剧情的渲染,尤其需要注意把握剪辑节奏。

要注意符合平台调性,根据平台的特点与产品内容,选择相对合适的音乐与特效,并且将内容的时间控制好。平台调性是打造人设初期的重要影响因素,需要博主根据自己所发布的内容来确定适合自己的人设。如果盲目冲到有很多人营造的人设角色中,往往需要付出更多的代价才能胜出。因此,博主不要随波逐流,找准最适合自己的发展方向以及发展平台,并且根据团队的属性因素、未来的市场发展趋势以及平台用户偏好属性来定位人设。

2. 第二"不":不与头部争领域

部分领域已经出现了头部账号,这些领域的头部地位站稳之后,博主再去模仿他们,不管再怎么努力也很难超越他们。

目前短视频以抓住注意力为发展方向,这代表着抓住了流量。而短视频头部账号往往具备强大的影响力,并且存在众多竞争对手,博主再往这一方面营造人设的意义并不大。即便这个人设红起来了,也难以维持下去。与这些已经存在头部账号的领域相比,垂直领域的发展刚刚起步,存在很大的发展空间。因此,在定位人设的过程中,博主可以找到属于自己的垂直领域,这样一来还有可能会成为头部大号。

3. 第三"不":不一样的表达方式

垂直细分领域是指在纵向的垂直行业板块中,深度挖掘主要业务。在垂直细分领域的基础上,博主用不一样的表达方式更能提高自己的辨识度,有助于自己从众多竞争对手中跳出来。

我们都知道,在黄种人的群体中,个别的白人会格外显眼;身高比较高的人在普通人群中更引人注目;千篇一律的瓜子脸大眼睛看多了,偶尔出现一个圆脸的博主也可以吸引大家的目光。同样的道理,如今市场同质化严重,短视频博主需要长期在细分领域中深耕内容,才能让自己的作品具备高度的辨识性,这种与别人不一样的内容更容易吸引相应领域的兴趣群体。

以农产品营销为例,同样是做农产品营销,自己的定位需要风格化。像 B 站助农 UP 主疆域阿力木,他便是在展示新疆风土人情、自然景观的同时销售农产品,从"背景太假"开始,火爆到现在,成为农产品销售领域中的一大亮点。

人设是营造出来的,自然会有一些美化的成分,如果经营不当,也有可能会面临初始形态暴露,引发负面影响的风险。如今网络上出现了不少人设崩塌,导致竹篮打水一场空的现象。由此可见,人设崩塌是每位短视频博主需要考虑的风险。因此,短视频博主需要提防人设崩塌。

当短视频博主具备了名气后,影响力也随之增加,因此也需要承担相应的责任。粉丝和普通用户都会拿着放大镜来观察博主的一言一行，博主不要抱着侥幸的心态去触及道德雷区，一旦被发现，将难以发展。

（三）避免言过其实

短视频博主营造一个立体的人设，需要从多个方面中显示出来。但如果是不影响人设主要标签的信息，建议不要过分美化。比如农产品博主给自己营造的人设一般是淳朴、随和等。如果本身不是农村家庭出身，千万不要给自己作出一个"假身份"，维护成本高不说，一旦被拆穿，将会造成粉丝的反感。

（四）保持谦逊

博主在发展越来越好的情况下，应当多多注意心态的变化，避免给粉丝留下急功近利、"吃相难看"的印象，时刻保持谦虚是最好的办法。

营造人设是迅速圈粉的手段之一，尤其是在如今的粉丝经济中，迎合大众喜好来营造一个好的人设是热度提升的重要手段之一，能够给短视频博主带来不少的收益。但与此同时，人设也是一把双刃剑，若没有把握好将会给自己带来重创，如李佳琪眉笔事件、超级小桀电脑事件等，因此短视频博主需要把握好人设的尺度。

（五）和用户做朋友

这个法则看起来很简单，但很多账号没有做到。作为短视频中的关键意见领袖（Key Opinion Leader，KOL），短视频博主对用户的关心以及在意程度都可以为用户所获知，因此可以有效提升用户的忠诚度。对于初创团队而言，短视频博主也往往喜欢通过这种方式来涨粉。但是随着短视频粉丝数量越来越多，一些短视频博主开始变得得意和傲慢，也开始逐渐疏远粉丝，这种做法很容易使粉丝流失，毕竟粉丝才是短视频博主影响力的建筑基础。

粉丝之所以关注短视频博主，自然是因为博主身上具备的某些特性是符合他们要求的，因此作为短视频创作者，更应该将这份特性发挥好，尽自己所能持续为粉丝创作他们喜欢或者有价值的内容，以此来维护粉丝并且吸引更多粉丝。

（六）黄金时间——提升转化率

所谓黄金时间，即短视频内容中视听率最高的时段，一般是短视频的开头几秒。这一概念在短视频类的广告中比较常用。运营者在推广短视频广告时，需要注意对黄金时间的把握，从而最大程度提升品牌和短视频内容的推广效果。

在黄金时间尽早展示产品，强化品牌形象；在黄金时间展示品牌所能带给用户的利益点；在黄金时间应多样化重复产品、品牌名，提升辨识度；利用抢眼的开头尽可能抢夺用户的注意力；黄金时间要深入展示单一的产品卖点，切记分散注意力。

七、做好粉丝互动，提升满意度

（一）做好服务

现在的网络营销体系把生产、销售、购物、支付运输等多种环节结合到了一起，在充分满足消费者需求的同时，提升了产品的销售效率。支付环节是需要着重考虑的环节，目前网上产品的支付方式主要分为线上和货到付款两种，且前者占着相当大的比重，特别是农产品相对于其他产品来说，其期限性和存储、运输等问题也会引起消费者的顾虑，这直接影响到消费者的购买意愿。由卖家占主动地位的线上支付方式到以买家占主动地位的货到付款方式的转变是一种必然的发展趋势。产品信息要做到公开透明。农产品生产者应在通过短视频宣传产品的时候展示更多的产品信息给消费者，做到信息对称，保证消费者的知情权。同时树立诚信意识，做好售后保障。

当然，配送问题也不容忽视。客户通过短视频平台下单、支付之后，还需要把产品送到消费者手中。在配送产品的时候，如果出现包装破损、未及时配货等情况都将影响消费者的后续购买行为。因此，需做好售后服务工作，对订单进行跟踪，根据消费者的反馈情况，选择消费者方便的送货方式，与消费者协商好送货的时间、地点等，做到消费者满意。

同时，不同的农产品属性不一样，对于保鲜、保质时间，运输条件等要求不同，卖家要明确自家农产品是否有保鲜等方面的特殊要求，比如生鲜农产品保鲜要求、运输要求高，能否满足远距离运输，如果不能满足，要如何处理等。定位区域，明确销售范围，以保证农产品在送达时的新鲜程度是一个不错的办法。

农产品的特殊性，需要生产者对产品的包装进行优化，一方面农产品具有怕磕怕碰的特点，另一方面对农产品进行设计更容易吸引消费者进行购买，有效提升农产品的形象，在同类产品竞争中更具有优势。在设计包装时应结合农产品自身特点，比如不同的颜色设计不同的包装。同时根据消费者的需求把农产品包装成不同的档次，更能满足消费者的自身需求。在农产品包装上突出产品标志更能起到二次宣传的作用，从而提升消费者购买兴趣。要做好沟通和交流，农产品与其他商品不同的特点就是新鲜、有固定的保质期。在短视频或者售后服务中可以把这些小知识传递给消费者，消费者了解得多，对于产品销售的认同感就会更高。同时也可以建立信息资讯平台，增加与消费者的日常互动，提升消费者的满意度。

（二）提高服务质量

农产品短视频营销的基础是以消费者的需求和喜好为出发点来进行视频创作。若是想提高自媒体时代下的农产品短视频营销效率，就需要充分了解消费者的喜好，只有消费者满意视频的内容才有可能促成消费。在营销过程中不难发现，初期利用短视频进行营销是存在许多困难和问题的，只有针对性地解决问题，才能够让消费者接受售卖的农产品。另外，在短视频营销过程中还需要注重揣摩消费者的心理，在发布视频之余还要加强和粉丝之间的沟通交流，引导其带动身边的朋友一起购买农产品，从而形成良好的产品口碑。短视频营销是一个充满了互动和趣味性的活动，只要视频的内容新颖、有趣，便能够留住顾客，并不断提高顾客的关注程度，从而提高农产品的经济效益。自媒体时代下的短视频作为一种互动营销工具，只有做好农产品的短视频营销内容和形式，才能够全面推动农业经济的可持续增长。

（三）提高消费者互动参与

提高用户的参与度就是让用户尽可能多地参与到短视频的制作中，这并非是让用户进行剪辑、发布等操作，而是让其参与到短视频内容的策划中。例如，在短视频的结尾号召用户投稿，用户可以通过微博、短视频平台的私信功能或在当期短视频下方评论和留言，说出自己想看的内容，或者诉说自己的苦恼，创作者在后面推送的短视频中有意识地解决用户投稿时提出的问题，这样不仅提高了用户的活跃度，还为短视频内容的选题提供了更多的素材。

对于农产品营销来说，相比于经过批发商和零售商才到达消费者手中，农户通过短视频从源头把产品卖给了消费者，能够更直接听到消费者的声音，改变以往以生产为导向的产品销售模式。一些博主会在视频中或是粉丝群里，与消费者讨论产品的包装和保护方式，扩大下一季度的种养殖规模。农户与消费者直接沟通，并让其参与这些农产品从生产到流通的过程，消费者不仅能选出心仪的品种，还会让农业生产变得有媒体传播的内容和故事性。此外，消费者在参与中也能够提高对产品的认可度和好感度。

八、活用数据分析

短视频的时间较短，要在短时间内快速吸引用户的注意力，这便对内容的创新提出了高要求。而当内容发布出去后，还需要根据数据变化来调整短视频的内容，所有的结果都需要以数据作为导向，实现进一步的优化，最后完成更受用户欢迎的内容方向。

（一）用数据确定内容方向

视频发布初期，通过播放量与点赞量等数据能够大致了解用户感兴趣的内容、内容所具备的特点等。比如销售苹果的农产品账号，一共发布了两个直接销售苹果的视频和两个科普苹果知识并在中间插入广告的视频，在四个短视频都发布后，便可以获得数据，根据这些数据分析通常能够得到一些特点，接下来的第五个短视频便可以在总结特点的基础上进行优化。随着次数的不断增多，视频制作者的方向会越来越清晰，明确知道什么样的视频内容最吸引人、什么样的拍摄手法最受欢迎、什么样的包装最能打动人。

（二）用数据指导运营

视频制作者确定内容方向后，运营环节成为最重要的环节，所需要面对的工作内容比较烦琐，因此需要通过数据来实现精细化运营，让视频能够有效分发到更多用户手中。

1. 根据数据调整发布时间

各大视频平台都会有相应的流量高峰时间，因此针对各大平台不同时间段的数据进行研究与记录，以此来获取平台能够获得高推荐量与播放量的时间段。比如通过腾讯视频平台来发布短视频，仔细观察其数据增长曲线后可以发现，视频在刚发布的时候的播放量通常不是很高，需要观察一周左右的时间，才能逐渐获取数据增长情况。而对于今日头条这样的推荐平台，情况恰好是相反的，通常能够在 24 小时之内获得较高的播放量，过了这个时间点，数据一般不会再发生较为明显的变化。

为了能够更精准地获取信息，视频制作者可以借助数据工具来提升工作效率，而不是仅仅依靠手工记录，否则很容易出现差错。如各大平台为视频创作者提供的分析工具，第三方制作的数据分析工具等。

2. 用数据指导运营侧重点

个人将所有的渠道都铺好并不见得是好事，短视频制作者必须要明确侧重点，在与内容匹配且数据高的渠道中着重进行运营，尤其是对于人力不足的短视频制作团队而言，这样做能够起到事半功倍的效果。

注意收集和分析同一款短视频在不同平台的播放数据，以便了解短视频发布最为有效的平台。要注意不要关注特定的某一期的数据，而是要持续地将同类内容发布到各大平台中，并且查看数据信息。如果持续在某些平台都能够获得相对较高的播放量，那么短视频制作者便可以将重心转移到这一平台上，进行精细化运营。随后可以根据数据继续摸索在该平台获得高播放量的原因，直至进入稳定期。

借助数据化工具，短视频制作者可以尽可能将所有的平台渠道都铺上，随后根据数据指导来明确受用户欢迎的平台，并且分出主次，同时放弃一些效果不佳的平台。

（三）用数据来指导视频内容

短视频制作者可以以周、月等单位作为依据，将各大平台的数据导出来并且仔细分析，了解在这一时间段内收藏数高、转发数高、评论数高的短视频内容，再将排名前十的短视频继续进行分析，总结受欢迎的特点。

另外，短视频的播放完成率、退出率以及平均时长也是需要注意的参数。播放完成率越高，说明短视频的内容相对来说是比较吸引用户的。在这一方面，有故事性的内容方向通常具有较大的优势。而退出率高则说明短视频的内容相对来说并不受用户欢迎，也有可能是短视频制作者夸大标题吸引用户单击查看，用户却发现标题与内容严重不符，自然不愿意继续看下去。

最值得关注的数据还是平均播放时长。假如短视频的时长总共 4 分钟，但是平均播放时长仅为 1 分钟，这是一个相当失败的数据。短视频制作者需要打开这个短视频反复观看前面的 1 分钟，了解用户为什么看到这儿的时候选择退出。通常情况下，短视频需要在开场的 5 秒内抓住用户眼球，否则后续的内容再精彩也无济于事。

九、运用销售技巧

（一）"诱饵"营销

短视频营销内容带有天然的社交属性。人们经常有评价和分享趣味短片和视频的冲动，甚至根据广告短片来效仿它。短视频营销不仅能让用户表述自己，还能收集用户想要表述的信息。与此同时，良性互动和共享，吸引了更准确的用户聚集在一起，带来更广泛的传播。农产品短视频营销可以在视频中通过"诱饵"来进行营销。

（1）免费赠送一些农产品，如葡萄、樱桃，在短视频的末尾写上，关注我免费领取农产品或者是赠送其他相关商品。

（2）在短视频平台上写一些干货，分享一些知识，例如，樱桃销售者可以拍摄一些樱桃的存放条件、樱桃的清洗方法、吃樱桃的注意事项等，粉丝认为实用会推送给更多的用户去看。

（二）甄别消费者需求

农产品应按照受众需求进行包装，根据短视频中的消费者后台反馈及时跟进。经济的发展，生活水平的提高，消费者逐渐需求更高质的农产品，如绿色农产品、有机农产品，这需要农产品销售者有创新意识。农产品短视频营销离不开产品质量与服务，口碑对于消费者也有一定吸引力，对于新用户以视频吸引购买后能形成优质评价，其实就是在为产品做宣传，口口相传形成良好的口碑，进一步再次购买。老用户重复购买，质量是保证，让用户感知价值超过预期，就可以形成客户忠诚，从而实现产品的重复购买。农产品销售者应时刻关注用户评价，了解用户需求的同时，不断改进。

（三）激发消费者购买意愿

短视频宣传是短视频营销的重要手段，不能忽视短视频的设计。短视频宣传优于其他宣传方式的就是能把农产品以三维立体、媒体的方式呈现给消费者，在消费者观看视频的同时自然而然地获知农产品的价格和简介，以及农产品的质量介绍。可以适当通过专业广告人员为农产品短视频设计提供建议，让产品更好地通过短视频这一平台迅速传进千家万户。突出名人效应，激发消费者从众心理，形成鲜明的品牌优势。

广告在整个产品销售史上占有重要的地位，最早是出现在报纸杂志、广播及电视上，之后网络兴起，在现今的农产品短视频营销中有着非常大的影响，在宣传中植入农产品广告更是能有效提高产品销量。特别是在农产品短视频中引入名人、"网红"中的产品更容易受到消费者青睐。一方面名人代言的产品更容易引起消费者的好奇心，人们对名人的关注使消费者更容易对产品产生信赖感；另一方面产生的民生效应会激发消费者的群体购买行为，从而带动身边人的购买意愿。当然农产品营销在选择名人代言时应该有一定的标准，借用名人宣传产品的同时，也要注重名人代言人与地区的互动，在宣传产品时结合当地的文化环境和人文景观，凸显贫困地区农产品的公益性。突出原汁原味，增加消费者体验。充分展现不同于城市的农村特色，立足区域特色，使消费者从视频中感受乐趣。短视频平台中农产品的原生态视频能给消费者带来直接和真实的感受，消费者可以透过网络看到未曾到过的全新领域，感受当地风情，体会文化底蕴，了解农产品生长，产生感同身受的感觉。另外，一味突出对农产品的宣传，忽视了整体环境的带入很容易引起消费者的审美疲劳。消费者喜欢的就是产品的原汁原味，那种乡土气息，把这些通过短视频展现出来无疑会给农产品带来很多亮点。因此农产品生产者在短视频营销的过程中要把乡村生活和农产品宣传结合起来，最终完成用户向消费者身份的转变，带动消费者的购买意愿。

（四）产品多元化

农产品营销过程中，仅仅展示相应的农产品是不够的，还可以将农产品制作成一道道美味可口的美食，使其短视频更具诱惑力。这就会与农村地区单一生态农产品短视频形成强烈对比，吸引用户观看，提高热度。

对此，需要农产品博主学习新的技术，开拓农副产品的品种，创造出属于自己特色的农副产品，让农产品短视频中品种更为丰富，短视频的质量更为优良。同时随着发展还可以招聘更优秀的销售人才和技术人才，组建专业的人才队伍，使农副产品的拍摄更为创新，农副产品种类更多，更具吸引力，打造出质量更优的短视频，使生态农产品的宣传更加到位，销量提升，使更多的农产品找到自己的方向，创造出自己的独特性。

【案例分析】"我是张大勇"与"我是小熙"

【案例分析】办公室小野

农产品短视频营销实战

任务实训

一、实训目的
（1）能够完成农产品视频营销内容的定位与策划。
（2）能够撰写短视频脚本。
（3）培养创意能力和团队合作精神。

二、实训要求
（1）分组进行：每 3~5 人一组，选取一名组长。
（2）实训形式：小组分工协作，撰写短视频策划方案。

三、实训内容
选取一种农产品，从不同视角，以独特的灵感点亮创意的火花，采用不同创意形式为农产品短视频（3分钟）撰写策划方案和脚本。

策划要求：
（1）具有丰富的视觉表现力和较强的感染力，能够激发消费者购买欲望。
（2）必须是未公开发表的个人原创内容，不得抄袭他人作品。
（3）主题鲜明、表意明确、内容新颖、积极向上，符合当代社会主流价值观和新时代青年审美趣味，富有思想内涵和人文情怀。
（4）递交的作品分为策划方案和创意脚本两部分，短视频创意脚本可以是创意思路、故事大纲、分镜头脚本等。小组上台分享本组的策划方案，小组互评，教师点评。

四、评分标准

序号	标　准	分值	得分
1	策划内容主题鲜明、表意明确、积极向上	20	
2	策划内容感染力强，有助于农产品销售	25	
3	定位明确，体现了农产品的特色	25	
4	小组分享表达清晰，针对提问，回答自然得体	20	
5	小组内分工明确，组员各司其职	10	
	总计	100	

课后习题

一、单项选择题

（1）抖音短视频主打的视频是（　　）。
A. 音乐短视频　　　B. 互动短视频　　　C. 科普短视频　　　D. 科技短视频

（2）B站悬浮于视频上方的实时评论功能被称为（　　）。
A. 实时评论　　　B. 互动评论　　　C. 弹幕　　　D. 评价

（3）活跃度指标代表的是（　　）。
A. 短视频账号受到用户的欢迎程度
B. 短视频账号在所属专业领域内发表内容的专注程度
C. 短视频账号生产内容的数量、频率
D. 短视频账号的整体素质

（4）转化度指标代表的是（　　）。
A. 短视频账号的整体影响力　　　B. 用户对内容认可程度的指标
C. 短视频账号原创内容的比例　　　D. 短视频账号生产内容的数量、频率

（5）短视频发展的误区不包括（　　）。
A. 重视后台轻前台　　　B. 过度重视热点作用
C. 互动过多　　　D. 运营平台狭窄

（6）如今短视频市场的格局，形成了（　　）。
A. 马太效应　　　B. 柠檬车效应　　　C. 蝴蝶效应　　　D. 长尾效应

（7）针对短视频内容同质化的问题，可以采用（　　）的视频内容。
A. 猎奇式　　　B. 互动式　　　C. 搞笑化　　　D. 故事化

（8）一般来说，短视频团队的成员不包括（　　）。
A. 摄影师　　　B. 编导　　　C. 财务　　　D. 剪辑师

（9）下列属于视频剪辑软件的是（　　）。
A. Photoshop　　　B. Audition　　　C. WPS　　　D. Premiere

（10）短视频博主定位的"三不"原则，不包括（　　）。
A. 不一样的穿着打扮　　　B. 不一样的表达方式
C. 不与头部争领域　　　D. 不要随波逐流

二、多项选择题

（1）短视频的特点包括（　　）。
A. 时间短，内容丰富　　　B. 操作简单，使用群体庞大
C. 同质化严重，缺乏创新　　　D. 互动性强

（2）短视频的格式包括（　　）。
A. AVI　　　B. RMVB　　　C. WMV　　　D. MOV

（3）短视频普遍推荐机制的四个步骤为（　　）。
A. 审核与筛选　　　B. 少量推荐　　　C. 大量推荐　　　D. 重复

（4）快手的推荐机制主要依靠（　　）来决定。
A. 播放量　　　B. 播放时长　　　C. 评论数量　　　D. 完播率

(5) 短视频的发展趋势是（　　）。

A. 纷纷上线店铺功能

B. 不止于展示、试用的引导形式

C. 考核机制改变：播放时长替代播放量

D. 短视频大号借由创意分发平台获得订单运作流程

(6) 短视频营销将（　　）这三者进行了结合。

A. 互联网　　　　B. 手机　　　　C. 营销　　　　D. 视频

(7) 三农视频的特点有（　　）。

A. 内容简单，没有滤镜　　　　　　B. 忠实地记录乡村生活动人一面

C. 反映真正中国乡村的风土人情　　D. 内容搞笑，时长短

(8) 农产品短视频营销的优势是（　　）。

A. 物流技术十分发达　　　　　　　B. 不受时空限制，覆盖面广

C. 有效降低农产品营销成本　　　　D. 门槛较低，有利于提升消费体验

(9) 农产品短视频营销的不足是（　　）。

A. 冷链环节不健全　　　　　　　　B. 带货博主专业能力不足

C. 内容生产同质化　　　　　　　　D. 盈利模式单一化

(10) 热点话题的发掘途径包括（　　）。

A. 身边人们谈论的话题　　　　　　B. 百度搜索风云榜

C. 微博热搜话题榜　　　　　　　　D. 评论较多的话题

三、简答题

(1) 列举五个常见的短视频平台。

(2) 如果短视频考核机制由考核播放时长替代播放量，会产生什么影响？

(3) 请简述选择短视频配乐及背景音乐的技巧。

项目五

农产品+微信营销

学习目标

知识目标：
(1) 了解微信的基本情况。
(2) 熟悉微信营销的基本情况。
(3) 理解微信营销的关键环节，如内容创作、互动活动和品牌建设。
(4) 认识微信营销的当前行业趋势和发展方向。

技能目标：
(1) 能够在微信平台上为农产品创建公众号。
(2) 能够设计和发布吸引人的农产品推广文章和活动。
(3) 能进行微信营销数据的分析，如阅读量、点赞量等，并据此调整营销策略。
(4) 能够结合微信的社交功能，实现农产品的社交传播。

素养目标：
(1) 培养对微信营销重要性的认识和价值观。
(2) 培养在实践中应用微信营销知识和技能的能力。
(3) 培养创新思维，能够应对日益变化的微信营销环境。
(4) 培养跨平台和多媒体的思维模式，能够整合各种资源进行农产品营销。

农产品营销

思维导图

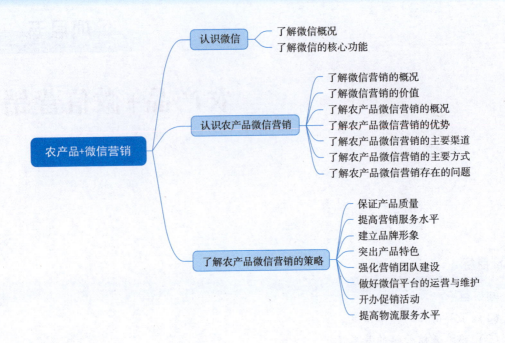

（1）农业的现代化和科技化发展，为农村经济注入新的活力，为三农的发展、乡村振兴战略的实施带来了新的动力，如果由你通过微信帮助农户进行农产品的销售，你会如何做，你会如何借助先进的科技手段帮助农户？

（2）微信具有很强的互动性，微信营销强调商家与消费者的沟通与交流，如果你作为一名微信农产品卖家，你会如何利用好微信的互动性特点，帮助自己达成更好的业绩？

引导案例

4天收到7 000多张图片，总优惠券领取18 093次，微信官方账号粉丝增长超过2万，共获得了10万多条评论。这是吉野家进行的由两个微信主导的营销活动的成绩，这两个活动一个叫"凭脸吃我"，另一个叫"疯狂帅锅"。

营销大师克里曼特·斯通早有结论："未来的营销，不需要太多的渠道，只要让你的产品进入消费者的手机，就是最好的营销。"而微信正是这样一种渠道，它或被商家们当作维护老客户的渠道，或被用来塑造品牌调性，在"用户厌烦广告"的年代，砸下一颗颗重磅"情感炸弹"。

任务一　认识微信

一、了解微信概况

微信作为全国拥有最大用户群体的通信社交平台，为数以亿计的用户带来生活的便捷与乐趣。它不仅支持发送语音、视频、图片和文字，同时将实时通信与社交资讯、生活服务相结合。"朋友圈""微信公众号""微信小程序""微信支付"，为满足用户不断新增的需求，微信不断加入种种创新功能，致力为用户提供优越的移动数字生活体验。

如微信小程序可实现功能直达，无须下载 APP 即可使用，拉近商户和用户的距离；微信支付可以让用户通过手机完成快速的支付流程，安全、快捷、高效等。

截至 2020 年 3 月，"微信和 WeChat"的合并月活跃账户数超过 12 亿，已成为连接各行业的开放平台，把人、内容、服务、智能设备连接起来。

二、了解微信的核心功能

（一）即时通信功能

作为一个即时通信 APP，微信最核心的功能是用户与用户之间的信息交流，这种信息交流可以是一对一的聊天，也可以是多对多的群聊。即时通信功能是微信最为基础和重要的功能，也是微信具有如此强大的用户黏性，让微信备受青睐的根本原因。

（二）朋友圈功能

微信好友之间通常是相互认识的熟人，熟人之间除了普通的社交沟通之外，还有了解对方最新动态的需要。通过朋友圈功能，借助智能手机上的照相机，微信用户可以用文字、图片、视频等多种形式，以及转发有分享价值的文章或链接，发布自己的日常见闻、所思所想，供自己的微信好友浏览。好友看到他人朋友圈内容之后，可以进行点赞、评论等互动操作，加深微信好友之间的了解与感情。微信朋友圈功能是对即时通信功能的有力补充，更好地满足了网民对社交的需求。

微信朋友圈的分享，是一种私密性质的分享，通常非好友之间仅可以看到对方朋友圈的有限内容，这一点与微博的公开性特点有所不同。

（三）公众号功能

微信公众号目前拥有四个类型，分别是：服务号、订阅号、小程序和企业微信。有别于普通微信账号之间的社交沟通，微信公众号能够承担一对多传播的媒体功能，为新闻媒体、政府机构、社会机构、企事业单位和个人对外界大众的信息传播提供了一个平台。

（四）支付功能

微信抢红包功能在 2014 年春节突然爆红，微信支付也迅速得到了普及，与支付宝一起成为中国两大线下支付工具。目前，中国网民外出购物大多采用基于智能手机的移动支付方式，很多时候不再携带现金和银行卡，中国也成了世界上移动支付较为发达的国家。

（五）视频号

微信视频号不同于订阅号、服务号，它是一个全新的内容记录与创作平台，也是一个了解他人、了解世界的窗口。视频号的位置也不同，放在微信的发现页内，就在朋友圈入口的下方。视频号内容以图片和视频为主，可以发布长度不超过 1 分钟的视频，或者不超过 9 张的图片，还能带上文字和公众号文章链接，而且不需要 PC 端后台，可以直接在手机上发布。视频号支持点赞、评论进行互动，也可以转发到朋友圈、聊天场景，与好友分享。

【案例分析】买果果

微信公众号主编

工作职责：

（1）负责指定微信公众号的日常维护工作。

（2）根据项目、品牌营销的需要，结合社会热点事件，进行新媒体内容的传播。

（3）带领编辑提升新媒体粉丝、订阅关注、转发、互动量，并进行社群运营。

（4）不断优化内容及版面，提升品牌影响力。

岗位要求：

（1）3 年以上新媒体工作经验，有一定农产品领域资源优先。

（2）具备良好的文字驾驭能力、文字组织能力和视角独到的文案创作能力，较强的编辑整合能力，文字功底深厚、写作经验丰富、视野开阔、思维敏捷。

（3）有数据分析能力，根据数据对业务内容随时进行有效调整。

（4）有良好的沟通表达能力和团队协作能力，工作效率高，抗压能力强。

（5）有自媒体或大号成功运营经验者优先。

任务二 认识农产品微信营销

一、了解微信营销的概况

微信营销,即以微信作为平台,进行发展客户、销售产品、开拓市场等行为。

这种营销方式主要的特点就是突破了距离上的约束,当消费者进入微信平台后,就能与周围同样注册过微信的用户以一种朋友的形式进行互动,而且消费者还能在微信平台中搜索自己感兴趣的内容并订阅,这样商家就能通过微信平台发布一些关于自己企业产品的内容与信息,以此来加强消费者对企业产品的忠诚度,最终实现精准营销。

从营销成本上来说,微信营销相对于传统线下营销,有着低成本高回报的特点,尤其是其依附于网络平台,可以做到灵活多变,深受企业喜爱。

二、了解微信营销的价值

微信开启了一个全新的微营销时代。"我开始害怕微信了",很多媒体大肆报道了马云的这句话,微信的力量让这个时代发生了许多改变,生活、工作、娱乐,甚至思想在微信的影响下也随之发生质的改变。难怪马云都对微信产生惧怕,这也侧面印证了微信难以预估的价值。

(一)社交价值

微信的社交价值是用户最熟悉的一种,微信最初的定义便是"更快速的即时通讯工具"。社交属性是微信最大的特征,通过微信,人们可以与同学、朋友、同事、亲友沟通聊天;而微信红包、朋友圈互动、微信群等功能的相继出现,不但满足了用户间维系关系的需求,还体现了其营销价值。无论是熟人关系的稳固,还是社交人脉的积累,对商家而言,微信的社交价值都不容忽视。

此外,微信公众平台可实现商家与客户一对多的交流,利用微信公众平台可以轻松地对用户进行精准的分类、贴标签、管理,从而形成一个 SCRM 平台。其价值在于营销行为的设计,针对不同的用户群体实现更为精准的划分,从而缩小目标群体的范围,提高对目标人群的影响力和转化率,这便是微信公众平台的社交价值所在。

(二)自媒体价值

微信公众平台已经逐渐成为商家开展微信营销的必备工具,是如今企业宣传和品牌传播的重要渠道。在微信诞生之前,企业宣传与品牌传播无非借助电视和网络等传统媒介渠道,只能发干巴巴的文字短信进行媒体传播。而有了微信以后,用户可以全面使用多媒体功能,例如语音、视频、图片、表情、链接等,这样有利于驱动用户主动进行分享,扩大品牌的影响力。在自媒体的推动下,微信营销不乏一鸣惊人的品牌传播效果的例子。例如年糕妈妈、罗辑思维等公众号的出现,就涌现了大量"10万+"阅读数量的微信文章。对于广告主而言,这样大的阅读数量就是品牌、商品传播的一种渠道。

(三) 数据价值

商家可以利用微信展开线上线下活动，并且根据活动效果进行数据分析。这是因为微信不但可以对用户进行标签、分类，还可以用来保持与用户的交流沟通，了解用户需求，甚至可以利用数据库对用户进行差异化分析，锁定目标用户、培养潜在客户、提高老客户转化率。除此之外，可利用官方微信公众平台、H5（传播页面制作技术）等树立品牌形象，为客户提供咨询服务，拉近彼此距离。

同时，利用微信渠道开展数据化运营可以有效地降低商家的运营成本，节省不必要的开支，这一点对于商家而言也是十分有利的。

越来越多的商家和企业利用微信这一社交平台做起了营销，并且取得了不错的效果。现在营销市场上的竞争也越发激烈，微信中所蕴藏的营销价值在很大程度上能够帮助商家维系新老客户资源，对客户实施精准的社会化关系管理。此外，微信可以实现"病毒式"营销的传播效果，通过不间断的奖励活动，刺激老客户的分享行为，从而产生新的客户资源。在微信平台，由于用户黏性非常高，通过内容为主的营销活动，商家与粉丝长期建立的亲密互动关系，对于品牌的塑造与传播、目标客户的建立与维系十分有利。除此之外，微信可以帮助商家企业节省广告支出、节约人力成本，是商家维护品牌、管理客户的有效渠道。

微信的营销价值近年来备受商家和企业的重视，传统的营销思路在新的移动互联网浪潮推动下，已越发显现出其局限性，商家唯有改变营销思路，与时俱进，重新审视与应用微信营销价值，才能在激烈的互联网营销争夺战中突破传统电商的桎梏，不断发展壮大。

三、了解农产品微信营销的概况

农产品的微信营销主要指的是在农产品生产、加工、销售等过程中，运用微信相关的功能以及借助微信开发的第三方交易平台发布与搜集有关农产品各个方面的信息，通过及时的沟通交流完成农产品交易的过程。

四、了解农产品微信营销的优势

（一）互动性强

借助微信进行农产品营销，可实现销售者与顾客的双向沟通。顾客可以通过微信群、企业公众号客服、小程序客服等多种渠道，与销售者随时进行有关农产品的及时沟通，了解所购买农产品的各种信息，有效消除对所购买的农产品的各种顾虑，进而提升企业形象，使品牌意识深入人心。

（二）实现点对点精准营销

顾客在线下可以通过销售者的宣传推广或者亲戚朋友的推荐扫描二维码关注商家的订阅号和服务号，关注商家的微信小程序、微店、微官网和微商城，进入商家的营销微信群，或添加商家为微信好友进而关注其朋友圈动态等丰富多样的营销平台，从而有针对性地进入自己想要购买的目标产品的微信营销平台。这就实现了销售者对目标顾客群体的点对点精准营销，节省了销售者的宣传推广成本，提高了农产品的销售量，维护了目标顾客群体的忠诚度，从而促进了企业的长远发展。

（三）简便性和低成本性

各类微信营销平台均无须过多人员进行平台的管理和维护，其操作的简易性大大满足了农户对操作难度上尽量降低的需求，并且建立各种微信营销平台的过程几乎都是免费的，这就解决了农户对微信营销平台前期建立和推广过程中投入过多成本的顾虑，从而促进了微信营销平台在广大农户群体中的推广。

（四）特色性和典型性

通过微信营销平台进行销售的农产品，大多是具有地域特色的农产品和知名度较高的典型农产品。以辽宁地区为例，有丹东草莓、大连樱桃、鞍山南果梨、盖县大李子等。销售者若要把农产品微信营销做好做大，须注重其所销售农产品的特色性和典型性。

（五）相关产业带动性

通过农产品微信营销平台，销售者除了可以将农产品销售给顾客之外，还可以通过丰富多样的推广渠道宣传自身的农家乐等休闲农业服务，真正实现农产品的体验式营销。商家通过发展以农家乐为代表的休闲农业，可以加深顾客对农产品的印象，增强顾客对农产品品质和生产过程的信赖感，促进农产品的销售，维护顾客忠诚度。

五、了解农产品微信营销的主要渠道

（一）微信朋友圈

微信朋友圈主要是个人的家人、亲戚、朋友，因此传播能实现精准定位，调查显示80%以上的微信用户选择朋友圈阅读，主要包括图文广告、文字链、广告等，但传播相对中心化，集中在周围朋友或家人。

（二）微信公众号

企业公众号分为订阅号、服务号，它可以向用户推送新闻资讯、产品品牌信息、活动资讯，还能进行用户咨询等。通过公众号帮助企业实现线上线下的结合，实现个人到企业的连接，是企业进行品牌传播、消费者维护及电商运营的主要渠道。

（三）工具类广告

微信有自带的小工具，如微信表情包、微信红包、刮刮乐、会员卡、微信群、查看附近的人、漂流瓶等，还能通过二维码实现线下线上结合，进行广告宣传、信息传播，实现营销的目的。

（四）富媒体营销

通过丰富多样的富媒体广告，增强互动性，提升人与人之间的传播效果，包括游戏插件、试驾体验、优惠券下载、刮一刮、摇一摇，通过针对某个主题的H5制作、活动软文、砍价抽奖等活动的开展实现产品的宣传及推广目的，也是目前比较流行的微信营销方式。

六、了解农产品微信营销的主要方式

（一）以微信公众号、微商城为主的B2C模式

（1）通过建立商家的订阅号及时推送当季农产品的优惠信息，当季推荐食用的农产品信息，有关农产品的科普信息和趣味小故事，吸引消费者购买和增强对订阅号的阅读兴趣。与顾客及时进行有关农产品的双向沟通，及时处理顾客的反馈意见，通过完善线上服务体

系，提高服务质量，提升商家的品牌形象，使品牌意识深入人心。

（2）通过建立商家的服务号，在商家服务号内建立微商城模块、会员中心模块，进行农产品的线上销售。这种农产品微信营销方式主要适合有一定经营规模和实力的农产品生产企业。

（二）以微店、京东等第三方平台为主的 B2C 模式

商家可通过建立微店，再将店铺链接分享至微信公众号、微信群聊、微信朋友圈，或者建立相关的店铺微信小程序，从而实现农产品在多个营销平台的线上销售，为具有不同消费方式和习惯的顾客提供多种线上购买渠道，从而扩大农产品的销售量和商家的宣传推广效果，使品牌形象深入人心。这种营销模式以 B2C 模式为主，适合有一定经营规模和实力的农产品销售者。

（三）以微信群聊为主的 C2C 模式

农产品微信群聊营销平台能够充分发挥微信群聊方便沟通的优势和社交性功能，便于商家与顾客进行及时的、有效的双向沟通。一方面，通过微信群聊，便于商家及时在群里发布当季农产品优惠信息和上市信息，及时处理顾客的反馈意见，从而提升商家品牌形象，维护顾客忠诚度；另一方面，顾客可通过群聊随时向商家反馈意见，随时下单购买，通过微信转账即可完成购买，简单快捷，大大节省了顾客挑选、购买农产品的时间和精力。

农产品微信群聊营销平台主要分为两种模式：一种是以农户（即农产品生产者个人）为经营主体，通过微信群聊进行的线上销售，其所销售的农产品均为自己生产的，具有地域特色的农产品。农产品的生产、仓储、配送、客服、宣传推广过程均由农户个人负责，由农户个人联系物流商进行农产品的配送。另一种是以农产品分销商为经营主体，通过微信群聊进行的线上销售，其通过建立虚拟网店，分享购买链接到微信群或直接在微信群里发布农产品信息，根据农产品订单信息，再联系各地货源，由与其签订了长期合作协议的大型物流商进行农产品的快速配送，自己只需负责客服，从而完成农产品的分销，获得利润。

（四）以朋友圈动态分享为主的 C2C 模式

朋友圈动态分享主要是通过个人微商以有趣、富有生活气息的方式，分享农产品生产、上市、优惠信息，从而吸引朋友圈的潜在顾客购买，然后再对潜在顾客进行一对一的销售、咨询等服务。该微信营销模式需要注意朋友圈动态的趣味性及发布频率，从而最大限度地吸引顾客阅读，促进农产品的销售。此类营销模式适合规模较小、无企业资质的个人微商。

（五）以微信小程序为主的 O2O 模式

微信小程序是一种不需要下载安装即可使用的应用，用户扫一扫或搜一下即可打开应用，具有名称唯一性、入口丰富、传播能力强等特点。商家建立自己的农产品微信营销小程序，能以比较低的开发运营成本实现富媒体营销，获得更好的宣传推广效果、更高的曝光率、更多更牢固的顾客、更卓越的品牌形象、更流畅轻便的使用体验，实现与公众号的完美结合。此类营销模式既适合个人经营主体，也适合农产品生产企业经营主体。

七、了解农产品微信营销存在的问题

（一）顾客信任度低

商品的信息披露、第三方电子商务平台的认证以及其他顾客的评价将会对顾客信任产生较大影响，其余的品牌形象、服务质量等影响相对较小。很遗憾的是，微信营销在这几个方面并不出色。微信平台本身对销售行为没有认证，更没有保障。相比微信，消费者倾向于选择更加可靠安全的交易系统，对微信销售的忠诚度也较低。消费者对其他顾客的评价是较为信任的，这符合新生代消费群体分享经济的特点，但在微信中无法实现。在农产品微信营销中，农户很难建立起一个像大型B2C、C2C网站那样可供讨论和反馈信息的社区，消费者无法在购买之前和之后分享购物体验，这也导致顾客的信任度降低。

（二）销售平台不足

微信最初的定位是一款社交软件，而非淘宝、京东等第三方销售平台，因此在销售平台的便利和保障方面有不足。其一，由于购买模式单一，最初只能通过二维码的方式进行，推出的营销模式农户也鲜少使用。其二，公众号和朋友圈必须实时更新，易造成"刷屏"现象，造成微信平台客户的流失。其三，微信进入门槛低，一些不具备企业素质的农户，品类多销量少，其质量和标准微信平台很难统一把控。

（三）农产品质量参差不齐

"微商代言人"陈育新曾经提出"微商五条"，其中第一条就是："需求真实，产品有品质保证，假货劣质、没有质保条件不是微商。"跟天猫、京东等大型电商平台相比较，微信营销这种模式投资少、门槛低，不需要太多成本就可以开店，所以一些不良商家使用劣质农产品冒充优质的农特产品来牟取暴利，这种行为抹黑了微信营销的商家群体，同时也极大地打击了客户群体的购买积极性。另外，部分农特产品虽然品质较高，但是因为农户种植生产规模太小，缺乏统一的标准和规范，因此产品的食用安全性不达标，这也是一个令客户担忧的因素。

（四）物流成本高居不下

现阶段，我国物流的运输方式仍是以公路为主，公路的经济半径决定了其承担长途物流运输的成本。此外物流环节繁多，在长途运输的过程中，农产品被多次装卸和储运，成本增加。目前我国生鲜产品通过冷链物流进行流通的比例依旧很低，大部分生鲜农产品选择常温物流，主要还是由于供应链及设备建设不完善，成本过高。

【案例分析】黄药师

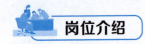 **岗位介绍**

微信客服

工作职责：

（1）熟悉公司的产品服务，接待公司分配的客户资源，通过微信为客户提供专业的产品服务介绍。

（2）了解客户需求，促进与客户达成微信营销的共赢，定期维护回访客户，了解客户的需求，对客户的提问及时进行解答。

（3）负责公司客户的开发与积累，并与客户建立良好的业务合作关系。

（4）完成上级领导安排的相关事项，达成工作指标。

岗位要求：

（1）对心理学感兴趣，接受新事物较快，愿意学习和从基层做起，不断改进自己，愿意付出，能在实践中成长。

（2）具有较强的执行力和责任心。

（3）具有一定的沟通能力和计算机操作能力，熟练使用互联网交流工具及平台。

（4）具有一定挑战精神和魄力，具有一定的合作精神和判断分析能力，具有良好的自我管理能力，愿与团队共同成长进步。

任务三　了解农产品微信营销的策略

一、保证产品质量

随着经济水平的不断提高，人们越来越追求生活品质，消费者在关注商品价格的同时，更多注重商品的品质与安全。而农产品作为人类赖以生存的必需品，质量更是直接影响消费者的身体健康。所以在进行农产品的营销推广时，高品质是重中之重，如果没有良好的品质做支撑，一切也就无从谈起。

农产品微信营销的策略

进行农产品微信营销的商品如果是自己生产的，就应该从地块选择、生产资料采购、现场管理各个角度提高产品质量。如果是采购别人的产品进行销售，那就应该选好合作对象，谈好合作条件，做好过程管理，保证采购产品的质量。在距离生产地比较近的地方选择场地，对农产品进行采收或屠宰，然后进行恰当的清洗、预冷、分割，将产品按照一定的标准进行分类分级，再进行包装和贴标签等辅助工作。如果是生鲜农产品，则要根据产品理化性质所需的存储条件，选择恰当的冷藏设备，注意冷藏时的温度和湿度，进行恰当的微生物检查，以防产品变质。另外，农产品一定要符合食用安全标准，产品是否绿色无污染、是否无农药残留、是否非转基因、是否经过食品安全检验等细节，一定要做到一丝不苟。

二、提高营销服务水平

农产品市场类似于垄断竞争市场，产品差别不大，服务质量就成了成功营销的关键。在微信中进行农产品营销要认识到服务的重要性。

快节奏的生活使时间变得越来越宝贵，微信营销服务要注重节约顾客的宝贵时间。微信营销在售前服务中，推送的信息不仅包含农产品的产地信息和质量信息，更要涉及产品的食用方法、保存方法等。要尽可能地使信息直观明了，节省消费者搜索信息的时间，强化消费者对农产品的认知。对于消费者咨询的问题要及时做出回答，态度要真诚友好。微信营销在售后服务时，要主动与购买农产品的客户进行微信沟通，咨询他们对所购农产品的评价以及希望进一步提供的服务，增加消费者的购买意愿，提升对农产品的忠诚度。

三、建立品牌形象

大部分的微信营销是从关系营销开始的，比如微信朋友圈营销就是从身边的朋友开始宣传和销售产品。而农产品又是直接关系到餐桌，更是需要在建立信任的基础上进行营销。

一方面，进行农产品的微信营销，首先要树立个人品牌形象，商家的世界观和价值观甚至兴趣爱好和生活品位都是创建个人品牌的重要信息。一个内心积极向上、注重饮食健康的人，他所推荐的农产品更容易得到顾客的认可。能够取得别人的信任，就可以循序渐进地宣传所销售的农产品。

另一方面，如果存在邻近地区的同一种类的产品，农户们应该团结一致形成一个集体，做到规模化种植（养殖）、品牌化经营。这种规模化、品牌化经营模式，一是有利于形成统一的产品质量标准，不会让个别农户以次充好，败坏品牌农产品的声誉；二是农户们抱团有利于跟物流公司、电信公司等企业谈判，争取更多利益；三是品牌化的经营有利于农特产品的宣传推广。

四、突出产品特色

农产品是美食的源头，在对农产品进行微信营销时要突出它的与众不同：一是突出农产品的人文内涵。通过某种农产品背后的故事引起消费者情感上的共鸣，为农产品赋予社交属性，使之成为人们餐桌上的谈资。二是突出农产品的绿色健康。随着生活水平的提高，人们越来越关注食品的安全问题，企业可以根据农产品的特点在宣传时突出它的"天然、环保、有机、绿色、健康"等价值理念，让顾客觉得这款农产品是值得购买的。三是关注农产品的包装。好的包装不但可以保护农产品使之在运输途中避免伤害保持新鲜，还可以美化农产品，增加农产品的价值。农产品企业应在产品包装上下些功夫，让好的农产品配上好的包装。四是充分利用微信的视频和语音功能，拉近和用户之间的距离。利用视频展示农产品生长环境和生产、销售过程，通过甜美的声音向用户发送语音消息，给客户身临其境的感觉，通过用户对农产品全方位的了解增强其对品牌的信任。

五、强化营销团队建设

强化微信营销团队建设，精简微信营销团队，适当增加全职微信营销人员，增加工作经验丰富的专业销售人员，同时削减兼职人员的数量。同时，还应该定期维护微信营销团队，使团队更能适应不同的市场环境。整个团队所面临的是一个庞大的客户群体，涉及不同的消费者个体、不同的需求、不同的竞争对手，因此要将团队进行细分，各有侧重，以更好应对不同的状况。在建设维护营销团队时，根据不同的分工，要制订不同的培训计划，使每个营销人员在各自岗位更好地发挥自己的优势。

六、做好微信平台的运营与维护

在这里，我们以微信公众号为例介绍微信平台的运营与维护。

微信公众号是运用微信进行农产品营销的主要途径。通过公众号不仅能实现直接销售的目的，还能实现信息传播、客户交流与互动，提高客户的黏性。农产品销售者可以利用公众号并运用文字、图片、视频等将企业产品信息、促销活动等推送给个人或企业，起到品牌宣传与推广的作用。

（一）菜单与弹出信息

在公众号当中，需对账号服务内容进行概括式陈述，用户关注后便能自行出现引导菜单，用户能依据菜单选取想要了解的内容。不论是企业对农产品的介绍还是宣传广告等均能在菜单内设置，为用户自行检索予以方便。

就农产品微信公众平台首页内容来看，需划分成两大内容，一是对农产品产地、外形、口味等进行细致描述，让用户对农产品具备初步认识；二是把与农产品有关的所有信息及服务编辑为数字信息，用户仅需在对话框内将农产品对应的数字输入，便能即刻获知相关信息，如此将为用户迅速了解、购买农产品提供便利，并缩减农产品营销经费。

另外微信公众号不能只发布与农产品有关的信息，长此以往可能会导致人们审美疲劳，要采用多元化的发展平台，吸引广大消费者的目光。

（二）信息推送

信息推送时间、频率要合理，不对用户形成干扰。过量的、机械性的重复信息推送会对用户造成干扰，使用户厌烦从而把你加入黑名单。第一，推送信息时间应当控制在正常学习、工作和睡眠时间之外，避免打扰用户的正常生活。第二，推送频率要适度。信息推送过少会被用户遗忘，信息推送过多会使用户反感。因此，保持一定的推送频率，及时更新信息至关重要。企业可以在每天固定的时间为用户推送更新的信息，培养顾客的阅读习惯，从而增强用户黏性。

信息推送内容要基于用户实际需要进行。推送的农产品信息需与用户实际需要相一致，确保双方良性互动，否则便会导致用户取消对农产品微信公众号的关注。同时，需对农产品信息推送时间予以高度关注且合理设置，明确最佳推送时间。

（三）数据分析

要基于后台数据对用户行为进行分析。公众平台后台具有数据统计功能，可对用户划分组别并进行有效管理。通过认证的微信公众号，一天能分组对三条群发信息进行推送，对各类用户实施分类推送，确保用户关注的农产品信息及时更新。当天发送的农产品信息隔天能查阅阅读量及转发分享数据，从而分析用户对农产品推送信息的态度，以此对今后的农产品推送内容加以调整。

（四）用户归档

要确保用户信息归档高效可靠。对农产品微信公众号进行关注的用户，以购置产品的用户为主，其信息应绑定会员卡，而后实施数据库链接。如此便能一次绑定，无须后续环节重复输入相关信息。可针对用户实施身份信息的归档并划分类型，对用户需求、购买信息进行采集，从而设计个性化服务方案，确保农产品营销效果。

七、开办促销活动

（一）朋友圈

在朋友圈发起免费试吃活动，试吃条件是在朋友圈发布有关试吃的活动信息，加卖家的微信号，从而吸引更多的客户试吃，一传十，十传百，形成裂变式的信息传播。对于水果一类的农产品，味道和口感是客户最关心的，也是最能影响销量的因素。在正式销售之前，先推出免费试吃的活动，让顾客先体验水果的口感，客户品尝之后，觉得品质不错，进而要求客户进行微信朋友圈分享口感，吸引更多的人关注。

经过免费试吃活动之后，积累了一定的客户群体，当目标客户达到一定数量时，启动加赠活动，如买十箱送一箱，买一箱送一个，通过促销活动提升转化率。另外，顾客为了得到赠送的一箱苹果，会介绍亲朋好友进行凑单，间接地提升了客单价。

（二）公众号

利用微信公众号，发布"助力免费拿"活动，客户在微信里通过转发分享助力链接，提升助力值，助力排名靠前的客户，可获得奖品。该活动可诱导客户分享产品链接，以"病毒式"的方式向外传播，让更多的人知道商家的促销活动，从而爆发式提升产品的浏览量。

利用微信公众号，进行基于微信的抽奖活动，固定周期和频率进行，引导客户长期关注农产品店铺的活动，增加客户黏性，长期关注本店。奖品以本店销售的水果为主，既可以培养新粉丝，又可以巩固老顾客。

八、提高物流服务水平

农产品微信营销的关键是能够让产品更快速、便捷地送到顾客手里，尤其是一些保存时间短的农产品。解决物流运输问题，既要降低保鲜成本，又要缩短运输时间。

农产品微商应联合起来自建自营物流模式，这就形成了自营物流与第三方物流双模式，使基层农产品微商减小对第三方物流模式的依赖，促进农产品微信营销的发展。当今农产品物流业同样要提高效率和服务水平，优化农产品的包装，使包装、仓储及配送一体化，为农产品运输设立专门的运送方案，专门化、跨区域协调，合理分工、加强协作，减少不必要的浪费，增强基层物流业的信息化水平，使农产品和基层物流市场监测更有效。农产品物流派送价格也直接影响微信营销的效果，基层物流配送价格需适当降低，让更多基层微商拥有发展的机会。

【案例分析】山药哥

【案例分析】绿源电动车

农产品微信营销实战

任务实训

1. 任务目标

在微信平台上为某种农产品创建一个公众号，并发布第一篇推广文章。

2. 步骤

（1）选择一个特定的农产品作为推广对象。

（2）注册微信公众号并进行基础设置。

（3）设计并发布第一篇关于农产品的推广文章。

（4）分析并记录文章的阅读量、点赞量等数据。

3. 评分标准

序号	标准	分值	得分
1	选取农产品具有代表性、典型性，易于在微信中销售	15	
2	微信公众号基础信息详尽，能够体现农产品的特色	25	
3	发布文章内容丰富、逻辑清晰、语言流畅	30	
4	发布文章对农产品后续的销售有促进作用	20	
5	能够及时回复文章评论，与用户互动	10	
	总计	100	

课后习题

一、单项选择题

(1) 微信营销最主要的特点是（　　）。
A. 便于互动　　　　　　　　　B. 营销成本低
C. 突破了距离上的约束　　　　D. 受众广

(2) 微信营销的 O2O 模式，主要渠道为（　　）。
A. 商家服务号　　B. 微信小程序　　C. 朋友圈　　D. 微信群聊

(3) 大部分的微信营销是从（　　）开始的。
A. 熟人介绍　　B. 陌生拜访　　C. "病毒式"传播　　D. 关系营销

(4) 农产品市场的形式类似于（　　）。
A. 垄断竞争市场　　B. 寡头市场　　C. 垄断市场　　D. 完全竞争市场

(5) 微信的（　　）催生了其营销渠道的价值。
A. 庞大用户数量　　B. 强社交属性　　C. 支付功能　　D. 丰富功能

(6) 以微信公众号、微商城为主的营销模式是（　　）模式。
A. B2C　　B. C2C　　C. B2B　　D. C2B

(7) 农产品的营销推广时，（　　）是重中之重。
A. 高利润　　B. 低价格　　C. 高品质　　D. 促销手段

(8) 通过认证的微信公众号一天能分组对（　　）条群发信息进行推送。
A. 2　　B. 3　　C. 4　　D. 5

(9) （　　）可以让用户通过手机完成快速的支付流程，安全、快捷、高效。
A. 微信支付　　B. 微信公众号　　C. 朋友圈　　D. 视频号

(10) "微信之父"是（　　）。
A. 马化腾　　B. 张小龙　　C. 马云　　D. 李彦宏

二、多项选择题

(1) 微信的核心功能包括（　　）。
A. 即时通信功能　　B. 公众号功能　　C. 支付功能　　D. 朋友圈功能

(2) 农产品微信营销的优势包括（　　）。
A. 可实现点对点精准营销　　　B. 特色性和典型性
C. 简便性和低成本性　　　　　D. 相关产业带动性

(3) 农产品微信营销的渠道包括（　　）。
A. 微信朋友圈　　B. 微信公众号　　C. 工具类广告　　D. 富媒体营销

(4) 农产品微信营销存在的问题有（　　）。
A. 物流成本居高不下　　　B. 销售平台不足
C. 农产品质量参差不齐　　D. 顾客信任度低

(5) 进行朋友圈营销的技巧包括（　　）。
A. 大量推送，信息刷屏　　B. 推送广告
C. 推送公众号文章　　　　D. 把握信息推送时间段

(6) 良好的微信营销互动要做到（　　）。
A. 搭建微信反馈渠道　　　　　　B. 及时回复用户的提问
C. 提供大额度优惠券　　　　　　D. 完善客户档案
(7) 微信公众号的类型包括（　　）。
A. 服务号　　　　B. 订阅号　　　　C. 小程序　　　　D. 企业微信
(8) 农产品进行微信营销时要突出它的与众不同，就要突出它的（　　）。
A. 人文内涵　　　B. 价格低廉　　　C. 优惠政策　　　D. 绿色健康
(9) 注册企业主体公众号需准备的资料有（　　）。
A. 邮箱　　　　　B. 手机号　　　　C. 注册人身份证　D. 营业执照
(10) 强化微信营销团队建设时，应该做到（　　）。
A. 精减微信营销团队人员　　　　B. 适当增加全职微信营销人员
C. 根据不同分工制订培训计划　　D. 将团队部分工作外包出去

三、简答题
(1) 请简述使用微信进行农产品营销的优势。
(2) 请简述微信公众号在进行信息推送时的注意事项。
(3) 请简述农产品微信营销的主要方式。

项目六

农产品+电商营销

学习目标

知识目标：
(1) 了解农产品电商营销的基本情况。
(2) 熟悉电商营销的三个平台——淘宝、京东、拼多多。
(3) 电商平台如何赋能农产品营销。
(4) 农产品电商营销的发展趋势。

技能目标：
(1) 能够在三个电商平台注册账号并开设店铺。
(2) 能够在平台店铺中进行基础运营，如货物上架、退换货等。

素养目标：
(1) 培养学生的社会实践能力，鼓励学生勇于探索，引导学生诚实守信。
(2) 通过对短视频平台的了解，了解中国当前的社会主义核心价值观和爱国主义精神。
(3) 通过学习短视频平台的变革，培养学生的开放精神、全球视野。

思维导图

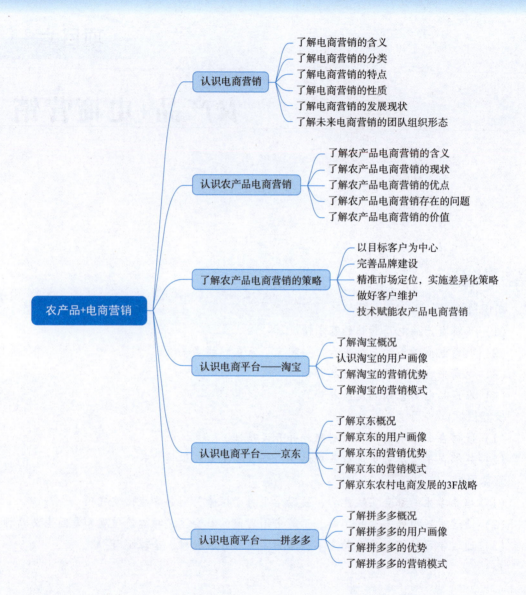

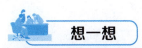

> 以史为镜，可以知兴替，在了解了几个电商平台的发展历程之后，你有什么想法，如果你是一名网店经营者，你会如何做？

引导案例

京东给农产品电子商务带来的期待

2022年9月，京东自营农产品全面上线。作为电商业的巨头涉足生鲜农产品将给这一领域带来新的变化。京东自营农产品的此次入局格外强势。目前进驻京东生鲜频道的合作商家已超过300家，涵盖蔬菜、水果、海鲜水产、半成品、冻品、禽蛋、鲜肉、加工肉类等八大类目，而龙头商家的交投也已经十分火爆。

面对京东等电商巨头的入局，先入者们的态度大多并不排斥。菜虫网的一位管理人员就表示，"这个市场太过庞大，没有哪个电商能够做到绝对垄断，所以我们不担心巨头的入局。与之相反，这些巨头的进入恰好可促成消费者形成网上购买农产品的习惯，形成良好的市场培育效应，把'蛋糕'越做越大。"

业内人士坦言，即使是京东入局，目前也无法完全解决农产品的物流、保鲜和标准化等问题。"京东虽凭借强大的资本力量和已有物流经验建立起了全国物流网络，但是除了一些耐储存的商品可实现全国配送，其他生鲜食品的配送也只能按计划逐步分区推进。"一位业内人士就表示，京东的初期配送范围恐怕只能从重点城市做起，视情况再逐步推进，部分商品在一开始也只能开通北京、上海、广州等大城市。

任务一 认识电商营销

一、了解电商营销的含义

电子商务的基本定义是指是在全球各地广泛的商业贸易活动中，在因特网开放的网络环境下，基于浏览器/服务器应用方式，买卖双方不谋面地进行各种商贸活动，实现消费者的网上购物、商户之间的网上交易和在线电子支付以及各种商务活动和相关的综合服务活动的一种新型的商业运营模式。电子商务营销是网上营销的一种，是借助因特网完成一系列营销环节，达到营销目标的过程。

问题：如何提升农产品电商营销用户体验

电商营销的含义和分类

因特网上的电子商务可以分为三个方面：信息服务、交易和支付。主要内容包括：电子商情广告，电子选购和交易，电子交易凭证的交换，电子支付与结算以及售后的网上服务等。主要交易类型有企业与个人的交易（B2C方式）、企业之间的交易（B2B方式）、个人与个人之间的交易（C2C方式）三种。参与电子商务的实体有四类：顾客（个人消费者或企业集团）、商户（包括销售商、制造商、储运商）、银行（包括发卡行、收单行）及认证中心。

二、了解电商营销的分类

（一）B2C

B2C，全称为"Business-to-Customer"，是企业通过网络销售产品或服务个人消费者。企业厂商直接将产品或服务推上网络，并提供充足资讯与便利的接口吸引消费者选购，这也是目前一般最常见的作业方式，属于企业直接接触顾客的作业方式。

总的来说，B2C模式是一种高效便捷的电子商务模式，它将企业和消费者直接联系在一起，通过互联网提供购物的便利，提高交易效率，促进用户消费习惯的改变和企业的创新发展。同时，B2C模式还可以省去中间环节，降低成本，提高交易效率，为消费者带来更多的实惠和便利。当然，B2C模式也存在一些挑战和风险。首先，企业需要投入大量资金和人力资源。其次，由于互联网上信息的传播速度非常快，企业需要更加注重品牌建设和声誉管理，才能够避免不良口碑对企业的负面影响。

（二）C2C

C2C，全称为"Customer-to-Customer"，是指消费者与消费者之间的互动交易行为，这种交易方式多变。例如消费者可同时在某一网站线上出价竞标，或由消费者自行在网络平台出售物品，诸如此类因消费者间的互动而完成的交易就是C2C交易。

相对于传统的购物方式，C2C的优势在于价格更为优惠，消费者可以通过C2C平台更方便地获取到所需商品和服务。此外，C2C交易形式也更加灵活，买卖双方可以更加自由地协商价格和交货方式。尽管C2C带来了方便和经济效益，但同样存在一些缺点。C2C中存在着欺诈风险，消费者需要花费更多的精力在评估卖家和商品的真实性上。此外，售后服务也可能会受到影响，C2C平台只提供中介服务，消费者需要花费更多的时间和精力自行解决售后问题。

三、了解电商营销的特点

(1) 电商营销将传统的商务流程电子化、数字化,一方面以电子流代替了实物流,可以大量减少人力、物力,降低了成本;另一方面突破了时间和空间的限制,使交易活动可以在任何时间、任何地点进行,从而大大提高了效率。

(2) 电商营销所具有的开放性和全球性的特点,为企业创造了更多的贸易机会。

(3) 电商营销使企业可以以相近的成本进入全球电子化市场,使中小企业有可能拥有和大企业一样的信息资源,提高了中小企业的竞争能力。

(4) 电商营销重新定义了传统的流通模式,减少了中间环节,使生产者和消费者的直接交易成为可能,从而在一定程度上改变了整个社会经济运行的方式。

(5) 电商营销一方面破除了时空的壁垒,另一方面又提供了丰富的信息资源,为各种社会经济要素的重新组合提供了更多的可能,这将影响到社会的经济布局和结构。

四、了解电商营销的性质

(1) 公平性:在电商营销中,所有的企业都站在同一条起跑线上。公平性只是意味给不同的公司、不同的个人提供了平等的竞争机会,并不意味着财富分配上的平等。

(2) 虚拟性:由于互联使传统的空间概念发生变化,出现了有别于实际地理空间的虚拟空间或虚拟社会。

(3) 对称性:在电商营销中,互联性使信息的非对称性大大减少。消费者可以从网上搜索自己想要掌握的任何信息,并能得到有关专家的适时指导。

(4) 模糊性:由于互联使许多人们习以为常的边界变得模糊。其中,最显著的是企业边界的模糊,生产者和消费者的模糊、产品和服务的模糊。

(5) 复杂性:由于电商营销的模糊性,使经济活动变得扑朔迷离,难以分辨。

(6) 垄断性:电商营销的垄断是由创造性破坏形成的垄断,是短期存在的,因为新技术的不断出现,会使新的垄断者不断取代旧的垄断者。

(7) 多重性:在电商营销中,一项交易往往涉及多重买卖关系。

(8) 快捷性:由于互联,使经济活动产生了快速运行的特征,你可以迅速搜索到所需要的任何信息,对市场作出即时反应。

(9) 正反馈性:在电商营销中,由于信息传递的快捷性,人们之间产生了频繁、迅速、剧烈的交互作用,从而形成不断强化的正反馈机制。

(10) 全球性:由于互联,超越了国界和地区的限制,使整个世界的经济活动都紧紧联系在一起。信息、货币、商品和服务的快速流动,大大促进了世界经济一体化的进程。

五、了解电商营销的发展现状

(一) 中国数字技术与实体经济融合,从事电商交易活动企业显著增加

2020年年末,中国电子商务从业人员达到6 000多万人,环比增长17%。有电子商务交易活动企业数较多的行业是批发和零售业、制造业、住宿和餐饮业、信息传输、软件和信息技术服务等;而较少的行业是卫生和社会工作、教育、居民服务、修理和其他服务、水利、环境和公共设施管理、采矿业等。传统行业中有电子商务交易活动企业数占比较高的行业是住宿和餐饮业、信息传输、软件和信息技术服务业、文化、体育和娱乐业、批发

和零售业；占比较低的行业是房地产业、建筑业、采矿业、交通运输、仓储和邮政业等。电商服务行业出现龙头企业，其凭借资金、规模、技术等优势，占据了较高的市场份额，其他中小微企业依靠成本优势和灵活的服务方式，获得少量的市场份额，大量市场资源向龙头企业集聚。但电商行业由于技术壁垒低，电商服务内容、服务形式、交易模式存在较严重的同质化。一些服务产品可控性不强，交易主体的多方责任不明确、不清晰，导致交易成本上升，投诉率增高。

(二) 全国网民规模大，网购用户占比高

根据中国互联网信息中心提供的数据，至 2020 年年末，中国网民总量达 9.89 亿，全部网民中网购用户占比达到 80%，其中网购商品份额较大的是纺织品、日用品、家用电器、音像器材等。而商务部的研究报告显示，2021 年中国电子商务交易额为 423 000 亿元，比上年增长 19.6%；全国网上零售额为 130 900 亿元，比上年增长 14.1%，全国实物商品网上零售额 10.8 万亿元，比上年增长 12%。同时，2020 年全国农村网络零售额达 17 900 亿元，农村实物商品的网络零售额为 16 300 亿元，全国农村网络零售额 90% 以上的商品为实物商品，其主要品种为休闲食品、粮油、滋补产品、肉禽蛋、奶类、蔬菜和豆制品等。电子商务的发展促进了乡村振兴，推动了地区经济增长。

(三) 跨境电子商务业务发展迅速，已形成电商品牌

近年来，中国跨境电商企业表现出色，电商供应链上的外贸工厂、平台卖家、流量导向独立站、渠道品牌导向独立站、产品品牌导向独立站和国内品牌出海跨境电商方面都有良好表现。商务部电子商务资讯摘要的数据表明，2020 年，中国跨境电商进出口总额 16 900 亿元，比上年增长了 40%；2020 年通过海关跨境电子商务管理平台验放进出口的清单总量为 24.5 亿票，比上年增长了 63%。跨境电商的产品主要集中在纺织原料及纺织制品、光学、医疗仪器、钟表、乐器、毛皮及其制品、箱包等，跨境电商的合作伙伴主要是日本、美国、澳大利亚、荷兰、新西兰、德国、西班牙、英国等。面对日益激烈的竞争趋势，一些外贸企业加速创新业务模式，通过独立建设网站，扩大电商规模。还有企业建设海外展示中心，开展品牌宣传活动和售后维修服务，实现二次销售，降低因退货带来的成本。跨境电子商务提升了广大用户的认知能力和识别能力，便于充分积累客户数据，形成了多平台、品牌化发展的态势。同时，数字经济、数字技术的兴起，也助推了跨境电子商务的发展。中国跨境电商虽然拥有较强的生产能力，但在产品开发成就方面还有所欠缺。一些跨境电商企业，事前没有良好的产品能力积累，尚未形成供应链；另外，有些跨境电商产品开发时无法精准满足海外消费者的需求，不太注重满足用户精神层面的需求，营销品牌价值观的塑造面临较大的挑战。

六、了解未来电商营销的团队组织形态

在移动互联网和经济全球化的推动下，电商营销的竞争越发激烈，市场越发瞬息万变。在复杂性、不确定性和多样性日益增加的环境下，想要在未来的电商营销中取得成功，组建以任务和关系为导向、聚散自如的虚拟团队就成为一种必然的选择。

虚拟团队可以充分利用外部人力资源，加强不同平台、不同商户间的交流与合作，降低经营成本，提高组织动作的效率，从而提高竞争力。

虚拟团队是网络经济条件下的产物，在虚拟的工作环境下，由分散在不同地方密切配合共同工作的人们组成工作团队。团队的成员一般拥有着不同的背景、技能和知识，他们

之间具有高度的知识互补性、技能的跨职能性和信息的差异性，是一种"以项目为中心"的动态、柔性、高效协作的人力资源组织模式。

虚拟团队的优势主要有以下几点。

(一) 人才优势

现代通信与信息技术的使用大大缩短了世界各地的距离，区位不再成为直接影响人们工作与生活地点的因素，这就大大拓宽了组织的人才来源渠道。

虚拟团队的组建，动态地集聚和利用世界各地的人才资源，可以利用原本不属于自己的资源来解决问题。"虚拟"方式使组织可用的人力资源大大增加了，也为通常很难获得招聘的具有专门技能的人才创造了条件。

(二) 竞争优势

虚拟团队集聚世界各地的优秀人才，他们在各自的领域内都具有知识结构优势，众多单项优势的联合，必然形成强大的竞争优势。同时，通过知识共享、信息共享、技术手段共享等，优秀成员好的经验、灵感，能够很快在数字化管理网络内得以推广，实现优势互补和有效合作。

网络中良好的知识采集、筛选、整理、分析工具和机制，使众多不同渠道的零散知识可以迅速整合为系统的集体智慧，转化为竞争优势，创造出更多的价值与利润。

(三) 效率优势

虚拟团队利用最新的网络、邮件、移动电话、可视电话会议等技术实现基本的沟通。团队成员之间可以及时进行信息交流，"一呼天下应"，可以防止信息滞留，从而缩短了信息沟通和交流所用的时间，能够确保及时作出相对正确的决策。

(四) 成本优势

虚拟团队在相当程度上实现了"无边界组织"的构想，使大量利用外部人力资源条件成为可能，从而减轻了人工成本压力。在此基础上，还可以大力精简机构，使人员朝有利于组织发展的方向流动，促使结构扁平化。此外，团队柔性的工作模式减少了成员的办公费用、为聚集开会而支付的旅行费用等，也减少了重新安置员工的费用，从而大幅降低了管理成本。

(五) 灵活性优势

虚拟团队能够根据实际需要来组建团队，并能针对具体问题或者项目的需求而动态变化（如成员的进入与退出），一旦项目完成，虚拟团队解散。因此，它具有高度的灵活性。

另一方面，虚拟团队的灵活性还体现在成员的工作方式上。团队成员的工作模式从传统的办公室一点走向多点，如远程办公、旅馆办公、家庭办公以及完全流动的工作模式等。

(六) 多元文化整合优势

虚拟团队是由不同国籍、不同文化背景，承担着不同的经营管理职能的个人构成的跨国界团队。

虚拟团队的这种多元文化特征，在利用全球化的规模经济和范围经济的同时，也有利于员工，特别是管理人员、技术人员以及营销人员形成更广阔的视野，提高知识水平和跨文化交流的能力，培养良好的多元文化意识，避免未来遭遇潜在的文化冲突和障碍。

任务二 认识农产品电商营销

一、了解农产品电商营销的含义

从狭义上讲,农产品电商营销就是指在以互联网技术为基础的电子商务模式中,以农产品为商品定位的一种经营管理模式。从广义上讲,农产品电商营销不仅包括了农产品及其服务及信息买卖与交换的各个环节,同时还包括农产品电子交易、供应链管理以及客户服务等所有与电子手段相关联的商务方面的活动。

随着科技的发展,农产品电商营销已经成为一种新型的商业模式,它可以让农业生产者通过互联网实现产品、服务的销售、采购以及电子支付,使农业发展更加便捷、高效。目前,我国已有一批优秀的农业企业进入农产品电商市场,但仍处于初级阶段。从行业发展来看,农产品电商营销具有巨大发展潜力。

农产品电商营销平台将原本分散在各地的农产品种植户、物流运输企业、质量监管机构、农产品生产加工企业、金融机构集中在一起,并利用电商营销平台实现了农产品营销数据的科学管理与不同业务主体的高效配置,从而提高了农产品的市场流通,缩短了农产品市场的资本流转周期,打破了传统农产品营销的时间与空间限制,实现了真正意义上的"全域营销"。

二、了解农产品电商营销的现状

现阶段,互联网在我国的覆盖范围十分广泛。2022年,根据CNNIN发布的第49次《中国互联网络发展状况统计报告》数据显示,我国互联网普及率已经达到了73.0%,且我国现有行政村已经全面实现了"村村通宽带",农村网民规模达到2.84亿,农村互联网普及率达到57.6%。相关数据表明,互联网在农村普及程度不断提升,为农产品电商营销发展奠定了坚实的基础,农产品作为农业农村特色产品,以农产品为主的电商营销发展必将成为农村经济发展的重要增长点,其发展具有显著优势。

(一)东中西部全面发展

监测数据显示,从区域情况来看,2020年,华东地区县域农产品网络零售额达1481.7亿元,占全国县域农产品网络零售额的比重为42.2%,排名第一。从增速来看,东北地区县域农产品网络零售额增速最快,同比增长69.8%。近年来,"网红经济"在东北地区迅速崛起,带动了直播电商、网红带货等新业态新模式发展,并不断与特色产业、精准扶贫、县域经济等创新融合,为区域农产品电商发展提供了新动能。在华东、华中、东北、西北等地区,均出现了县域网络零售额正增长、零售量负增长的情况,标志着这些地区网络零售的客单价实现较高增长,居民网络消费水平不断提升。

(二)电商瓶颈不断突破

2020年,全国共建成县域电商公共服务中心和物流配送中心2 120个,村级电商服务站点13.7万个,物流集中,进一步降低了快递成本。全国在基本实现快递网点乡镇全覆盖的基础上,将快递直投到村比例提升至超过50%。农村地区揽收和投递快递包裹量超过300亿件。农村地区邮政快递业务量比重达36%,比2019年提高12个百分点,进一步解决了"最后一公里"问题。2020年消费者对于生鲜到家需求急速增长,前置仓、店仓一体化、社区拼团、门店到家、冷柜自提等新型运营模式发展态势良好,冷链物流体系进一步完善,生鲜销量呈现爆发式增长。据监测,县域生鲜电商网络零售额为519.72亿元,同比增速24.5%。其中,动物类生鲜网络零售额为274.45亿元,同比增速43.5%;植物类生鲜网络零售额为245.27亿元,同比增速8.4%。

(三) 品牌效应持续彰显

数字消费深刻改变了商业模式及消费生态,为农业品牌发展注入了新动能,面对高速增长、潜力无穷的网络市场,依托电商平台加强农业品牌打造与价值提升是促进农业增效、农民增收、农村发展的重要手段。阿里数据显示,2020年,阿里平台300个区域公用品牌农产品交易总额超过41亿元,交易总单数首次突破5 000万单,消费者对区域公用品牌农产品复购率高于25%,农业品牌消费者忠诚度不断提升。在电商驱动下,运用新媒体的营销,打造了褚橙、阳澄湖大闸蟹、海南火山荔枝、东港草莓、秭归脐橙、湖北小龙虾等一大批知名农产品品牌,创新了品牌营销渠道,提升了农产品的溢价能力。

(四) 新型电商落地乡间田头

数字技术向三农领域逐步渗透、线上线下融合加速发展,推动县域农村电商迭代创新提速,网红带货、社区团购等新业态新模式在县域掀起热潮,手机变成了"新农具",数据变成了"新农资",直播变成了"新农活"。习近平总书记点赞"小木耳大产业"的柞水木耳,让陕西省柞水县金米村这个曾经的深度贫困县,走上了增收致富之路。2020年,依托木耳产业发展,金米村人均可支配收入达1.1万元。越来越多的农民开展电商销售,为自家农副产品、文旅产品、原生态风光等"代言",涌现了一批网红新农人。

三、了解农产品电商营销的优点

(一) 化解农产品交易的时空限制

传统的农产品营销方式以广告作为主要的宣传方式,部分农民会选择最传统的方式来推广农产品,但这种过于传统的农产品推广方式已经不能满足数字化时代下的市场需求。互联网为新时代下农产品推广带来新机遇,农产品电商营销的推广方式更加多元化,农产品电商营销拥有更多的推广渠道,让农产品的推广具备全球性、延续性,农产品通过电商营销也能获得新的发展动力与生机。农产品电商直接与用户对接,无须中间商介入,在提升销量,扩大农产品信息推广范围的同时,也可以大幅缩短农产品流通环节,提升农产品运转效率,确保农产品销售过程的质量。

问题:电商营销如何促进农业结构调整

农产品电商营销的优点

(二) 实现农产品互动交易

传统的农产品推广方式以地推为主,经营场所主要为商超、生鲜日杂、地摊,消费者需要到农产品销售现场才可以了解农产品信息,或者通过第三方销售方提供广告来了解农产品信息。但是，即便如此得到的农产品信息也是片面的。由此可知，传统的农产品推广方式不能使消费者获得全面的农产品信息。而农产品电商营销的形式多元，可以使农产品生产者与消费者之间构成有机互动，实现信息的双向交流。

农产品电商信息的双向交流，将农产品生产者与消费者直接联系起来，消除二者之间存在的信息屏障。在信息双向互动的基础上消费者可以直接将消费需求、意向传递给农产品生产者，从而使农产品生产者可以更好地满足消费者需求，使消费者不再被动选择商品。由此可见，农产品电商营销开辟了农产品的新时代销售模式。

(三) 农产品营销更高效

互联网最大的特点是实现了信息的共享与沟通，并且可以节约大量的信息共享与流通成本。在互联网信息共享背景下农产品电商营销获得了新的发展机遇，为农产品电商开辟了新渠道，随之农产品的知名度也会得到大幅提升，不仅节约了大量的宣传、推广成本，更进一步提升了农产品营销效率。鉴于农产品电商营销信息双向流通的特点，可以进一步消除农产品营销过程中存在的盲目性、随意性，在节约成本、提升利润的同时，还可以进一步满足消费者对农产品的需求，提升顾客满意度与期望值。

农产品电商营销突破了农产品销售、推广的时空约束，赋予消费者更多的选择空间，为农产品销售的电商商家，提供了更加直观、全面的竞争对比，从而结合农产品电商市场的实际情况对营销策略进行调整。农产品电商营销搭建了商家、消费者的互动平台，并且农产品电商的模式中，农产品生产者也可以是商家，可以更加全面地为消费者介绍农产品的详细情况。

(四) 满足消费者个性化需求

农产品电商营销为消费者提供更多的选择空间，电商营销为农产品推广创造更加便利的条件，消费者在电商模式下可以更加自由地选择农产品。农产品电商为满足消费者的差异化、个性化需求，通常会推出多种多样的农产品类型。消费者可以对这些农产品类型进行对比，选择适合自己的农产品类型。由此可见，农产品电商营销可以有效避免消费者选择同质化的农产品，并且有助于农产品经营者更好地满足消费者需求，在确保农产品供应平衡的基础上为消费者带来更好的消费体验。

(五) 促进农产品市场的稳定发展

传统的农产品销售大多是农户与批发商进行沟通和合作，这种销售方式比较适用于种植量较少、需求量较大的情况，能够满足种植户和批发商双方的需求。但是在种植户越来越多，以及消费需求多元化的背景下，这种销售方式已经无法适应市场的发展需求。销售渠道的单一，导致农产品出现大量积压，价格不断下降，种植户利益受损。

而农产品电商营销模式，改变了单一农产品销售的模式，农户可以以商家的身份直接进行农产品的销售，也可以集中出售给具有规模的电商企业，不受时间和空间的限制，减少了农产品到消费者之间的中间环节，不仅降低了消费者的消费成本，而且提高了农户的销售量。同时，还能够根据消费者需求分析，打造个性化定制方案，满足消费者多元化消费需求，从而促进农产品市场的稳定发展。

(六) 促进农业产业结构调整

利用电商平台进行农产品经营管理，能够满足不同消费群体的具体需求，通过在数据库中搜索相关信息,然后在平台中下单,电商企业即可将产品配送到指定地点。这种经营模式可节省多个中间环节,实现农产品的精准营销,促进农业产业结构调整。

传统的农产品种植中,由于买家和卖家之间市场信息不对称,导致农产品种植类型较为单一,无法满足消费者的需求。而农产品电商营销平台的创建,能够及时获取农产品市场的需求信息,然后种植户实时调整种植类型,不仅满足了消费者的需求,同时也丰富了农产品市场的资源。农产品电商营销模式的出现,促进了农业结构由单一制向多元制的转变,促进了农业供给侧结构性改革。同时还促进了农村土地流转,对于形成特色农产品集群化生产模式发挥了重要的作用。

(七)促进精准农业的发展

在传统的农业生产模式中,由于缺乏科学合理的理论指导,导致农业生产呈现粗放式发展模式,这与精细化农业发展存在一定的差距。而农产品电商营销模式,在农产品供销中展现了优异的性能。电商平台能够对用户的点击量、浏览记录、消费习惯等信息进行分析,总结出用户的喜好,对不同类型的农产品进行用户细分,从而为农产品生产提供重要的参考,促进农业精准生产。

四、了解农产品电商营销存在的问题

(一)标准化不足

农产品电商营销模式要实现长期稳定发展,不仅需要充分分析农产品市场情况与消费者需求,还要对农产品生产、加工流程进行严格把控,此时就涉及农产品标准化生产加工。

经过调查分析发现,现阶段许多地区的农产品生产加工尚未实现标准化,甚至存在许多非标准化的农产品电商销售现象,非标准化的农产品电商使对农产品电商的监管难度增加。农产品的特殊性决定了农产品加工对包装、安全度、保鲜度存在特定的要求,非标准化的农产品包装容易导致农产品质量问题,进而造成商家与消费者的矛盾激化。部分农产品分布集中度有限,许多农产品电商商家为了避免烦琐的环节,在加工、经营过程中忽视标准化,因此,对农产品电商进一步发展造成影响。由于标准化缺失,导致农产品电商营销模式发展过程偏离轨道,无法实现长期稳定持续发展。

(二)品牌建设不完善

农产品电商营销模式使许多农户意识到打造农产品品牌的重要性,但是这些品牌由于推广力度不足而知名度有限,最终沦为杂牌产品。许多专业的电商企业介入到农产品电商的发展中,但是这些电商企业并没有重视起品牌营销推广工作,导致农产品品牌存在较大的局限性。部分农产品电商企业不具备品牌意识,片面地认为农产品只要精加工、创新,就能够吸引更多的消费者;尽管这种产品可能在某一特定时期内获得较理想的市场效果,但是由于缺少品牌效应,很容易在作为市场追随者的著名品牌冲击下快速退出市场。

(三)农产品电商营销工作水平不高

第一,一些农产品电商营销平台中的商家未能重视利用平台提供的营销数据与大数据分析技术等,难以对目标消费群体进行精准划分与定位,无法定期向目标消费群体推送促销信息。未能筛选出高价值消费者参与各种新媒体营销活动,难以实现营销信息的裂变式传播。

第二，一些农产品电商平台中的商家未能利用数据技术分析消费者的消费规模、消费频率等信息，无法筛选出消费周期较为稳定的消费者，难以为订单式交易模式的发展提供指导依据。

(四) 产品促销方式落后

电商公司开展产品促销活动需要借助一定载体和平台，农产品经由平台展出后，消费者会对农产品的品质、规格等信息形成初步了解，平台则会通过多彩的界面设计、清晰的商品分类、适时的营销造势等吸引消费者关注和购买，最终达到产品促销目的。但是在实际运行中，产品促销会受运行成本有限、营销平台开发不足等因素影响，使部分模块空壳、搜索产品展示种类不多、界面显示产品与搜索内容不符等情况频频发生，严重降低消费者的购买体验，不利于农产品的电商营销。

五、了解农产品电商营销的价值

从本质意义上来看，电子商务是一种现代化的新型经营管理形式，其发展可对促进传统行业生产模式与发展结构的创新改革带来全新动能，有益于增强社会经济发展水平。而农产品电商营销模式更是可以改变乡村原有生产、生活方式，带动群众脱贫致富、拉动当地社会经济发展。农产品电商营销模式的实践与发展具有重大现实意义。

首先，农产品电商营销可以大力推动农村产业供给侧结构性的改革，加快产业化农业发展进程。传统农产品的供给对象主要面向农村，其产品需求群体则以周边城镇为主，这种生产方与销售地不在同一区域的现象，深刻影响着农产品供求信息的有效传递。再加上农村农业发展规模普遍偏小，农户获取产品最新供求市场信息自主积极性较低，所以农村农产品市场常会出现供求矛盾问题。而在农产品电商营销模式下，可通过各种电商平台所提供数据对农产品行情进行精准分析，以便充分了解农产品市场供求状况，从而为农村及时调整产品生产、发展结构，促进农村产业供给侧结构性的改革奠定基础，以保障本地农业产业化的发展。

其次，农产品电商营销可以全面提高农村社会公共服务行业整体发展水平，加快实现新农村建设目标。乡村振兴战略具体实践，不但使农村丰富自然资源与独特人文精神文化被外界所熟知，让农村得以发展旅游业，还无形中激发了广大消费者购买农村特色农产品的购买欲望，使农产品市场需求范围不断扩大，为农产品电商营销模式在农村的发展创建了更大的空间。在这样的社会环境下，更多电商企业纷纷将投资目光放于农产品市场，在农村当地搭建专业电商平台，这势必会激发政府与企业完善当地基础设施建设的主动性与积极性，从而使农村社会公共服务行业发展水平得到相应提升，为实现新农村建设目标提供助力。

最后，农产品电商营销可以吸引更多复合型人才。充足的人才资源是保证农业产业化发展的关键要素，对带动乡村经济的振兴发展有重要作用。农产品的传统生产与发展模式难以留住人才，而农产品电商营销模式就不一样了。农产品电商营销模式大力推动农业产业化发展的同时，还有益于在以农业为主流产业的基础上，延伸开发一系列周边产业，这既能大幅增加就业机会，还可促使农业行业迸发更多商机，为现代创新创业人才提供能尽情施展自身才能的平台，进而吸引更多优质人才入驻。

任务三　了解农产品电商营销的策略

一、以目标客户为中心

（一）以目标客户成本为焦点的差异化价格

不管对于网络营销还是传统营销，目标客户最关心的还是价格因素，价格的波动对目标客户的选择具有较大的影响。因此在电商销售时需要制定更加合理的、让目标客户能够接受的价格策略，更好地利用价格策略吸引目标客户进行购买，这就需要预先考虑产品的生产成本，提前评估、全面权衡目标市场的接受度，并始终注意竞争对手产品的价格变化。

农产品电商营销的策略

价格策略的制定还需要考虑其他因素，比如实际需求程度，需求程度也将影响目标客户所能接受的价格和支付意愿。基于这种认识，应尽快调整定价策略，准确判断消费者对产品的购买力，并在不超过价格弹性范围的前提下实行差异化定价，不仅可以满足消费者的个人需求，而且可以最大限度地提高企业的利益。差异化定价策略主要以以下几种为主：

第一种是以客户为中心制定的差异化价格策略，主要是围绕目标客户真实需求、购买规模和购买欲望来设置相应的价格策略，为企业争取到最大的利润空间。例如可以根据客户所购买产品的数量多少来决定不同的价格策略，如果客户购买数量较少，提供拼团及团购方案来满足客户的成本要求。对于客户忠诚度的利用主要在购买次数上，针对不同购买次数的客户提供不同的优惠方案和价格策略，这样能增加顾客黏性，提升产品的竞争力。

第二种是以营销渠道为中心的差异化价格策略，购买渠道往往和分销体系相关，不同的购买渠道必然存在不同的价格，现如今网络营销打破了传统分销体系，更多以不同平台的营销来进行区分，各个平台之间的价格非常接近但仍有所不同，这根据不同平台的使用成本来决定。

第三种是围绕竞争者为中心的差异化价格策略。电商销售平台促使全国乃至全世界产品同台竞争，竞争环境更加激烈，同质化现象也越发明显，如果在产品上没有绝对优势，只能采取低价策略来提升产品竞争力。一方面对于常规产品来讲，通过低价或附赠实用礼品来吸引客户购买；另一方面也要积极研发新的产品或组合，这样的产品可以不采取低价策略，但能够为企业带来更好的利润空间。

第四种是以营销活动为中心的差异化价格策略。现如今网络营销平台有非常多的节日活动，这种节日活动往往通过打折促销等方式实现营销额大幅增加，例如现在比较火的双十一、双十二、618等销售节日，各个平台均进行限时促销优惠，吸引了大量消费者在活动期间大量购买产品，在这样的营销活动中可以根据活动规则制定相应的价格策略。

（二）以目标客户参与为主旨的多样化促销

促销活动的方案策划要更多地考虑客户的参与度，传统线下促销时客户的参与度较多，成交概率随之增加，但现如今线上促销活动，电商企业与客户无法直接面对面接触，如果仅通过价格促销意义并不大，因此在线上营销过程中要考虑与客户的互动和其参与程度。

在促销活动形式上，各大电商平台均会定期推出相关的节日促销活动，通过限时抢购、答题赢券等方式增加客户的参与程度。

当然，除了参与各大电商平台推出的促销活动外，农产品销售者也应根据自身情况和发展需要制定适合自家产品的促销策略。同时，在促销活动中的力度也需要加强，在调整产品和价格策略后，还可以根据实际情况增强促销活动力度并给予折扣管理。

以淘宝为例，在双十一期间，除了淘宝平台所要求的明确折扣外，还可以为老顾客提供更优惠的折扣价格，不仅可以使活动更具吸引力，而且可以增强企业的价格竞争力，在保持顾客忠诚度的同时，也为企业带来了新的流量。另外，小礼物的赠送可以根据活动的内容，针对不同活动主题赠送不同礼物，还可以让顾客参与游戏或其他转发活动，这一形式能够极大增强客户的参与度，有效提高促销活动的实际效果。

二、完善品牌建设

我国作为农业大国，农产品的数量和种类较多，这既是农产品电商营销模式发展的机遇，同时也是农产品电商营销模式发展面临的挑战。只有在某一类商品形成一定规模时，才能够在市场中得到消费者的认可和追求。但是当同质化的商品越来越多时，竞争也会越来越激烈。为了能够在众多的农产品电商销售者中生存和长久发展，就必须形成自身的特色并且进行农产品品牌化建设，品牌建设的效果直接关系到农产品电商营销的市场竞争效果。有效的品牌建设可以打造知名品牌，形成品牌效应，进而扩大产品知名度。只有形成自己的品牌，才能够获得竞争的资格。

针对现阶段农产品电商营销中的品牌建设缺失的现象，商家要结合市场变化趋势，积极运用电商营销的方式推广品牌，让农产品品牌在市场竞争中拥有一席之地。同时可以充分运用当地独特的地形地貌、气候特征等优势的环境特色以及特殊的人文背景，打造品牌故事，扩大农产品品牌的知名度。另外，农产品供货商要努力提高信誉度和店铺等级，消费者对同样的农产品，往往会倾向于在电商平台上信誉度和等级高的店铺购买。农产品是一种特殊的食品，消费者非常在意口感质量、新鲜程度、外观等，但是没有购买之前，仅仅从产品描述上很难有体会，很多时候需要依赖于店铺的信誉度，如果店铺的信誉度高，则消费者通常会认为农产品的质量是有保证的。

在农产品电商营销模式下，在建设品牌的过程中可以强化公共区域品牌、名特优新农产品建设，让农产品电商品牌拥有更强的活力。

三、精准市场定位，实施差异化策略

一直以来，农产品的目标客户基本上涵盖了全部消费者，无差别对待，缺少产品市场的精准定位。根据前期用户画像分析及对市场的判断，在进行农产品电商营销时，应该避免销售产品多而不精、全而不细的状态，着力优化当前的产品结构。

一方面，不同的消费者群体，影响购买意愿的因素侧重点存在差异，农产品销售商需要了解究竟存在着什么类型的消费者群体，哪些消费者归为一类群体。可以通过消费者的历史购买记录、评论、调查问卷等方式收集数据，构建消费者画像，掌握不同消费者的特征，再进行分类。另一方面，消费者群体的购买意愿关注点存在差异，有些消费者群注重产品本身的质量,有些消费者侧重产品的宣传和品牌,有些消费者在意客服的态度。因此,在识别消费者群体的基础上,农产品销售商要制定不同的销售策略、客服沟通方式等。可以进行个性化的服务和产品推荐,这样可以最大化群体的利益,最终提高产品的销售量、信誉度等。具体来说:

首先,从客户需求出发,按照产品基本属性,打造农产品高端消费市场与普通消费市场。在人们日益增长的物质需求面前,传统的以低价格为主的产品市场已经无法满足大多数人的日常需要,更高品质与要求的农产品正在逐渐吸引着大部分家庭。在高端消费市场的高档商品研发中投入更多的精力、物力、人力,为高端消费市场提供更多的可选择的商品,提升品牌形象。例如,将传统的未经加工的产品在进入市场前按照产品外观、大小、重量等进行挑选分类,选出更优质的产品统一进行初加工,加之以精美的包装,提升产品的整体价值,从而获取消费者认可的更高的定价,最终提高企业经营利润。

其次,依据消费群体的不同定位选取符合其需求的包装。根据不同的消费人群选用相应的包装品位。调查数据显示,商品外包装会影响消费群体尤其是女性消费者的购买行为,将外包装作为影响其购买行为的首要因素的消费者占比高达21.6%。农产品在设计产品外包装时,要关注到其包装因素,充分展示出其产品的特点和优势,使其区别于一般产品,从而赢得消费者的青睐。同时,也要根据不同消费群体的定位选用与其相匹配的包装,为消费者带来更加多样性的购买选择。譬如,高收入群体即高端市场的目标群体,在产品外包装上应使用比较高档的礼盒;而注重性价比的普通目标客户群体,采用简易包装更符合其实际需求。根据不同消费者群体进行不同产品类别的区分,可以一定程度上提高农产品电商营销策略的可用性和有效性。

最后,精简产品种类,打造口碑产品,塑造品牌。口碑效应在追求生活品质的目标客户群体中有明显的刺激效应。因此,企业应该减少利润率相对比较低的产品线,将客户进行定位,调动优势资源,提高产品品质。同时,也要筛选出畅销品,打造爆款产品,形成口碑效应,提升生产经营的专业化程度,塑造品牌形象,加快向纵深发展,开辟出更为广阔的目标市场。

四、做好客户维护

(一)完善客户售后服务体系

在进行农产品电商营销过程中,由于农产品普遍存在的保鲜、运输等问题,消费者会和客服进行频繁的沟通和交流,购买产品后,也会针对产品质量和客服进行协商。而客户售后服务体系对于利用电商渠道销售农产品来讲也是非常重要的,尤其是当前获客成本的增加,需要在进行农产品电商营销时更加关注对现有客户的维护和售后,增加客户的体验感和黏性,增加回头客的比率。

但对于农产品电商营销这一模式来说,其产品的售后服务确实存在一定的难度,在一定程度上降低了客户的体验程度,这些问题需要更多的从产品设计上去解决。除此之外,要建立专业化的客服团队,注重人工客服的沟通质量,定期进行专业化培训。客户的售后服务也要针对客户遇到的各类问题提供一揽子快速解决方案,需要更多地站在客户的角度出发,简化理赔流程、缩短理赔时长、加快售后服务效率等。同时,应该将各项售后服务的条件及标准界定清楚，让消费者更加清晰了解如何申请满足理赔条件的赔付，明确是否需要返还商品才能享受相应赔付，减少因信息不对称给双方造成的时间及经济损失，通过售后服务建立消费者的信任机制。

(二) 建立消费习惯，培养粉丝口碑

现阶段，一部分农产品的口碑还停留在口感、味道等品质的层面，以及地区地理优势等。虽然很多特色农产品知名度比较高，但消费者的消费评价体验却并不理想，其原因还在于不善于采取营销手段、信息分享等来寻找与消费者的沟通点，没有品牌影响力，也就是没有树立良好的口碑。

消费者更多的认知来源于水果的品类，譬如丹东的草莓很甜、鞍山的南果梨味道好等，没有形成商家自己的口碑，所以无法建立消费者习惯，回购的影响因素主要还是品类的区别，这就是没有形成固定商家的口碑，这也是目前需要解决的问题。

整个农产品的电商营销模式还处于探索、起步阶段，电商营销模式下存活下来的商家大部分还都在谋求生存之道，寻找自身的产品、服务差异，储备自己的核心竞争力来谋求生存与发展。而打造口碑建立消费者消费习惯无疑是锁定客户群体的愿景与目标。结合不同的农产品特色与互联网时代的专业技术，需要销售者更用心贴近消费者，加强与客户的互动，培养忠实粉丝，譬如首先可以通过举办互联网生鲜节、某品类农产品的主题节目等，提供给粉丝试吃体验，增加话题的讨论热度，继而增加粉丝数量，同时也要注重在互联网上的分享热度，从而迅速打造农产品的口碑；其次，也可以通过PC端和移动端进行多场景农产品电商营销，抓住不同时令、节日、气候等进行主题营销。在各种传统文化、时令季节、重大节日时期，发起各类互动、促销活动，让消费者无形中主动或被动地参与到活动的互动中感知产品并购买产品。当然，消费者在获得良好体验后的积极分享，也有益于产品的再次宣传与营销。让消费者在良好体验的基础上，建立消费习惯，继而将消费者发展成为固定客户。

五、技术赋能农产品电商营销

(一) 构建农产品溯源服务体系

近些年，食品安全成为消费者普遍关注的问题，食品质量高，不仅有利于促进农产品销售数量，而且还能够扩大农产品品牌的知名度。对于农产品电商营销这种模式，消费者和商家的交易都是通过网络平台完成的，信任度成为电商营销的重要因素。

利用大数据、区块链等技术可以搭建农产品溯源体系平台，无论是消费者还是商家都可以利用溯源服务，对农产品整个生产过程进行追溯。农产品溯源技术应该应用于农产品的整个生产过程中，植物种子（牲畜幼崽）的选购、种植（饲养）、生产、加工、运输、销售都应该纳入溯源体系平台中，通过溯源技术能够追溯到农产品生产过程中的任何一个环节。将农产品从0到1进行全程视频监控，对于管理技术要点形成图文记录，建立完善、规范、精准的信息化管理平台。信息化管理平台还能够对每个产品、每个批次、每个生产阶段的成本和利润进行多维度分析和构成分析，为实现精准种植（饲养）和销售提供重要依据。每种农产品都可以生成一个二维码，然后将二维码印到农产品的包装上，只需要利用智能设备扫描二维码，即可获取农产品的信息。消费者通过溯源服务，能够更加全面了解农产品的生产过程，对农产品的质量会更加放心，从而提升消费者对农产品的信任度，增加农产品的销量以及知名度。而溯源服务的应用，还能够对农产品生产者起到约束作用，提升生产者对农产品质量的全面把控，为全面提升农产品的质量奠定坚实的基础，从而促进农产品电商营销的进一步发展。

（二）构建农产品精准营销模式

在信息时代背景下，不同电商平台以及平台中入驻的商家之间的竞争越来越激烈，为了促进农产品电商在市场竞争中获得更多的份额，可利用高新技术进行精准营销，进一步提升农产品电商的品牌知名度。现阶段，农产品电商营销最大的优势就是能够广泛收集信息，通过对各种信息的分析，形成全面、完善的数据库，为农产品电商进行精准营销提供明确的方向。

实现精准营销的关键环节就是获取数据信息的及时性和有效性，信息和数据的获取大多是借助互联网，其中大部分的数据信息都处于初始状态，通过对多种信息技术的组合和运用，对初始数据进行深度的挖掘和汇总，得出数据统计分析。通过对数据信息的汇总和分析，农产品电商能够更加精准地掌握消费者的喜好，更加明确竞争对手的产品和营销信息，从而制订出更加个性化的推送方案，制定更加准确的消费者需求推送，营销方案更加科学合理，对于促进农产品的电商营销更加有利。

对于一些实力较强的农产品电商卖家而言，可以利用自身强大的资金和技术进行数据的抓取和构建，从而制订营销方案。对于小型的农产品电商卖家而言，可以借助第三方电商平台中的信息来制订营销方案。对于规模更小的农产品电商卖家，由于自身实力较弱，在参照其他电商做法的基础上，需要将自身产品的特色转变为优势来制订营销方案。总之，新技术的应用，使充分利用各类信息平台中的数据信息成为可能，为农产品电商实现精准营销提供了重要的数据支撑。

（三）制定农产品个性化服务

随着人们物质生活水平的不断提升，消费者对农产品的要求逐渐呈现个性化和多元化的发展趋势。消费者在关注农产品质量的同时，农产品的外观、包装、设计理念、地域文化属性等也成为购买动机的元素。

在信息化时代，农产品的电商营销已经成为较为普遍的现象，为了能够获得更多消费者的喜爱和支持，农产品电商销售者就应该充分考虑消费者的差异化需求，能够满足不同消费者的个性化需求。为了给消费者提供个性化产品服务，可以利用新技术，对消费者的消费行为和消费趋势进行准确的判断，比如某一特定农产品消费群体的年龄、职业、收入、购买周期、偏爱方向等，然后为特定的消费群体提供个性化的服务，利用智能推荐功能，针对不同客户的需求和特点有针对性地进行信息推送。

个性化信息推送可以利用私信、短信、电话等方式，既能够达到精准推送的目的，又能够实现对农产品的宣传，可以在更大范围内发现潜在的客户。利用新技术对消费者的消费习惯和消费行为进行分析，能够提升消费者对农产品电商企业的满意度和忠诚度，提升农产品品牌知名度。同时，通过对消费者消费行为的分析，还能够为农产品在供应产业链进行动态调整提供参考依据，有利于农产品电商营销不断优化调整营销策略，为促进农产品电商营销的发展提供助力。

（四）强化营销互动

当前普遍存在的农产品线下传统零售模式存在用户、产品、供应链等信息碎片化的特点，消费产生的用户相关数据难以通过线下方式实现留存，不便于销售者获取市场对产品的需求信息与导向。但是，随着时代的发展，消费者主导模式越来越成为当下消费的趋势，产品越来越贴近消费者的不同需求。"80后""90后""00后"正在逐渐成为农产品市场的核心消费群体，他们的自我意识更强、也更加注重消费附带的情感价值要素和功能价值要素。这就需要农产品电商销售者增强与消费者的沟通与联系，了解消费者需求趋势，在满足消费者对产品自身性价比、品质等良好体验的基础上，将与消费者之间的互动、沟通和消费行为转化为经分析得到消费倾向与趋势，抓住消费者的情感价值和功能价值需求。以消费者为主导，建立和消费者之间的双向、高频、深度的沟通，增强消费者的参与度，也保证了消费者的需求得到满足。

因此，农产品电商营销模式需要紧跟时代潮流，运用大数据、人工智能等新技术，通过线上、线下等多个渠道，收集并分析供应链、产品、客户需求等信息，精准预测市场需求，控制进货量，提前布局仓储物流，最大限度减少库存积压，降低仓储成本、缺货率和耗损率，实现智能选货。同时，通过获取消费者对于产品体验交流过程中的反馈和需求，针对性地满足用户的个性化需要和服务，强化消费者主导意识，进而提升营销效果。

任务四　认识电商平台——淘宝

一、了解淘宝概况

淘宝是中国深受欢迎的网购零售平台，目前拥有近5亿的注册用户，每天有超过6 000万的固定访客，同时每天的在线商品数已经超过了8亿件，平均每分钟售出4.8万件商品。2011年年底，淘宝网单日交易额峰值就达到了43.8亿元，创造270.8万直接且充分的就业机会。随着淘宝网规模的扩大和用户数量的增加，淘宝也从单一的C2C网络集市变成包括C2C、团购、分销、拍卖等多种电子商务模式在内的综合性零售商圈。目前已经成为世界范围的电子商务交易平台之一。

淘宝网致力于推动"货真价实、物美价廉、按需定制"网货的普及，帮助更多的消费者享用海量且丰富的网货，获得更高的生活品质；通过提供网络销售平台等基础性服务，帮助更多的企业开拓市场、建立品牌，实现产业升级；帮助更多胸怀梦想的人通过网络实现创业就业。新商业文明下的淘宝网，正走在创造1 000万就业岗位这个目标的路上。

淘宝网不仅是中国深受欢迎的网络零售平台，也是中国的消费者交流社区和全球创意商品的集中地。淘宝网在很大程度上改变了传统的生产方式，也改变了人们的生活消费方式。不做冤大头、崇尚时尚和个性、开放擅于交流的心态以及理性的思维，成为淘宝网上崛起的"淘一代"的重要特征。淘宝网多样化的消费体验，让"淘一代"们乐在其中：团设计、玩定制、赶时髦、爱传统。

二、认识淘宝的用户画像

作为中国最大的电商平台之一，淘宝拥有庞大的用户群体，包括学生、职场新人、家庭主妇和高端消费者等不同的消费人群。学生通常年轻、消费水平较低，但对时尚、潮流商品有强烈的购买欲望，追求个性化、时尚的商品，对价格敏感。职场新人年龄在25~35岁，消费水平中等，注重商品的性价比，寻找实用的商品如办公用品、生活用品等。家庭主妇年龄在30~45岁，消费水平相对较高，更注重家庭用品、母婴用品等高品质实用商品。高端消费者年龄在35~55岁，消费水平较高，注重品质、品牌和个性化商品，寻找高端品牌的商品，如奢侈品、高端数码产品等，并关注具有个性化特点的商品，如手工艺品、定制化商品等。

经过对各类用户的购物行为进行深入分析，我们不难发现，不同人群的购物行为和消费习惯存在着明显的差异。学生群体，由于经济能力相对较低，因此购物频次较高，喜欢尝试新品，但单次消费金额相对较低。这一群体的消费行为具有一定的时效性，他们更加注重时尚和新潮的产品，对于价格敏感度较高，更倾向于选择性价比较高的产品。职场新人则相对稳定，购物频次适中，注重性价比，更加注重实用性和功能性，对于品牌和质量的要求相对较高。他们的购物行为相对稳定，更加看重产品的实用性和耐用性，对于产品的性价比有着较高的要求，更倾向于选择那些性价比较高的产品。家庭主妇的购物行为也相对稳定，购物频次适中，关注家庭用品、母婴用品等，对于产品的质量和安全性有着较高的要求。这一群体的消费行为更加注重实用性和功能性，对于产品的品质和性价比有着较高的要求，更倾向于选择那些品质优良、实用性强的产品。高端消费者则购物频次较低，单次消费金额较高，关注品质、品牌和个性化商品。这一群体的消费行为更加注重品质和品牌，对于个性化商品有着较高的要求，更倾向于选择那些高品质、高档次的商品。他们的消费行为更加注重品质和品牌，对于产品的个性化和差异化有着较高的要求，更倾向于选择那些高端、品质优良的商品。

三、了解淘宝的营销优势

（一）庞大的用户基础

淘宝平台不仅是国内最大的电商平台，更是一个拥有庞大用户基础的宝库。这意味着产品能够触达更广泛的受众，销售支持也更加强而有力。

（二）强大的品牌认知度

淘宝平台作为电商巨头，其品牌认知度可谓是无与伦比的。作为卖家，可以借助淘宝这个强大的品牌背书，增加用户信任感，提高产品的销售转化率。

（三）丰富的运营工具

淘宝平台提供了丰富多样的运营工具，帮助卖家实现更精准的推广和管理。从店铺装修到营销活动，从数据分析到客户沟通，卖家能找到需要的一切。

（四）跨界融合的机会

淘宝平台不仅仅是一个电商平台，更是一个文化、社交、娱乐的综合平台。卖家可以借助直播、短视频等功能，将产品与用户之间的距离拉近，打造更有趣、更互动的购物体验。

（五）数据驱动的运营

在淘宝平台，可以轻松获取丰富的数据，从用户行为到产品销售，从流量来源到转化率，这些数据都能够帮助卖家做出更明智的决策，优化卖家的运营策略。

（六）信用评价方法独特

在淘宝平台的交易完成后，交易双方可以根据与对方交易的体验进行评价。这个模式利用了口碑机制，创造性开拓了消费者对消费者影响。利用了网络便捷、高效率的特点，消费者能够足不出户，甚至在短暂时间内，受到评价信息的影响。使交易双方能够在事前进行筛选，减少受欺骗的风险。

四、了解淘宝的营销模式

（一）淘宝 C2C 模式

从淘宝网交易流程中，可以看出淘宝的 C2C 电商营销模式中主要包含以下几个步骤：
第一步，商家需要在淘宝网注册一个账号，实名认证后，完成开店前的准备工作。开店后，卖家将商品信息在网络店铺里展现给买家。消费者在淘宝网 C2C 电子商务平台上购买商品或服务需要注册账号并与支付宝等第三方支付软件绑定，实名认证后，补充和完善自己的地址和电话等收货信息。

第二步，消费者可以在淘宝网官网或用淘宝网 APP 登录，浏览查看淘宝网卖家展示在店铺中的商品，也可以查看商品细节和其他买家对于该商品的质量评价，帮助自己了解商品作出决策，同时也可以浏览和筛选类似产品，货比三家，还可以在平台上与商家交流自己对商品的疑问，询问商品细节，最后选择出自己想要购买的商品。

第三步，消费者确认订单，需要认真核对好收货信息和商品信息，再确认金额、提交订单并付款，可以使用在支付宝绑定的银行卡支付货款。淘宝网卖家在收到订单后，会使用快递物流的方式按照约定时间将货物发送给买方，但是货款没有在卖家手中，而是暂时保留在支付宝平台中。直到买家收货并且验货满意后单击确认付款按钮，这笔货款才会从支付宝转给卖家，如果买家收到货物后，对商品不满意也可以申请退货和退款，只要卖家同意退货退款申请后，买家将货物用快递物流退回，支付宝平台就会把钱退回买家账户。

第四步，由买方和卖方共同完成评价。买家会通过这三个消费者最关心的商品质量、商家服务态度和物流速度这三个方面作出评价，既可以方便其他消费者购买到优质商品，也可以帮助商家改进商品、服务和物流不足，还可以让平台了解商家的相关情况，平台会惩罚违规卖家，甚至一些严重违规的卖家会被迫关闭他们的网络店铺，有效保护消费者在 C2C 电子商务平台的合法权益。

（二）天猫 B2C 模式

天猫商城意在构建一个由品牌商、供货商等各类第三方服务组成的，共同为消费者提供商品和服务的 B2C 生态体系。天猫是介于买方和卖方之间的第三方电子商务平台，其本身并没有直接参与产品生产与运输等，只是为买家和卖家提供了一个交易平台，创造一个基于平台的大价值网络，以此来满足各方利益相关者的需求。天猫商城注重品牌的建立，同时将打造品质、服务、物流等方面的购物标准定为唯一任务，并确定天猫商城就应该是时尚、潮流、品质、性感的代名词和化身，因用户而变，但品质基因不变。在广义虚拟经济的时代中，天猫商城十分注重品牌、形象、服务等信息态的作用，以中高端收入人群为目标客群，注重对消费者消费心理的引导和需求的满足，致力于打造一个以客户为中心的高品质交易服务平台。同时，天猫商城坚持平台服务，将第三方物流商整合起来，建立了菜鸟物流为第三方物流商提供平台。

天猫商城为消费者提供的是一个开放的交易平台。天猫一开始就坚持平台化运营，它扮演的不是市场掠夺者，而是共享者，天猫的这一定位决定了其要持续地发展和维护平台网站，对商家进行管理，设立标准，推广平台，提供服务。

天猫商城通过构建平台为买家和卖家服务，自身并不参与产品的生产制造与物流配送，所以天猫商城的业务系统并没有想象中的复杂。在天猫商城所涉及的利益相关者中，生产商、品牌商、供货商、网络分销商都是直接与卖家相关的一方，在天猫商城的网络价值不断增强的同时，产生了许多为卖家服务的商家，如运营服务商、咨询服务商、广告商。它们为卖家的运营推广提供服务，充分挖掘信息态在广义虚拟经济时代的作用，吸引消费者，帮助卖家发展壮大。另外，卖家所提供的货物通过第三方物流商到达买家手中，消费者所付资金通过第三方支付转移给卖家。这一系列的交易中，天猫商城只是提供了一个平台，免费供消费者使用，对入驻的卖家收取年费、佣金、广告费等。天猫商城在发展中也加强与高校、科研机构、政府、金融公司、保险公司的合作,将更多形式的组织和团体纳入到天猫商城所构建的庞大价值网络中。大量的信息流和资金流在天猫商城所构建的业务系统中不断流动,满足了各方利益相关者的需求。

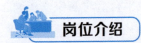

岗位介绍

淘宝运营主管

工作职责:

(1) 熟悉天猫、淘宝流程规则、实现优化店铺、提高流量等。

(2) 统计店铺运营数据,并做简单的分析。

(3) 负责店铺产品上下架,优化标题等。

(4) 与美工配合进行店铺装修、产品详情页完善美化。

岗位要求:

(1) 有淘宝客服经验或者有淘宝店铺运营经验者优先。

(2) 熟悉淘宝的后台操作。

(3) 有一定的抗压能力,有良好的数据分析能力、执行力、上进心。

(4) 有较强策划能力,能根据实际需求不定期策划促销活动。

【案例分析】中国水产　　　农产品淘宝营销实战

任务五　认识电商平台——京东

一、了解京东概况

京东是中国的综合网络零售商，是中国电子商务领域受消费者欢迎和具有强大影响力的电子商务网站之一，在线销售家电、数码通讯、电脑、家居百货、服装服饰、母婴、图书、食品、在线旅游等 12 大类数万个品牌百万种优质商品。凭借全供应链继续扩大在中国电子商务市场的优势，京东已经建立华北、华东、华南、西南、华中、东北六大物流中心，同时在全国超过 360 座城市建立核心城市配送站。

京东坚守"正道成功"的价值取向，坚定地践行用合法方式获得商业成功，以合规作为立身之本，让"合规即发展"的理念深深地融入企业的各项业务中。自创立之初，京东就秉持诚信经营的核心理念，坚守正品行货，成为中国备受消费者信赖的企业。京东坚定"客户为先"的服务理念，大力发展自建物流，打造极致消费体验，成为全球领先的新标杆。与此同时，京东不忘初心，积极履行企业社会责任，在助力实体经济高质量发展、促进高质量就业、带动高质量消费、推动乡村振兴、提升社会效率、推动供给侧结构性改革等方面不断为社会作出贡献。

二、了解京东的用户画像

京东的消费者，更倾向于购买品质比较好的商品，而不是价格低廉的商品。京东的消费者还有另外一个特点，就是他们在购物的时候，大多不习惯对商家进行咨询。据统计，京东消费者进行购物的时候，咨询量不到 5%。也就是说，京东的消费者不喜欢跟商家讨价还价，不喜欢为购物时的一些琐事消耗精力，这样商家在客服方面就可以节省不少成本。比如同样是月销售额一百万的店铺，在天猫上需要 15 个人左右，而在京东上有的只要四五个人就够了，这就为商家无形中节省了成本。

京东的消费者群体主要是相对年轻的白领，而其中每年走出校门的 600 万大学生群体则又是京东的一个重点市场，这些年轻的大学生们可能成为京东的"潜力股"。

京东是从做 3C 开始的，因此积累了一大批对电脑、数码、家电很懂行的原始客户，当这批客户购买商品的时候，他们会习惯性地从商品的参数、性能、原材料等方面去评价卖家的商品，他们比淘宝天猫的客户更加理智。所以，京东的卖家在这几个方面一定不要妄图弄虚作假，或者含糊其词，否则很容易就被这批懂行的客户抓住把柄，得不偿失。

三、了解京东的营销优势

（一）物流强大

物流一直被认为是京东的核心竞争力，京东的数万名员工，其中绝大多数是在仓储物流岗位上工作。京东的自建物流可以保证商品及时送达，可以进行货到付款，而淘宝、天猫的物流服务是通过"四通一达"等物流企业来解决的，虽然淘系平台希望通过菜鸟物流来改善局面，但效果并不理想。

无论是传统零售商,还是互联网起家的电商,都难以承受巨大的仓储物流投资费用。而京东自己搭建起来的仓储物流体系,却可以开放给卖家使用,这使卖家的经营变得更加便捷、顺畅,给消费者带来的体验也更好。

(二)重视产品

京东的商家在运营时,更看重自己的产品,大都会把重点放在产品品类划分上,努力做好品类管理,因为京东商家的核心竞争力在于商品品类。所以京东能体现出产品运营的魅力所在。

京东是零售公司,对于京东来说,只有类目运营人员。商家只能通过自己对接的类目运营人员拿到流量资源,京东的团购、专题、活动、页面位置等资源,都掌握在类目运营人员手中。对京东商家来说,和对接运营人员处理好关系非常重要,否则就很难拿到资源。

京东的对接运营人员则比较被动,他们一般是等着商家来报活动要资源。所以作为京东的商家,尤其是不受重视的中小商家,在和对接运营人员打交道的时候,应该尽量表现得积极一些。比如每个月按时作计划,规划重点商品、爆款以及专题活动方案,然后主动发给相应的对接运营人员。

(三)流量优质

卖家选平台入驻,最关键的就是看流量。如果单纯看流量,京东的流量相对来说并不是很大。但是事实上,很多卖家都有这样的感觉,其实京东的流量更为优质,也就是京东客户的消费层次更高。这是因为京东以卖正品行货起家,给大众和消费者留下了良好的值得信赖的印象。

对于卖家而言,京东是货架模式。这就是说,消费者去京东,就好比去超市,往往带有明确的目的,直奔那个商品的货架,取了就走,不会到处浏览。

(四)免费模式较多

京东的资源有很多都是免费的,商品符合其提报规则,即可免费上展位,营销成本相对天猫来说比较低。同时,京东商城有多种促销方式,不同的促销方式规则不同、效果不同,主要的促销方式包括返券(京券和东券)、直降、满减、满赠、打折等。

(五)客单价更高

由于京东是做3C起家的,所以客户结构不同于一般电商平台。京东的顾客以男性为主,白领较多,消费能力也相对较强。从客单价来看,京东相对更高,所以做京东,不一定非要追求低价,最主要的还是要注重产品的品质和服务,这样才能赢得更多的订单。

四、了解京东的营销模式

京东目前有两种经营模式,一种是京东自营,就是京东自己进货,自己销售,自己配送。另一种就是开放POP平台,通俗地说,就是第三方卖家借用京东平台来销售商品。

京东POP是京东为引入第三方商家入驻的一个开放平台,类似天猫,但入驻审核条件和费用不同于天猫。入驻商家在京东POP平台可以享受海量的注册用户资源,并从渠道、人力、库存、宣传等方面节省成本。

京东商家开放平台(POP)业务于2010年10月全面上线,旨在深入挖掘京东供应链的价值和潜力，开放平台产品涉及服装鞋帽、首饰个护、运动健康、母婴玩具、食品酒饮、家具家装、汽车用品、虚拟产品等。

京东 POP 开放平台为第三方卖家提供了几种不同的合作模式，卖家可以自由选择采用。第三方卖家既可以向京东商城供货，也可以单独使用京东强大的物流配送系统。这些合作模式丰富了京东商城的商品品类、品牌及数量，为用户提供了更多的选择，同时也为第三方卖家提供了方便。POP 开放平台相当于优化整合了社会资源，同时丰富并拓展了京东商城的产业链。

京东 POP 对于第三方卖家来说，是一个重要的营销渠道。但是，很多商家都有这样一个疑问：那些京东自营的商品权重是否比第三方卖家的商品权重更高？对于这个问题，京东官方公布的答案是两者是一样的。但是，相比之下，京东自营店铺的客户体验会更好一些，买家对京东自营的商品信任度也更高一些，所以京东自营的商品可能转化率要更高一些。但是从另一方面来说，作为第三方卖家，如果熟悉了京东 POP 平台的操作规则，也大可跟京东自营商品较量一番，并不一定就不如京东自营的店铺。也就是说，如果掌握了京东运营的操作规则，成功运营一家京东店铺还是很有希望的。

五、了解京东农村电商发展的 3F 战略

（一）工业品进农村战略

工业品进农村战略（Factory to Country）是指京东将通过提升面向农村的物流体系，让农民购买到化肥、农药等农资商品及手机、家电、日用百货等工业商品。农村市场的痛点不在农民没有钱，而是农民买不到一流的工业品；同时，城市消费者的痛点不是买不到农产品，而是买不到优质的农产品。因此，京东工业进农村的战略恰好把城市与农村、工业品与农产品完美结合、打通。

农村金融战略的必要性：破解农民"借钱难"，让农民快速、方便地拿到贷款发展生产，为推动农村生产、致富创造条件。

生鲜电商战略的必要性：破解农民"卖东西难"，把优质的农产品卖到城市，帮助农民创收、让城市消费者享受优质、安全的农产品。

（二）农村金融战略

农村金融战略（Finance to Country）是指通过京东白条、小额信贷等创新金融产品，帮助农民解决借钱难、贷款难、成本高等难题。遵循"万众创新、大众创业"的思路，京东的 3F 战略将会推动农村创业风潮。农民可以通过向京东贷款来发展农业项目经营，再把优质的农产品通过京东卖给城市的消费者，从而获得创收。同时，还能通过整合本地资源借助京东 3F 战略实现创业梦。京东 3F 战略帮助农民致富，农民口袋鼓起来了，对高品质的生活自然有追求。具有品牌的、一流的工业品通过京东 3F 战略走进农村市场，从而提高了农民的生活水平，也在一定程度上解决了工业品的库存难题。农产品的库存也一样。

（三）生鲜电商战略

生鲜电商战略（Farm to Table）是指京东将通过大数据等技术，将农民的农产品种植与城市消费者的农产品需求进行高效对接，将农产品从田间地头直接送到城里人的餐桌。京

东 3F 战略就是农村电商的模式发展样板。以"农村""农民"为核心,把一流的工业品送到农村,把优质、安全的农产品输送到城市,同时解决农村发展的资金难题。这就是农村电商主要干的三件事情。京东 3F 战略也成为在中国做农村电商平台的模式样板,刺激农村电商发展规范化、流程化。

岗位介绍

京东客服

工作职责:

(1) 利用京东平台在线咚咚解答顾客咨询,进行产品售前、售中、售后的工作。

(2) 负责客服回访与跟踪维护。

(3) 熟悉产品型号及平台使用,熟悉互联网络,熟练使用网络交流工具和各种办公软件。

(4) 配合完成其他相关工作。

岗位要求:

(1) 有相关工作经验者优先,无经验者带薪培训。

(2) 态度端正,有团队意识,有较强的理解能力、沟通能力、协调能力及语言表达能力。

(3) 工作踏实认真,有责任心、上进心,勤奋努力。

(4) 熟悉电脑,熟练且会使用网络交流工具。

【案例分析】水果大王　　　农产品京东营销实战

任务六　认识电商平台——拼多多

一、了解拼多多概况

2015年9月，一家专注于C2B拼团的社交电商平台上线，它就是拼多多。在拼多多平台，用户将拼团消息通过朋友圈、微信群传播出去，让亲友好友参与拼团，以低价购买商品，这种通过沟通分享形成的社交是拼多多独有的社交电商思维。

上线一年，拼多多单日成交额就达到了1 000多万，付费用户达到了1亿人；上线两年，用户从1亿变成了3亿。淘宝、京东等电商平台三四年的发展之路，拼多多用了不足10个月的时间就走完了，可见拼多多发展速度之快。

起初，拼多多被人们视为一种营销手段。现如今，拼多多已发展成一种商业模式。拼多多解决了用户参与问题，而参与并非用户需求，用户参与的目的是为了低价购买商品。拼多多正是用这种参与感让低价变得理所当然。

二、了解拼多多的用户画像

从性别方面看，在拼多多用户中，女性用户占比最大，达到了72.3%；男性用户占比较小，只有27.7%。这种现象产生的原因在于女性用户更喜欢网购，更细致、更有耐心，会通过对比、挑选购买高性价比的商品，还会将自己买到的商品通过社交平台分享出去。拼多多基本上满足了女性用户上述所有需求，所以备受女性用户喜爱，积累了一大批女性用户。

从年龄方面来看，在拼多多用户中，25~30岁的用户占比30.08%，31~35岁的用户占比27.65%。由此可得出两个结论：一方面，现阶段，"80后""90后"是主流消费群体，拥有较强的消费能力，比较偏爱网购；另一方面，这部分用户的交际范围较广，购物行为与理念非常容易受到他人的影响，更容易接受拼多多的团购模式。

从区域方面看，中东部地区的拼多多用户最多，东北、西北、西南地区的拼多多用户较少。导致这种现象出现的原因有两点：第一，拼多多总部在上海，经常在中东部地区做推广，所以拼多多在这些地区的知名度、影响力都比较高，用户比较多；第二，这些地区的用户比较容易接受新鲜事物，购买能力较强。

通过分析上面的用户特征可绘制出三个用户模型：

第一，未婚的青年女性，收入水平中等，比较追求生活品质；

第二，已婚的中年女性，收入中等偏下，有较多空闲时间，喜欢网购；

第三，没有收入的女学生，消费能力不高，喜欢网购。

三、了解拼多多的优势

（一）爆款

拼多多平台上的商家聚集了大量符合市场高需求的商品，并将某些品类打造成爆款，实现了产品的大规模销售。

（二）低价

拼多多通过采取多种措施降低产品成本，或者将尾货、库存商品及赠品以低价出售，

农产品营销

为拼多多平台打下了足够的基础,实践了产品低价策略。

(三) 免佣金

多数电商平台会向商家收取运营费,这项费用约为商品价格的三成,入驻拼多多平台的商家则无须向平台交付运营费,无疑提高了平台对商家的吸引力。拼多多之所以能够快速扩大用户规模,是因为该平台的商品价格比其他同类平台更具优势,且为消费者提供包邮服务。

(四) 社群

拼多多商家通过运营微信群,迅速带动了大批用户的加入,实现了自身产品及品牌信息的广泛触达。在不断引流的同时,拼多多注重打造低价爆款商品,迅速积累了大批用户。

四、了解拼多多的营销模式

(一) 社交电商模式

采用社交电商模式的拼多多,和传统电商实现了差异化竞争。在传统电商平台中,消费者往往是在明确购买目标下浏览相应品类的商品,而拼多多则是利用社交关系进行商品推荐,使用户就像逛商场一般进行非目的性购物消费。

社交电商模式在拼多多发展过程中扮演了十分关键的角色,以较低的成本为其带来了庞大的流量。在社会结构方面,中国和美国的橄榄型社会结构存在一定差异,企业不能简单地照搬美国企业在消费升级时的做法,而拼多多的崛起与其抓住消费升级趋势存在密切关联,值得广大创业者及企业深入学习并借鉴。

拼多多通过社交电商模式充分发挥了微信这一熟人社交媒体的强大势能,在电商流量成本持续攀升的背景下,实现了低成本引流。国内第一大社交巨头非腾讯莫属,第一大电商巨头则是阿里巴巴,二者虽然尝试相互渗透,但至今仍未取得实质突破。目前,它们主要是通过投资或战略合作的形式补足短板。而拼多多却成功地将二者深入融合,这在很大程度上得益于拼多多创始人在游戏及电商运营方面积累的丰富经验。

社交电商模式的优势主要体现在通过社交关系为产品提供背书,解决了线上交易的信任缺失问题,与此同时,经过好友推荐后买到高性价比商品的用户,会由衷地感谢推荐者,加深双方之间的社交关系。

此外,智能手机及移动互联网的迅速推广,使网民数量迅速增长,而微信作为一款现象级社交产品,几乎是网民手机上的必备 APP,甚至相当数量的用户用微信语音及视频聊天取代传统的电话联系,这就为拼多多发展社交电商模式奠定了坚实基础,让拼多多可以用相对较低的成本快速沉淀一批忠实用户。

(二) C2B 产业链的反向极致优化

C2B 是电商企业追求的重要目标,它以消费需求为导向,商家进行定制研发、生产、定价、营销、销售、配送及售后,可以解决让国内企业饱受困扰的库存积压问题,自成立至今,拼多多一直积极推进 C2B 模式在平台中的落地。

拼多多利用社交电商模式在发展初期快速积累了超过 1 亿用户,之所以越来越多的用户主动进行口碑推荐,是因为拼多多将性价比做到了极致,而极致的性价比又是建立在拼多多对商品生产链条的成本效率进行严格把控的基础之上。

例如，很多拼多多合作商家为了保障对拼多多用户的稳定供货，建立了专属生产线，商品生产出来后直接借助拼多多的物流体系快速送到消费者手中，去除了大量中间环节，让消费者以更低的价格购买高品质商品。而消费者发现高性价比商品后，会邀请亲朋好友参与拼团，共同分享美好事物，在消费者的口碑传播下，产品销量大幅提升，生产及物流成本得到进一步控制，实现多方合作共赢。

C2B模式不仅被应用在消费品方面，拼多多还将其在农业产品中推广。传统电商主要是将农村定位为新消费市场，想要借助智能手机及移动互联网在农村的推广普及引入新的流量，而拼多多不但注意到了农村的消费需求，还从扶农助农的角度，帮助农户将优质农产品销往全国各地，提高农户收入水平。

拼多多则是通过社交关系提高订单量，并应用C2B模式帮助供应商降低成本，为消费者提供具有超高性价比的优质商品，实现多方合作共赢。凭借社交电商及C2B模式实现快速崛起的拼多多爆发出了惊人能量，但很多人认为它的增长只不过是用低价吸引了那些对价格较为敏感的消费者，客单价及用户黏性较低，但事实并非如此。拼多多以不到3年时间取得了3亿用户、月GMV达400亿元的骄人成绩，有力地回击了这些质疑。

当然，在消费升级的主流趋势下，未来拼多多也可以在品牌升级方面加快布局，比如，在亿级用户中筛选出上百万甚至上千万的高价值用户，和头部品牌商合作进行定制供应，这很容易产生强大的示范作用，能够吸引更多的头部品牌及中高端消费者涌入，为拼多多的品牌升级，以及满足广大民众日益增长的美好生活需要提供强大推力。

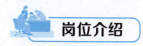

岗位介绍

拼多多商务拓展

工作职责：

（1）开拓区域电商市场，开发渠道，对渠道的运营和促活负责。

（2）对负责区域社区渠道进行业务推广，产品、服务优势介绍及引导活动推广、获客、用户新增，完成业绩指标。

（3）推动和解决渠道合作中存在的问题，促进商家改进服务水平。

（4）有良好的服务意识和应变能力。

岗位要求：

（1）有一定销售经验，有生鲜、零售、快消销售经验者优先。

（2）熟悉生鲜行业市场，有社区团购经验及资源者优先。

（3）具有较强的沟通能力、执行力和高投入度以及抗压能力。

（4）喜欢挑战，为人正直，诚实可靠；勤奋、努力、富有激情。

（5）有良好的学习能力和自我思考能力，能在工作中及时发现并解决问题。

【案例分析】鲁花花生油　　　　**农产品拼多多营销实战**

任务实训

1. 任务目标

选取一家电商店铺,根据店铺情况撰写一份营销活动策划方案。

2. 步骤

(1) 在淘宝、京东、拼多多任意平台上选择一个农产品销售店铺作为对象。

(2) 了解选择店铺的基本情况。

(3) 根据店铺情况形成营销活动策划方案。

(4) 策划方案展示,可通过PPT、视频等不同形式展示。

3. 评分标准

序号	标准	分值	得分
1	选取店铺具有代表性、典型性	15	
2	对店铺情况进行了详细调查与分析	20	
3	营销活动方案设计合理、切实可行	40	
4	能流利表达策划方案,并能解答师生提出的问题	25	
	总计	100	

课后习题

一、单项选择题

（1）下列不属于电商营销性质的是（　　）。
A. 虚拟性　　　　B. 复杂性　　　　C. 公平性　　　　D. 现实性

（2）淘宝的营销模式为（　　）。
A. B2B　　　　　B. B2C　　　　　C. C2B　　　　　D. C2C

（3）天猫的营销模式为（　　）。
A. B2B　　　　　B. B2C　　　　　C. C2B　　　　　D. C2C

（4）在淘宝购物过程中使用的第三方支付平台是（　　）。
A. 支付宝　　　　B. 京东钱包　　　C. 云闪付　　　　D. 财付通

（5）拼多多做到了（　　）产业链的反向极致优化。
A. B2B　　　　　B. B2C　　　　　C. C2B　　　　　D. C2C

（6）京东的消费者更倾向于购买（　　）的商品。
A. 品质比较好　　B. 价格低廉　　　C. 送货速度快　　D. 可无理由退换

（7）农产品电商营销平台的出现，实现了真正意义上的（　　）。
A. 线上营销　　　B. 智能营销　　　C. 网络营销　　　D. 全域营销

（8）京东的核心竞争力是（　　）。
A. 物流　　　　　B. 服务　　　　　C. 商品　　　　　D. 价格

（9）一项交易往往涉及多重买卖关系，指的是电商营销的（　　）。
A. 复杂性　　　　B. 多重性　　　　C. 模糊性　　　　D. 对称性

（10）未来电商营销的团队组织形态是（　　）。
A. 专业团队　　　B. 小型团队　　　C. 虚拟团队　　　D. 外包团队

二、多项选择题

（1）农产品电商营销的现状为（　　）。
A. 新型电商落地乡间田头　　　　　B. 电商瓶颈不断突破
C. 品牌效应持续彰显　　　　　　　D. 东中西部全面发展

（2）京东的营销优势包括（　　）。
A. 物流强大　　　B. 流量优质　　　C. 客单价更高　　D. 重视产品

（3）拼多多的用户画像特点是（　　）。
A. 未婚的青年女性，收入水平中等，比较追求生活品质
B. 已婚的中年女性，收入中等偏下，有较多空闲时间，喜欢网购
C. 没有收入的女学生，消费能力不高，喜欢网购
D. 已婚的中年男性，收入中等偏上，空闲时间较少

（4）农产品电商营销的劣势有（　　）。
A. 工作水平不高　　　　　　　　　B. 产品促销方式落后
C. 品牌建设不完善　　　　　　　　D. 标准化不足

(5) 在农产品电商营销过程中,农产品普遍存在（　　）问题。
A. 保鲜　　　　　　B. 价格　　　　　　C. 运输　　　　　　D. 退货

(6) 淘宝的营销优势包括（　　）。
A. 庞大的用户基础　　　　　　　　B. 独特的信用评价方法
C. 丰富的运营工具　　　　　　　　D. 强大的品牌认知度

(7) 淘宝网致力于推动（　　）网货的普及。
A. 货真价实　　　　B. 物美价廉　　　　C. 按需定制　　　　D. 新颖独特

(8) 农产品电商营销的优点有（　　）。
A. 化解农产品交易的时空限制　　　B. 满足消费者个性化需求
C. 促进农产品市场的稳定发展　　　D. 促进农业产业结构调整

(9) 社交电商模式的优势主要体现在（　　）。
A. 解决了线上交易的信任缺失问题　B. 拼团模式下商品价格低廉
C. 通过社交关系为产品提供背书　　D. 引领需求端的新潮流

(10) 农产品电商营销的价值有（　　）。
A. 大力推动农村产业供给侧结构性的改革
B. 全面提高农村社会公共服务行业整体发展水平
C. 吸引更多复合型人才
D. 加快产业化农业发展进程

三、简答题
(1) 请简述电商营销的现状。
(2) 请简述以目标客户成本为焦点的差异化价格策略的具体形式。
(3) 请简述技术赋能农产品电商营销的措施。

项目七

农产品+小红书营销

学习目标

知识目标：
(1) 了解并掌握小红书这一平台的基本特点和运营策略。
(2) 理解社交电商在农产品营销中的重要性及其优势。
(3) 学习并认识品牌定位、内容策划、用户互动等基础概念。
(4) 掌握农产品在社交电商平台上的营销现状和趋势。

技能目标：
(1) 能够独立在小红书上为农产品品牌创建并运营账号。
(2) 能够设计并执行一套完整的农产品促销策略，从内容策划到活动执行。
(3) 能够进行数据分析，根据数据调整和优化营销策略。
(4) 能够与目标用户有效互动，提高用户的黏性和转化率。

素养目标：
(1) 培养学员的创新思维和策略规划能力，使其能够应对不断变化的市场环境。
(2) 培养学员的团队合作和沟通能力，使其能够更好地与团队成员和目标用户沟通。
(3) 提高学员对社交电商的敏感度和前瞻性，使其能够把握行业发展的先机。
(4) 培养学员的职业道德和社会责任感，使其在营销活动中始终坚守诚信和道德底线。

农产品营销

思维导图

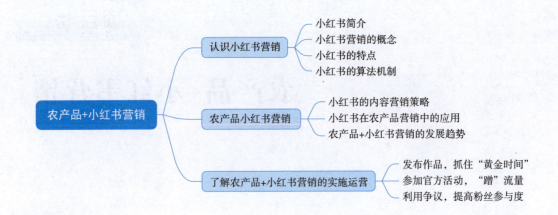

引导案例

王莉是一个热爱农业的城市白领。近年来，她注意到家乡的特色农产品，如红枣、核桃和蜂蜜，虽然品质上乘，但在市场上的知名度却不高。她决定利用自己的专业知识，帮助家乡的农产品走出大山，走进千家万户。

在市场调研中，王莉发现社交电商正成为一个新的风口。特别是小红书这一平台，强调品质和分享，因其独特的社交特性和广大的用户基数，为农产品营销提供了新的机会。

基于这些发现，王莉决定在这一平台上为家乡的农产品创建品牌账号。在小红书上，她分享农产品的种植和加工过程，强调其天然和健康的特点，并组织各种团购活动，吸引消费者以更优惠的价格购买。

为了进一步提高销售额和品牌知名度，王莉还进行了一系列的数据分析。她根据用户的购买记录和反馈，不断调整和优化营销策略。同时，她还积极与用户互动，解答他们的疑问，收集他们的建议，提高了用户的黏性和转化率。

凭借这些努力，王莉成功地将家乡的农产品推向了更广阔的市场。她的故事告诉我们，只要我们掌握了正确的知识和技能，就可以在社交电商这个新的战场上取得胜利。

任务一　认识小红书营销

一、小红书简介

小红书是当下非常热门的信息分享平台，深受年轻女性的青睐。它以"标记我的生活"为口号，致力于"让全世界的好生活触手可及"。

2013年，一份PDF文件——"小红书出境购物攻略"在网站上被用户大量下载，这就是小红书最初的产品形态。之后，小红书推出了海外购物分享社区，吸引了越来越多的用户。

在2014年上线了自营电商平台"福利社"，小红书的属性从此成了"社交+电商"的模式。

随着用户需求的不断增加，小红书的信息分享由单一的海外购物拓展到美食、旅游、学习、彩妆、健身、母婴等生活内容。

如今，小红书已经成为热门的社区电商平台，除了拥有分享社区、自营"福利社"这样的业务板块，还发展了线下零售店以及品牌号业务。

二、小红书营销的概念

小红书营销是指在小红书平台上实施的一系列市场推广和品牌建设活动。小红书是一个集社交媒体和电子商务于一体的平台，以其独特的社区氛围和用户生成内容（UGC）而闻名。它主要吸引追求高品质生活方式的年轻人，尤其是女性用户。小红书营销的核心是利用平台上的内容分享和社区互动来推广产品和服务，这些内容通常包括但不限于产品评测、生活方式分享、旅行体验等。

（1）内容导向性：小红书上的用户倾向于分享详细的产品使用体验和生活方式建议，这种真实的用户反馈对于其他消费者来说是极具说服力的推荐。

（2）高用户参与度：平台鼓励用户互动，如评论、点赞和分享，这种高度的用户参与为品牌提供了丰富的用户反馈和社区参与机会。

（3）品牌影响者合作：小红书上的关键意见领袖（KOL）和影响者有很高的粉丝基础，与他们合作可以有效地提高品牌曝光度和信誉。

（4）多元化市场：虽然主要面向年轻女性，但小红书的用户群体多样化，涵盖了各种兴趣和消费习惯人群，为品牌提供了多元化的市场机会。

三、小红书的特点

（一）生活方式导向

小红书作为一个分享生活方式和产品体验的平台，非常适合展示农产品的自然、健康和生态友好的特质。用户可以分享农产品的使用体验、食谱、健康效益等，将农产品融入生活方式的叙述中。

(二) 真实性和信任感

小红书用户倾向于分享真实、原创的内容。农产品营销可以利用这一特点，通过真实的农场故事、生产过程等内容建立信任感。用户生成的内容（UGC）如使用心得和推荐，对于建立产品的可信度和吸引新客户尤为有效。

(三) 目标群体精准

小红书的用户群体主要是年轻、追求高品质生活的消费者，这与追求品质和健康的农产品消费者高度吻合。通过精准定位，农产品可以更有效地触及潜在的高价值客户。

(四) 品牌故事讲述

小红书平台鼓励深度内容和故事讲述，农产品品牌可以通过讲述背后的故事（如农场的可持续发展、有机种植等）来吸引用户。

四、小红书的算法机制

(一) 推荐机制

和其他互联网内容平台有所不同，小红书在对内容进行推荐之前有一个额外的环节——收录，只有被小红书平台成功收录的笔记才有可能获得推荐，反之则为无效笔记，是无法进入推荐环节的。

是否被收录也是小红书推荐机制的关键点所在。很多新手在刚开始创作时，发现自己的笔记没有得到任何推荐，便认为是内容出现了问题，一直反复修改笔记内容，最后发现笔记根本没有被平台收录，连被推送的资格都没有。而影响笔记是否被平台收录的因素主要有：版式、标题、图片、配文、内容、标签、地域。笔记被平台收录之后就正式进入推荐环节。

小红书最初在对一篇笔记进行推荐时，会给予这篇笔记 200 次左右的曝光量，然后通过笔记的点击率、点赞量、评论量、收藏量等数据来对笔记进行评估。如果这些数据反馈较好，平台就会将这篇笔记推送进下一个更大的流量池，否则平台就会停止对这篇笔记的推荐，以此类推。

当然，在推荐的过程中如果平台发现笔记存在违规现象或是接收到其他用户对该笔记的举报，那么即便之前该笔记获得很高的推荐量和曝光量，平台都会立马暂停对该笔记的推荐。

(二) 权重机制

小红书平台对权重较高的账号会给予更多的流量扶持，而且会认定权重较高的账号创作、上传的笔记内容质量较高，会给予更多的推荐，帮助内容获得更多的曝光量。尤其是在当前小红书平台越来越重视内容质量的情况下，平台会对那些营销过度的账号进行降权打击。因此，运营者想要账号获得更多的流量和曝光，就要想办法提升自己账号的权重。如果账号的权重不高，那么由此账号上传的笔记被推荐的概率相对而言也会小一些。

小红书账号的权重不是由单一指标构成的，它由很多因素综合评估，比如账号注册时间的长短、账号的等级、账号粉丝数量、账号笔记数量、账号笔记点赞/收藏/评论等的数量以及账号内容的原创度、活跃度等。除此之外，平台对于明星号、达人号以及和品牌有过合作的账号或者是签约过 MCN 机构的账号会给予额外的加权力度。

任务二　农产品小红书营销

一、小红书的内容营销策略

（一）内容形式的多样性

小红书的内容形式丰富多样，包括图文、短视频、直播等。成功的农产品营销需要结合各种形式，与用户产生多维度的互动。例如，通过直播展示农产品的种植和收获过程，通过短视频教用户如何制作美食。

（二）用户互动与UGC

小红书的核心在于用户生成内容。品牌可以鼓励用户分享自己的使用体验，例如制作农产品的食谱、拍摄与农产品相关的美食照片等。这不仅能增加品牌的曝光度，还能增强用户的黏性。

（三）KOL与合作伙伴

与知名的小红书KOL（关键意见领袖）合作，可以迅速提高品牌的知名度和信任度。除了KOL，还可以与其他品牌或平台合作，共同推广农产品。

二、小红书在农产品营销中的应用

（一）平台特点

小红书作为一个社交+电商的平台，主要依赖用户生成的内容（UGC）。其特色在于真实、生活化的内容分享，其中，生活方式、饮食、美容等领域尤为受欢迎。

（二）小红书+农产品营销现状

近年来，随着健康生活方式的兴起，农产品在小红书上的关注度逐渐提升。用户不仅分享购买和食用农产品的体验，还会发布与农产品相关的食谱、DIY等内容。此外，许多农产品品牌也开始入驻小红书，与用户建立直接的互动关系。

（三）小红书+农产品营销的成功案例

某有机蔬果品牌通过在小红书发布关于其农产品的种植、收获和制作过程的内容，成功吸引了大量的关注。用户被其真实、透明的种植过程所吸引，纷纷转发和评论，形成了强大的口碑效应。

三、农产品+小红书营销的发展趋势

（一）"种草经济"：助力新品牌崛起

很多人都知道完美日记的成功上市，小红书功不可没。其实除了完美日记，这些年小红书还带火了很多品牌，比如在港股成功上市的玩具品牌泡泡玛特，其市值最高时超过了1 500亿港元；再比如估值达到60亿美元的饮品品牌元气森林。作为一款"种草"社区和生活方式分享平台，小红书一则能让产品获得大众的认可，帮助产品及其所属品牌提升知

名度；二则能发挥它的社区属性，通过用户对产品的反馈，帮助品牌商及时发现产品存在的问题，从而有针对性地对产品进行升级、改良，而这无疑为众多品牌的崛起提供了莫大的帮助。

越来越多的品牌商看到了小红书平台的发展机遇，开始在小红书平台上投放广告，希望小红书能帮助他们打开销量，塑造品牌形象。而这也为小红书提供了一条新的发展思路，小红书开始扶植更多的品牌商，并在2020年7月22日召开的首届Will未来品牌大会上提出了全新的品牌扶持计划。

小红书提出"未来品牌"的概念，推出品牌扶持计划，说到底其实是在努力搭建自身的商业基础设施，试图为自己未来的发展构建一套更加完善的商业体系。

这一计划自2020年实施以来，一直在发挥它的作用，有越来越多的品牌商看到了平台的发展机遇，开始在平台上投放广告或者加大广告投入，小红书正在成为众多品牌商的新的流量洼地。

(二)"直播经济"：完善交易闭环

当前各大互联网平台纷纷进入直播赛道。作为快速崛起的新经济业态，直播经济正迎来它的黄金期。比起2016年就开始进行直播的淘宝，小红书于2019年12月进行直播内测，直到2020年4月才正式上线直播业务，入局虽晚，势头却非常迅猛。

和其他电商平台不一样的是，小红书带货直播整体呈现出高客单价、高转化率、高复购率、低退货率的特点。对此其电商负责人表示："这正是小红书带货直播发展时间虽短，但越来越多的品牌商家愿意为小红书带货直播投入的原因。"

单从客单价这一方面来看，一直以来，客单价低都是最让各大带货直播平台感到困扰的难题，但小红书在这方面有着天然的优势，据新榜平台发布的数据来看，2021年上半年，小红书直播入驻达人的客单价上涨到341元。

为了抓住直播经济发展的黄金期，进一步发挥小红书带货直播独有的"三高一低"的优势，从而进一步完善交易闭环，小红书邀请了很多知名品牌入驻，通过各种优惠条件引导其在小红书上开启带货直播。同时，为了吸引更多的品牌商或个人在小红书平台开启直播，也为了吸引更多的小红书用户观看直播，小红书发布了一系列新规则，比如前文提到的小红书自2021年8月1日起关闭带货笔记中的外链权限，但是不取消直播带货中的外链功能。

这一系列的数据，再结合小红书平台能够吸引更多高端品牌的优势，意味着小红书带货直播的布局会朝着高端化、品质化的方向发展。对于平台博主来说，带货直播的平均客单价还会不断上涨，绝对是一个大好的发展机遇。

(三)"他经济"：下一个发力点

无论是外界印象、用户画像还是平台本身的内容输出，小红书似乎始终和女性绑在一起。目前，小红书的整体内容的确更偏向女性，但随着小红书内容的多元化发展，也已经有不少男性成为小红书的资深用户，比如"杏仁""添饭小哥哥""猴叔""李米坨"等。

出现这种变化主要有两个原因：其一，男性用户的消费观念有所转变，越来越多的男性开始追求高品质的生活；其二，男性用户的线上消费能力不断增强。男性用户的消费实力不容小觑,"他经济"正在崛起,并且很有可能成为小红书平台的下一个发力点。

对于目前广告收入占整体营收大头的小红书而言,探索新的适合自己的商业化模式仍然是重中之重。男性用户的消费意愿和消费能力越来越强,对于小红书来说是一个比较好的发展机遇,小红书也正朝着这个方向努力,通过一些举措扶持男性博主。比如前文提到的小红书博主"杏仁"就曾被小红书官方邀请拍摄了一支宣传片。

这对于小红书平台的博主来说又是一个全新的机会,不仅可以针对女性用户创作内容,也可以针对男性用户产出内容,并且就目前的形势而言,这还是一片"蓝海",存在着诸多发展机遇。

（四）下沉市场：经济增长新动力

互联网经过了多年的发展,线上流量越来越贵,甚至在一些沿海发达城市互联网的发展逐渐趋于饱和状态,因此对于互联网企业和平台来说,寻找增量市场势在必行,于是下沉市场就成了很多企业和平台争相抢夺、挖掘的沃土。

何为下沉市场？下沉市场是一个相对的概念,中国的消费市场由两个结构构成：一是以一、二线经济相对较为发达的城市为主的城市消费市场；二是以三、四、五线经济相对欠发达的城市、县城和农村为主的城镇消费市场,即下沉市场,这一市场的消费群体占据全国人口的七成左右。

虽然根据小红书的用户画像,目前平台上的用户主要来自一、二线发达城市,但是这并不妨碍平台将目光瞄准下沉市场。为了在下沉市场遇见"上升"机遇,迎来新的经济增长点,小红书官方曾明确指出要更多关注下沉市场,也曾多次对三到五线城市的用户进行深入走访,了解这些地区用户的具体需求,并且有针对性地做出相应的调整。

任务三　了解农产品+小红书营销的实施运营

农产品结合小红书的营销实施运营主要聚焦于创建和分享高质量、吸引人的内容，这些内容旨在展示农产品的独特性、健康益处以及与生活方式的联系。关键是定期发布内容并维持一致性，同时与关键意见领袖（KOL）合作，以扩大品牌的影响力和覆盖面。社区参与和建设也至关重要，包括积极回应用户评论、参与相关话题讨论，以及创建或参与相关的社群。此外，监测和分析内容的表现及用户互动情况对于调整和优化营销策略至关重要。总的来说，小红书上的农产品营销需要结合精准的市场定位、创造性的内容策略和积极的用户互动，以构建强大的品牌形象并吸引目标消费群体。

一、发布作品，抓住"黄金时间"

经常看电视、听广播的人一定听过这样一个概念"黄金时间段"，几乎各大广播电视台都会设置所谓的"黄金强档剧场"，然后将比较重要的内容安排到这个时间段内播出。

同样的道理，在小红书平台上发布作品也有黄金时间段。而要想找到这个黄金时间段，小红书账号的运营者必须首先对想要吸引的用户群体进行研究分析，通过分析用户的阅读习惯和职业特性，得出适合自己的最佳笔记推送时间，再在之后的运营过程中结合具体情况进行调整。

（一）根据用户的阅读习惯发布

用户的阅读习惯和小红书平台的流量高峰期是比较契合的，因为小红书归根到底还是一款偏向休闲娱乐的社交软件，大部分用户是利用自己的闲暇时间来浏览小红书。而平台也会将比较优质的内容放置在这些时间段内进行推送，那么对于运营者来说，也可以将自己发布笔记的时间贴合到这些时间段。但是需要注意的是，笔记发布之后并不是马上被投入信息流进行推送，而是要等待平台进行审核，审核通过后笔记才能被用户看到，所以运营者要掐好时间段，提前发布。

（二）按照用户的职业特性发布

用户的阅读习惯和阅读时间也会受到其职业的影响。如果目标用户是上班族，那么一天当中的三个流量高峰期就比较适用，因为上班族工作日休息的时间是固定的，上班时间一般不会用来浏览小红书，所以集中在上班族休息的时间内发布作品是比较好的。

但是如果是一位母婴品类的博主，其目标用户主要是全职宝妈群体，那么还套用一天中的三个流量高峰期来发布笔记就不太合适了。因为这一类人群不像上班族那样有固定的休息时间，她们的时间相对来说比较松散，所以运营者在发布笔记时应该考虑到目标用户的职业特性，挑选合适的时间进行发布。

（三）根据具体情况测试优化

关于发布笔记的最佳时间这件事，涉及方方面面的因素，绝不是仅凭着平台上惯用的用户活跃高峰期就能确定的，而且每一个账号在运营时的情况都有所区别。因此，要想确定笔记发布的最佳时间还需要经过一步步的测试。

运营者可以首先在平台的流量高峰期发布一篇笔记,并记录下效果,再在稍早或稍晚的时间发送一篇内容相似的笔记,同样记录下效果,然后将记录下的结果进行比较,挑选出效果最好的一篇笔记,在这篇笔记的基础上再以同样的方式选择出更优者,直到最后得出结论。

需要注意的是,这样的测试并非只需要进行一遍,考虑到平台的多变性,运营者需要反复测试方可确认笔记的最佳发布时间。运营者千万不要认为这样很麻烦,正所谓"磨刀不误砍柴工",一旦将这一点确定好,对于之后的运营效果是非常有帮助的。

二、参加官方活动,"蹭"流量

小红书作为一款内容社交平台,为了丰富社区内容的多样性,增强用户的参与感,经常会不定期推出一些官方活动。小红书官方发言人也曾明确表示,账号参加官方活动是能够得到平台的流量扶持的,是引流、涨粉的优质选择。

所有小红书账号的运营者当然都希望尽可能多地得到平台的流量扶持,如何才能达到这个目的呢?除了保证内容质量外,参加官方举办的活动也是一种非常不错的方式。

官方活动有线上的,也有线下的。线下的活动一般是小红书官方邀请才能参加,这里重点说明一下线上的活动。

所谓的官方活动,到底指的是什么呢?举一个例子,小红书账号"薯队长"于2021年8月25日发布的一条笔记,告诉所有的小红书账号的运营者,官方推出了这一项活动,希望符合条件的小红书博主踊跃参加,并且注明了参与方式和活动奖励。

可以明确,参加小红书官方活动的方式就是在笔记中添加相应的活动话题,如"#开学带这些""#开学有话说"等,同时@相关账号,上述这一活动需要@的账号是"中国青年报",另外,需要在笔记的标题中埋入相应的关键词。一篇笔记同时满足这三个条件,就可视为成功参加了该活动。

一般来说,小红书的官方活动主要通过"薯队长"这一通用账号发布。不过,除了"薯队长"外,小红书官方还会通过其他账号发布,如"生活薯""知识薯""创作者小助手"等,另外还包括各种垂直类目的官方账号。

不过,小红书账号的运营者需要明确的是,并不是和自己相关的所有官方活动都有参加的必要,不能想着"胡子眉毛一把抓",很多时候抱着这样的想法最终往往都会面临"竹篮打水一场空"的情形。是否参加活动,要根据当时的情况来定,要有一定的取舍。

另外,当平台上的官方活动过多时,运营者一时把握不准该参加哪一个活动时,就可以借助外力来帮助自己进行判断,比如通过千瓜数据的"热门话题榜"来查看相应话题的热度,然后再来作选择,效果就会好得多。

三、利用争议,提高粉丝参与度

互动、吸粉是很多运营者在运营小红书账号时都会遇到的实际难题,因为这两项在很大程度上决定了账号运营的效果,可是想要把这两项工作做好却并不容易。学会利用争议就是一种非常不错的办法。

举一个简单的例子,一篇标题为《被养的宠物抓了怎么办?》的笔记和一篇标题为《被养的宠物抓,该不该去医院呢?》的笔记,哪一篇笔记更让人有单击观看的欲望呢?大多数人的选择恐怕都是后者了,原因何在?大部分人看到第一条笔记后都可以很快得出自己的答案,但是第二条笔记具体想要表达什么内容,只有单击查看详情才能明白。这就是具有争议的话题对于吸引粉丝的重要作用。总的来说,利用争议提高用户的参与度有两种方式:一种为制造争议,另一种为参与争议。

(一) 制造争议

所谓的争议,其实并不是自然存在的,而是人为制造出来的,对于同一事件,不同的人有着不同的看法,因此就有了争议。

举一个典型的例子,当年以"世界那么大,我想去看看"为由辞职的人民教师就是一位制造争议的高手,当然她可能是无意为之,不过小红书账号的运营者想要运营好小红书账号就应该学会这种制造争议话题的能力。

这种制造争议的方法能够非常自然地让用户在评论区进行讨论,而且不用加以任何引导,除了需要注意评论的导向外,完全可以让用户自由发挥。这种自然且足够真实的反馈对于账号来说是有诸多益处的。

(二) 参与争议

参与争议,顾名思义就是让自己成为争议的某一方,用现在流行的话来说就是要"站队",当一个具有争议性的话题产生之后,要瞄准时机迅速参与,结合自己以往的创作风格和人设形象,围绕争议中的某一个方面表明态度、传达观点。

比如小红书博主"一乔桑哇",她是一位典型的不消费主义者,在前两年消费主义和不消费主义这两个对立概念盛行之时,她选择站在了不消费主义这一边,并以亲身实践的方式参与其中。对此,有用户对其所倡导的不消费主义表示赞同,也有用户对这一观点持反对意见。持有不同观点的用户在评论区进行讨论,无形之中就提升了笔记的整体效果。

从某种意义上来说,"争议"就是流量,小红书账号的运营者在运营的过程中要学会利用争议来引发用户的讨论,带动笔记的互动数据,从而帮助笔记、账号获得更多的流量。

但是争议虽好,也要会用才行。运营者须记住,无论是制造争议还是参与争议,都不要在评论区中和用户"对骂",一则对自己的形象是一种损伤,二则可能会被别人举报,从而引发平台的一系列处罚措施。

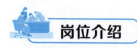 **岗位介绍**

1. 社交媒体营销经理（小红书方向）

职责：负责在小红书平台上管理和优化农产品品牌的社交媒体账户，包括内容创作、用户互动、数据分析等。

技能要求：熟悉小红书平台特性，具备出色的内容创作和编辑能力，理解用户行为，以及具有良好的数据分析能力。

2. 内容创作者/撰稿人

职责：为社交电商平台制作吸引人的内容，包括产品介绍、使用体验、相关故事等。

技能要求：具备良好的写作和表达能力，能够创作符合目标受众口味的内容，理解社交媒体趋势。

 **竞赛介绍**

1. 社交媒体内容创作挑战（小红书方向）

目标：学生团队需要在小红书上为特定的农产品品牌创建吸引人的内容，包括图文、视频或直播。

评估标准：内容创意、用户互动（如点赞、评论、分享）数量、内容与品牌定位的一致性。

2. 跨平台营销策略设计赛

目标：结合小红书和拼多多的特点，设计一套跨平台的农产品营销策略。

评估标准：策略的整体性、创新性、可执行性，以及预期的市场影响。

任务实训

1. 任务目标

为某农产品品牌在小红书上创建一个品牌账号,设计并执行一个完整的农产品促销活动。

2. 步骤

(1) 品牌定位与策划:

① 确定要推广的农产品和品牌核心价值。

② 设计品牌标识,如 Logo、色调、口号等,确保在小红书和拼多多上的形象统一。

(2) 品牌账号创建:

① 在小红书上注册品牌账号,按照平台要求上传相关资质。

② 完善品牌信息,包括品牌故事、主营产品、联系方式等。

(3) 内容策划与发布:

① 设计一个月的内容发布计划,确保内容涵盖产品介绍、使用方法、用户评价等多个方面。

② 撰写并发布与农产品相关的文章或图文内容。考虑使用多种内容形式,如视频、图文教程、用户评测等。

③ 定期互动,回复用户的评论和问题,增加用户的黏性。

(4) 促销活动策划:

① 研究目标市场,确定活动的目标人群、时间、促销形式等。

② 设计活动页面,确保与品牌形象统一,并突出促销信息。

③ 制定预算,考虑广告费、产品折扣、物流费等多个方面。

(5) 活动执行:

① 发布活动信息,确保在活动开始前,目标用户都收到活动通知。

② 在活动期间,密切关注销售数据,根据实际情况调整广告策略和促销力度。

③ 提供高质量的客户服务,解决用户的问题,确保活动顺利进行。

(6) 数据分析与总结:

① 收集并整理平台的数据,如浏览量、点赞量、转发量、销售额等。

② 分析数据,找出活动的优点和不足,为下一次活动提供参考。

③ 将经验和教训分享给团队,不断优化营销策略。

3. 评分标准

序号	标 准	分值	得分
1	品牌账号信息内容翔实,能体现品牌核心价值	10	
2	账号发布内容多样,有吸引力	30	
3	促销活动计划制订完整、合理	20	
4	促销活动实施顺利,受到客户认可	30	
5	进行平台数据分析并总结经验教训	10	
	总计	100	

课后习题

一、单项选择题

（1）小红书的主要内容形式是（　　）。
A. 长文章　　　　　　　　　　B. 新闻报道
C. 用户生成内容（UGC）　　　D. 官方公告

（2）在小红书上，（　　）方式更能提高品牌知名度。
A. 购买广告位　　　　　　　　B. 与 KOL 合作
C. 发布官方公告　　　　　　　D. 大量发布产品信息

（3）农产品的销售策略通常采用团购方式的原因是（　　）。
A. 节省广告费用　　　　　　　B. 鼓励社交分享
C. 降低库存压力　　　　　　　D. 提高产品质量

（4）小红书中（　　）内容更容易获得用户的互动。
A. 产品参数　　　　　　　　　B. 产品使用教程
C. 品牌历史　　　　　　　　　D. 官方声明

二、多项选择题

（1）小红书在农产品营销中的优势有（　　）。
A. 社交分享功能　　　　　　　B. 价格战策略
C. 真实的用户评价　　　　　　D. UGC 内容

（2）为了在小红书上提高品牌的知名度，品牌应该重视（　　）方面。
A. 与 KOL 的合作　　　　　　 B. 广告投放
C. 用户互动　　　　　　　　　D. 高质量的内容

（3）以下（　　）方式可以帮助农产品品牌在小红书上获得更多的关注。
A. 不断发布新产品　　　　　　B. 参与热门话题
C. 与其他品牌进行合作　　　　D. 制作有趣的视频内容

三、判断题

（1）小红书主要依赖用户生成的内容进行推广。（　　）

（2）在小红书上，与 KOL 的合作通常比单纯的广告投放效果更好。（　　）

（3）小红书的内容主要以图文形式为主，不支持视频内容。（　　）

四、案例分析

"翠绿之源"位于一个风景如画的山谷中，四周被翠绿的竹林和流水环绕。农场的土壤肥沃，水源纯净，为种植高品质的有机农产品提供了得天独厚的条件。每当夏季，农场的荔枝和龙眼成熟时，吸引了大量的游客前来采摘。冬天，这里的蜜柚和草莓也是当地的一大特色。

张涛是一位年轻有为的企业家，他深知品牌的力量。为了塑造品牌形象，他请来了设计师为"翠绿之源"设计了独特的 Logo 和包装，还制作了一系列的宣传片，展现农场的美景和农产品的种植过程。他希望通过这种方式，让消费者知道他们的产品是怎么来的，为何这么新鲜和美味。

在小红书上，除了日常的内容更新，张涛还与一些当红的网红和 KOL 进行了合作，邀请他们到农场进行体验并进行直播推广。这些合作带来了一定的流量，但并没有转化为实际的销售。

为了进一步提高用户的参与度，张涛决定举办一系列的线上活动。例如，他们推出了"翠绿之旅"活动，邀请用户上传与"翠绿之源"产品相关的照片或视频，最受欢迎的几位可以获得农场的免费游玩机会。此外，他们还与一些知名的厨师合作，推出了一系列的烹饪教程，教用户如何制作美味的农产品料理。

但是，尽管张涛和他的团队付出了巨大的努力，销售额仍然没有明显的增长。他们开始思考，是不是哪里做得还不够，或者是推广策略需要调整？在经过一系列的市场调研后，张涛发现了问题的关键所在。他决定进行一次大的策略调整，希望能够真正打开市场，让"翠绿之源"的农产品走进千家万户。

问题：
（1）分析可能导致小红书上用户互动率不高的原因。
（2）如何将小红书上的内容与电商的销售活动更好地结合，形成互补效应？

项目八

农产品+直播营销

学习目标

知识目标：
了解直播营销的概念、优势、流程及目的，掌握直播营销前期策划、中期实施、后期宣传。

技能目标：
能根据直播营销的基本知识，结合市场需求制订直播营销策划方案。

素养目标：
养成善于动脑，勤于思考的学习习惯；要有学农、爱农、为农、兴农、强农的深厚情怀。

农产品营销

思维导图

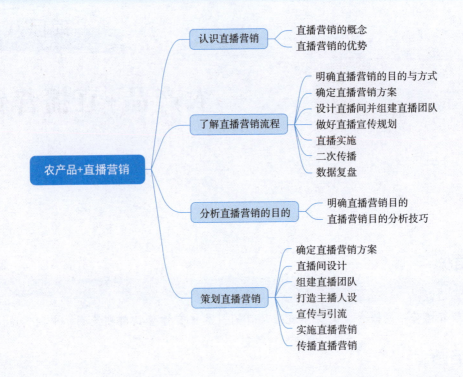

引导案例

"海城有梨·万礼挑一"助农直播带货超火爆

北京佳仕百年教育科技有限公司联合中国邮政海城分公司举办的"海城市南果梨助农公益活动"在快手平台开播，活动邀请了辽宁卫视主持人"刚子"进行直播带货，品类包括：南果梨、南果梨酒、南果梨汁等系列产品，向全国的网友直播推荐海城特产。

此次直播活动是由海城市商务局指导，北京佳仕百年教育科技有限公司联合中国邮政海城分公司助力乡村振兴活动的一部分，为助力海城市南果梨产业发展，提高南果梨产业链消费力，近年来，邮政快递为帮助更多的农产品走出产地，特利用自身行业资源成立了农产品电商平台，并紧跟当前电子商务新业态风口，通过直播带货大力推广农副产品，取得了良好的社会效果。

从案例中我们可以看到，直播带货助力农产品，取得了良好的社会效果。那么什么是直播营销呢，如何开展直播营销呢？

任务一　认识直播营销

一、直播营销的概念

基于互联网的直播不仅丰富了互联网内容的表现形式，还扩展了传统的商业营销模式，给企业带来了一种新的营销方案——直播营销。

直播营销指企业以各类直播平台为载体开展营销活动，以达到提升品牌影响力，提高产品销量的目的。

问题：如何利用直播的实时性和互动性来提升农产品的销售？

直播的特点

二、直播营销的优势

直播营销的优势如图 8-1 所示。

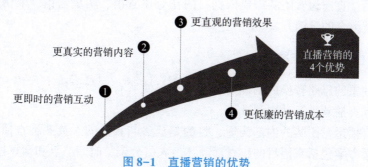

图 8-1　直播营销的优势

（一）更即时的营销互动

直播具有良好的互动性，通过直播将产品呈现给用户的同时，用户也可以采取弹幕的形式进行发言与互动，参与到直播营销过程中。

（二）更真实的营销内容

在直播中，企业不仅展示农产品试吃、试用等过程，让用户更直观地看到产品的使用效果，还可以展示生产环境和生产过程，从而获取用户的信任，刺激购买欲望。

（三）更直观的营销效果

消费者角度：由于消费者在购买产品时很容易受到外部环境的影响，而在直播间中，对产品的现场展示及多人争相下单购买的氛围，很容易刺激消费者直接下单购买。

直播运营团队角度：看到直播间实时数据，了解直播产品销售情况，通过弹幕可看到观众对直播反馈，便于下一次直播进行修正，获得更好营销效果。

（四）更低廉的营销成本

直播营销对场地、设备、人员、物料等需求都比较少，甚至只要几部手机就可以将产品呈现在用户眼前。

任务二　了解直播营销流程

直播营销流程如图 8-2 所示。

图 8-2　直播营销流程

一、明确直播营销的目的与方式

直播只是一种营销手段，直播营销时需要围绕营销目的，综合农产品特色和目标用户开展直播营销活动。

明确目的后，直播运营团队需要依据目的在对比营销、明星营销、采访营销等多种方式中，选择最佳组合的营销方式。

二、确定直播营销方案

方案是将抽象的思路转换成明确的文字表达，使所有参与直播人员，了解直播营销整体思路，以确保直播营销活动顺利进行。

方案用于直播运营团队的内部沟通，目的是让参与直播的人员熟悉直播活动的流程和分工。完成直播方案包括直播目的、直播简述、人员分工、时间节点和预算控制。

三、设计直播间并组建直播团队

直播间设置包括筹备直播软硬件及布置直播间两部分构成。
（1）直播活动场地分为户外和室内，根据需要选定场地进行适当布置。
（2）直播道具包括直播产品、辅助道具和宣传物料等，在直播过程中帮助主播更好地展示产品。
（3）直播筹备中，团队还要将直播使用的手机、摄像头、补光灯等直播设备调试好，防止设备发生故障，保证营销活动顺利进行。

四、做好直播宣传规划

为了达到良好的营销效果，在直播开始前，对直播活动进行宣传推广是十分有必要的，这样可以保证有一定的流量，甚至能达到"直播开始前就已经有观众进入直播间等候"的效果。与泛娱乐类直播不同，带有营销性质的直播追求的并不是简单的"在线观看人数"，而是"目标用户在线观看人数"，因此直播运营团队在进行直播宣传规划时要注意针对性，尽可能多地吸引目标用户前来观看。

五、直播实施

做好直播前的一系列筹备工作后，接下来就可以正式开始直播了。为了达到预设的营销目的,主播及现场工作人员需要尽可能按照直播营销方案,将直播开场、直播互动、直播收尾等环节顺畅地推进,确保直播的顺利完成。直播实施执行环节及操作要点如表8-1所示。

表8-1 直播实施执行环节及操作要点

执行环节	操作要点
直播开场	通过开场互动让观众了解本场直播的主题、内容等信息,引发观众对本场直播的兴趣
直播互动	通过直播营销话术、弹幕互动、直播红包、才艺表演等方式,进一步加深观众对本场直播的兴趣,让观众长时间停留在直播间,并产生购买行为
直播收尾	向观众表示感谢,并预告下场直播的内容,引导观众关注直播间;将直播间的流量引向销售平台、自媒体平台和粉丝平台等

六、二次传播

直播结束并不意味着直播营销的结束。在直播结束后,直播运营团队需要将直播涉及的视频、文字、图片等进行二次加工,并在抖音、微博、微信等火爆的互联网平台进行二次传播,让直播效果最大化。

七、数据复盘

直播内容二次传播完成后,直播运营团队需要对整场直播营销活动进行复盘,一方面进行直播数据统计并与直播前的营销目的作比较,判断直播营销效果;另一方面组织团队讨论,总结本次直播营销的经验和教训,并做好团队经验备份,为后续开展直播营销活动提供参考。

【拓展阅读】邹小和直播营销

任务三　分析直播营销的目的

一、明确直播营销目的

直播营销目的可以大致分为 3 种，如表 8-2 所示。

表 8-2　直播营销目的

目的	操作要点
短期销售	如果本次直播只是想要快速提高产品销量，那么直播的策划就要围绕销售产品进行。具体的营销方法包括在直播中加入"低价""优惠""限时福利"等字眼，吸引用户观看购买
持久性销售	这类直播的目的是希望借助直播平台持续销售，获得比较稳定的粉丝数量。在策划这类直播时，应该从自身产品的优势和特点出发，最好以对比的方式突出产品的特色，或者直接在直播中教授给观众一些与产品有关的实用性知识和技巧，这样可以增强粉丝的黏性
提升知名度	如果直播的目的是提升企业知名度和品牌影响力，那么在策划这类直播活动时，要把目光放长远，直播中需体现企业的文化价值和品牌理念，让用户通过直播就可以感受到企业的文化内涵

二、直播营销目的分析技巧

1. 直播农产品分析

直播农产品分析如表 8-3 所示。

表 8-3　直播农产品分析

类型	主要内容
产品展示	包括农产品种类、形状、尺寸等，直播时可以从农产品的外观展开讲解。例如，某品牌芒果大小不一质量不同，小的约 6 两（1 两 =50 g）、大芒果质量 1~1.5 斤（1 斤 =500 g）、巨无霸芒果 2 斤起
产品成分	很多人在购买农产品时关心有效成分，营养价值有哪些。例如，翠香猕猴桃，果肉口感和李子比较像，酸甜适口，维生素 C 含量高，并含有 17 种人体所需要的氨基酸，营养丰富
产品功效	农产品性能、容量、作用等。例如，某地的苹果优点为生津止渴、养心健脾

2. 直播用户分析

直播用户分析如表8-4所示。

表8-4 直播用户分析

类型	主要内容
用户行为特征分析	需要分析直播场景下用户的行为特征，然后反向模拟用户的行为路径，在用户的每一步行为过程中设计营销卖点。为此，直播运营团队需要列出用户在参与直播过程中一系列可能的动作，然后根据用户的行为特征有针对性地设计直播过程，这样有助于直播营销活动的有序推进，进而达到期望的营销效果。 　　例如，不同年龄段的用户通常会有不同的用词习惯和语言风格，可以根据目标用户的年龄分布设计直播稿的风格
用户情感分析	那些引发全民关注的直播之所以能成功，很大一部分原因在于这些直播真正引起了用户的情感共鸣，所以才会被用户喜爱。在策划直播营销活动的过程中，要时刻体现"用户就是受众"这一点，充分了解用户，引发用户的情感共鸣，让用户忘却所有的情绪状态，全身心投入到直播中。 　　例如，农产品直播在中青年女性用户中是比较受欢迎的

3. 营销目标分析

开展直播营销活动必须围绕营销目标展开，每个发展阶段会有不同营销目标。应该参考SMART原则（见表8-5）制定直播营销目标，以便尽可能科学化、明确化、规范化。

表8-5 SMART原则

关键特征	主要内容
具体性 Specific	直播营销目标要切中特定的营销指标，不能过于宽泛、笼统。 　　例如，"借助此次直播营销提高品牌的知名度和企业的形象"就不是具体的营销目标；而"借助此次直播营销提高企业官方微信公众号的粉丝数量或提高企业大众点评的星级"则是具体的营销目标
可度量性 Measurable	直播营销目标应该是数量化或行为化的，存在一组明确的数据作为衡量目标是否达到的依据。 　　例如，"通过本次直播营销实现销售额猛增"就不是一个可度量的目标；而"利用本次直播营销实现日销售额翻一番"则是可度量的
可实现性 Attainable	直播营销目标应该是客观的，是在付出努力的情况下可以实现的，因而不能设立得过高或过低。 　　例如，上一场直播有6万人观看，于是将这次直播营销目标设定为"100万人观看"，这显然是不切实际的；如果将吸引观看的人数定为10万人或12万人，这个目标就是可以通过努力实现的

续表

关键特征	主要内容
相关性 Relevant	直播营销目标要与企业设定的其他目标相关联。 例如，许多企业为方便推广与销售产品，会在电商平台或微信公众号上运营网店，若将直播营销目标设定为"在本次直播结束后的24小时内，电商平台端的农产品销量提升80%"，则是有相关性的
时限性 Time-bound	直播营销目标的达成需要有时间限制。通常情况下，80%的产品销量都来自直播当天，后期传播与发酵的持续时间不超过一周。那么，"借助直播营销实现新品种销量突破10万件"这个目标是缺乏时限的；而"在直播结束后的48小时内实现新品销量突破10万件"这个目标则是有时限的。 完成直播产品分析、直播用户分析和企业营销目标分析3个方面的梳理后，直播运营团队就可以围绕这3方面要素，用简要的语言总结概括出直播营销目的

【拓展阅读】在东方甄选直播间，看到农产品销售的新可能

任务四　策划直播营销

一、确定直播营销方案

完整的直播营销方案应阐明直播目的、直播简述、人员分工、时间节点和预算控制 5 个要点。

问题：如何策划一场专业的农产品直播并确保内容的真实性？

直播的注意事项

（一）直播目的

让参与活动成员明白通过直播需要达到的具体目标，如需要完成的销售目标、提升口碑关键词或助力公益发展。

（二）直播简述

明确直播主题+选择直播平台+确定直播方式+突出直播特色

（三）人员分工

直播营销方案中，需要按执行环境对参与人进行项目分组。

（四）时间节点

一是直播整体时间节点，包括前期筹备时间、宣传预热、开播时间、结束时间等。二是项目组时间节点，直播营销需传达每个项目组的结束任务时间。

（五）预算控制

每一场直播活动涉及预算，直播营销方案中应明确预算情况，整体预算和各环节预算情况。

二、直播间设计

（一）直播硬软件筹备

直播硬件由场地、道具和设备 3 个部分构成，直播软件包括直播平台及相关软件。

1. 确定直播场地

户外直播场地如图 8-3 所示，室内直播场地如图 8-4 所示。

图 8-3　户外直播场地

图 8-4　室内直播场地

2. 准备直播道具

直播道具由直播产品、辅助道具和宣传物料 3 个部分构成。

直播产品作为直播活动主角，需要在直播的各个方面均有所展现；辅助道具和宣传物料均要围绕产品来设计，直播道具如图 8-5 所示。

图 8-5　直播道具

3. 配备直播设备

直播设备包括手机支架、笔记本电脑、收音设备、补光灯、移动电源、手机等，它们是确保直播画面完整、清晰和流畅的前提，如图 8-6 所示。

图 8-6　直播设备

4. 确定直播平台

直播运营团队需要根据直播营销目的决定是在直播平台自建直播间还是入驻直播间。如果企业打算将直播纳入其新媒体战略，定期开展直播营销活动，那么最好自建直播间，通过企业官方账号进行直播，不断积累粉丝；如果企业只计划进行一两次直播，入驻现成的直播间即可。

5. 测试直播软件

对直播软件的测试可以分为两部分：一是主办方视角，直播运营团队需要熟悉直播开始按钮、镜头切换方法、声音调整方法等；二是观众视角，直播运营团队需要以个人身份注册账号，进入直播间后看画面、听声音、发弹幕等，如果发现问题需要及时优化。

（二）直播间布置

1. 场景布置

直播间是观众最直接的视觉体验场所。因此，直播间首先要保持干净、整洁，开播前各种产品、道具都要摆放整齐，营造一个简洁、明亮、舒适的直播环境。

虽然直播间的场景搭建并没有统一的硬性标准，主播可以根据自己的喜好进行设计与布置，但是对于以产品营销为目的的电商直播来说，最好用所销售的产品来装饰直播间。例如，可以用摆满产品的货架作为直播间背景。

如果直播空间较大，为了避免直播间看起来过于空旷，可以适当摆放一些符合直播主题或主播人设的宣传展板、产品海报、小玩偶等直播道具，起到丰富直播背景、增强直播氛围的作用。

2. 灯光布置

直播间灯光的分类如表 8-6 所示。

表 8-6　直播间灯光的分类

类型	定义和使用
主光	直播间的主光是主导光源，决定了直播画面的主基调，只有确定了主光，才能去添加辅助光、背景光和轮廓光等。在布光时，主光需要正对主播的面部，这样会让主播的面部受光均匀，使其面部肌肤显得白皙。但由于主光是正面光源，会使主播的面部没有阴影，看上去比较平面，缺乏立体感
辅助光	为改善阴影面的层次与影调，在为直播间布光时可以加置辅助光。辅助光一般采用柔光，可以是一个或多个，并且放在主播两侧较远的位置。这样可以突出主播的侧面轮廓，提高主播整体形象的立体感，还能照亮周围的环境。在调试辅助光时，还要注意控制光线亮度，避免因某一侧光线太强导致某些地方过度曝光
轮廓光	轮廓光又称逆光，通常从主播后上方或侧上方位置逆光照射。轮廓光的主要作用是为主播勾勒出鲜明光亮的轮廓，使其从直播间背景中分离出来，更加凸显主播的主体形象。在轮廓光的调试过程中，要注意控制光线的强度。若轮廓光的光线过强，会显得主播前方比较昏暗
顶光	顶光是次于主光的光源，一般从主播头顶位置照射，为直播间背景和地面增加照明。顶光的主要作用是让主播的颧骨、下巴、鼻子等部位的阴影拉长，并且产生浓重的投影感，为主播塑造立体的面部轮廓。顶光的位置与主播头顶的距离最好控制在 2 米以内
背景光	背景光又称环境光，主要作用是烘托主体或渲染气氛，使直播间各个位置的亮度尽可能协调、统一。由于背景光需要呈现均匀的灯光效果，因此可采用低亮度、多光源的方法来布置背景光

直播间灯光位置如图 8-7 所示。

图 8-7　直播间灯光位置

三、组建直播团队

（一）个人直播团队

1. 策划团队

策划团队包括编导和场控，职责如下：

编导：负责确定直播主题，撰写直播营销方案，设计福利方案等。

场控：负责直播中控台所有相关的后台操作，包括协调产品上架、下架，活动报名，红包发放，根据直播间要求更改产品价格，以及控制直播间节奏等。

2. 主播团队

是主播活动最终执行方，工作包括展示产品、讲解、与观众互动。

主播团队一般包括主播、副播和直播助理，其主要职责如下：

主播：负责日常直播，熟悉直播间产品信息，展示并讲解产品，与观众互动，介绍直播间活动，强化品牌形象等。

副播：协助并配合主播直播，介绍直播间促销活动，补充产品卖点，引导观众关注，防止冷场等。

直播助理：负责配合直播间现场工作，如产品摆放、道具准备、灯光调试等，有时也承担副播的角色。

3. 运营团队

负责整个直播营销活动的正常运营，一般包括产品运营和活动运营，其主要职责如下：

产品运营：负责提供产品，挖掘产品卖点，培训相关的产品知识等。

活动运营：负责策划活动文案，执行活动计划，协调人员，复盘、分析数据等。

（二）企业直播团队

1. 直播策划团队

企业的直播策划团队由编导、场控和执行策划组成。其中，编导和场控的职责与个人直播团队类似，而执行策划负责直播方案策划、玩法设计及主播培训等。

2. 主播团队

企业可以选择自己组建主播团队，也可以根据自身需要选择合作主播。

企业主播团队：包括主播、副播和助理，其主要职责与个人主播团队类似。

合作主播：包括个人主播与 MCN 机构主播。企业在选择合作主播时，要注意主播的形象、气质需要与品牌形象相匹配，并且其塑造的人设要适合企业目标用户群体。

3. 运营团队

运营团队包括数据运营、店铺运营和内容运营，其主要职责如下。

数据运营：负责直播数据监测、收集、分析等，并根据数据分析结果给出直播优化建议。

店铺运营：负责配合直播店铺的相关运营工作等。

内容运营：负责直播前后的内容宣传、活动造势等。

4. 客服及售后

直播间客服及售后主要负责直播间的互动答疑，配合主播直播，解决产品的售后发货问题等。

四、打造主播人设

要培养主播以下两个基本能力。

1. 形象管理能力

包括仪容仪表，精致的妆容和整洁得体的着装；主播可以根据专业水平、性格特征、农产品特点选择与其契合的直播风格。

2. 语言表达能力

首先主播可以幽默风趣、有亲和力、对观众有感染力；其次表达内容要丰富、可以多方面传递价值；最后要积极与观众进行有效沟通和交流，对观众要进行分析，了解观众需求。良好的语言表达能力离不开以下两个方面。

（1）良好心理素质。

直播面向的是庞大用户群体，主播应保持乐观自信的心态和培养良好的心理素质，面对各方压力，要能沉着理智应对，快速调整好心态。

（2）灵活应变能力。

面对突发情况，主播能沉着灵活应对，这对提升直播效果有重要价值。

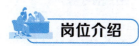
岗位介绍

为保证直播行业良好发展的持续性、规范性和专业性，2020 年人社部等部门发布了互联网营销师新职业信息，其中在"互联网营销师"职业下增设"直播销售员"工种，带货主播成为正式工种。

互联网营销师：在数字化信息平台上，运用网络交互性与传播公信力，对企业产品进行平台营销的人员。

互联网营销师设有直播销售员、视频创推员、选品员与平台管理员四大职业工种。

（1）直播销售员即主播，或者带货主播，通过策划、录制、观众互动等方式，实现带货销售。

（2）视频创推员主要负责视频的创作、文案、策划、推广等，给直播销售预热赋能。

(3)选品员主要负责产品选择、产品卖点提炼、商务谈判,以及直播产品的定价等。

(4)平台管理员主要负责直播平台后台管理,通过数据监控直播,氛围引导,并进一步分析指导主播。

五、宣传与引流

(一)直播引流方法

直播引流方法如表 8-7 所示。

表 8-7 直播引流方法

方法	概念
硬广引流	观众通过访问官方媒体可以直观获取直播主题、时间、平台、产品、参与嘉宾、抽奖活动等直播信息
软文引流	(1)软文内容与直播主题有较强相关性。 (2)文末提供多种进入直播间的渠道或链接
视频引流	视频植入预告、纯直播预告、添加利益点、发布直播片段视频
线下引流	利用线下渠道宣传引流

(二)直播宣传规划

不同网民群体活跃在不同的平台,根据目标用户群体上网习惯选择合适宣传平台;在推送宣传信息时既要选择观众喜欢的新媒体形式,又要符合宣传媒体平台的信息展现要求;选择合适宣传时机,在观众能够承受的最大宣传频率基础上设计多轮宣传。

例如,观众喜欢看视频或浏览图片,可以在抖音平台采用短视频的方式来宣传直播活动。

问题:如何避免在直播中进行虚假或误导性宣传?

直播的法律规范

六、实施直播营销

(一)打造直播封面

1. 多人眼球的直播标题

直播标题分类如表 8-8 所示。

表 8-8 直播标题分类

类型	主要内容
内容型	主要体现直播内容,包括直播间产品的功能和特点。 例如,库尔勒的梨,清甜爽口,好吃停不下来
活动型	向用户展示直播间产品的折扣优惠、限时抢购,通过促销、节日活动吸引用户进入直播间
福利型	关注有礼,直播间赠送礼品优惠券等

2. 优质直播封面图片

直播封面图片设计如表8-9所示。

表8-9 直播封面图片设计

设计要求	具体内容
清晰整洁	封面图片保证清晰整洁，不出现过多文字
图片尺寸合理	封面图片尺寸建议使用750像素×750像素，最小不低于500像素×500像素
符合直播主题	封面图片与直播主题契合，用户看到封面图片能想到直播内容是什么
考虑直播封面固定信息展现	封面图片重要内容在设计时要避开两个位置，以免造成干扰

直播宣传在使用图片时，应注意遵守《中华人民共和国著作权法》《中华人民共和国民法典》等相关法律法规，以免侵犯图片作者的著作权或图片相关人员的人格权，尤其是肖像权、名誉权等。

(二) 直播活动的开场形式

直播开场形式如表8-10所示。

表8-10 直播开场形式

形式种类	具体介绍
直白介绍	开场直接告诉观众直播相关信息，如自我介绍、直播话题、直播大约时长、直播流程等，此外可以在开场时提前介绍具有吸引力的环节
提出问题	开场提问可以引导观众思考与直播有关的问题；还可以让主播更快了解观众的基本情况，如观众所处地区，对本次直播的期待
抛出数据	开场直接展现提前提炼出来的关键数据，充分利用数据开场，第一时间获得观众认可
故事开场	通过一个开场故事，更好吸引观众进入直播活动，产生兴趣与共鸣
道具开场	开场道具可以是旗帜与标语、场景工具等。尤其是农产品直播可以将农产品工具作为开场道具
借助热点	开场主播借助热点话题拉进与观众之间的距离

(三) 直播开场设计技巧

1. 引发观众兴趣

直播间的观众来源一般有两种：一种是被直播前的宣传引流活动吸引，慕名而来的观众；另一种是通过直播平台的推荐窗口单击进入的观众。前者作为直播的第一批观众，在直播开场时占大多数；而后者则随着直播间热度的上升不断增加。

因此，主播在直播开场时的首要任务就是利用语言、道具等充分调动观众的积极性，制造互动，引发观众的观看兴趣，尽量不要在介绍和说明上花费太多时间，以免观众感到乏味而离开。

2. 促进观众推荐

直播前的宣传引流及直播平台带来的观众始终是有限的，甚至有的观众还会因为临时有事、网络不顺畅等情况退出直播间。因此，主播在直播开场时需要主动引导观众邀请自己的亲友加入直播间，从而保证直播间的持续火爆，这样直播平台才会将直播间推荐给更多的平台用户。

3. 带入直播场景

观众在不同的环境下观看直播，对直播的感受也会不同。因此，主播需要利用直播开场，第一时间将不同环境下的观众带入直播所需的场景中。

例如，一场寻找美食的直播活动中，直播间观众有的可能刚加完班，饥肠辘辘；有的可能在家休息，对外出吃东西不感兴趣。在直播开场时，主播就可以使用一些能够体现现场感受的关键词，如"好吃""解馋""色香味俱全""流口水""饥肠辘辘"等，使观众迅速进入所营造的直播场景中，以便后续更好地实现直播产品的销售与转化。

4. 渗透营销目的

从本质上来看，直播营销是营销活动的一种形式，因此最终也需要达到相应的营销目的。在直播开场时，主播可以通过以下3种方式来渗透营销目的。

第一，在话术中穿插植入企业广告语、产品名称、销售口号等内容。

第二，充分利用直播间道具（如产品、玩偶、宣传展板等）展示企业品牌或名称。

第三，提前设置直播间购买链接并推出让利活动（如特价产品、独家购买链接等），促使观众下单。

（四）直播间产品营销方法

1. 四部营销法

四步营销法如图8-8所示。

图8-8 四步营销法

（1）需求引导。

需求引导主要是通过挖掘用户需求为接下来的引入产品作准备。主播需要围绕产品特点，结合消费场景找出观众购买该产品后能解决的核心问题。同时，还可以用亲身经历或身边朋友的经历为例进行叙述，拉近与观众的距离。

需求引导的做法可以分为两类：

一类是指出"痛点"，即结合消费场景提出用户深受困扰、迫切需要解决的问题，并将这些问题的隐患放大，但是切记不要造成"恐吓营销"。

另一类是强调"利益点"，即主播要强调用户在拥有产品后会获得什么，如橙子含有维生素C，降低血糖，营养价值高。

（2）引入产品。

通过需求引导提前规划好产品的使用场景后，主播就可以针对所提出的问题，自然而然引入产品了。主播可以围绕产品的卖点、使用体验等进行描述，让观众通过各个感官感受产品的特色，从而激发观众的购买欲望。

（3）赢得信任。

权威背书是指通过权威人物或机构的知名度、美誉度或权威性而做出的一种赞誉和支持行为。如果权威人物或机构来为产品背书，会极大地提升产品的可信度，增加产品在观众心中的好感度。主播可以从多方面介绍权威内容,如权威投资人、专家推荐、权威媒体报道等。不过,主播要使用观众普遍可以理解的语言来介绍产品的权威背书内容,否则可能对产品讲解信息的传播和理解造成影响。

数据证明主播在描述产品的优质及受欢迎程度时,可以通过具体的销量、顾客评分、好评率、回购率等数据来证明,用数据说话,增强产品的说服力。

现场体验对于能够试用的产品,主播一定要在直播间现场试用来验证产品的特点和功能,让观众能够直观地看到效果。这样对观众来说更有说服力,有助于获取观众的信任。

(4)促成下单。

经过以上3个步骤的铺垫,此时主播就可以开始讲解优惠信息、强调独家稀有资源等,降低观众购买的心理防线,让观众产生购买行为。在促成下单环节中,主播也要掌握好方法和技巧,否则可能会功亏一篑。

2. 直播互动玩法

与传统的营销方式相比,直播营销最大的特点就是互动性更强,能让观众获得更强的参与感。例如,通过直播互动,观众可以更加详细地了解产品的品质或性能;主播也可以根据弹幕内容与观众实时互动,介绍观众最关心的内容。

直播互动玩法如表8-11所示。

表8-11 直播互动玩法

方式	具体介绍
弹幕互动	一类是观众单向表达,如给主播点赞;另一类是观众向主播提问,如芒果保质期多久?这类弹幕需要主播及时互动,回应观众提出的问题或帮助其解决问题
直播红包	发放红包是直播间最常见一种互动方式,也是保持直播间人气最常用的方法。主播为聚集人气在直播间发放现金红包,所有观众都有资格领取该红包,先到先得
剧情参与	观众即时参与互动,方式多样化
发起任务	利用主播的号召力,做出一系列制定的小任务,可以让直播变得更加有趣,帮助直播营销活动推广。例如,邀请城市工作的白领到农村进行农耕体验

(五)直播活动收尾

直播间流量引向如图8-9所示。

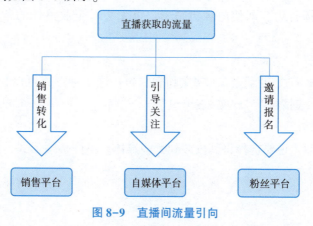

图8-9 直播间流量引向

1. 销售转化

将直播间的观众引导至销售平台，促进购买与转化。一般情况下，留在直播间直到直播结束的那些观众，都是对直播推荐的产品比较感兴趣的。对于这部分观众，主播可以充当售前顾问的角色，在直播结束时引导观众去购买产品。

2. 引导关注

引导观众关注主播或企业的自媒体平台账号，如微信公众号、微博账号、抖音账号、今日头条账号等。

在直播结束时，主播可将上述账号的名称及关注方式告诉观众，以便直播结束后继续向他们推送营销信息。

3. 邀请报名

邀请报名就是告知直播间观众粉丝平台的加入方式，把观众聚集到粉丝平台，如粉丝论坛、微信粉丝群、淘宝粉丝福利群等。

一般情况下，在直播间积极互动的观众更容易参与后续直播，在直播收尾时邀请这类观众加入粉丝平台，通过维护与运营将直播间观众转化成忠实粉丝。

直播收尾时，为充分利用直播间的流量，主播还可以对下次直播活动进行预告，预告内容一般是直播时间、产品、福利等。例如，收尾话术可以是"今天的直播就要结束了，明天晚上8点半，同样的时间我们不见不散""明晚直播间会有大家投票最高的××产品，大家一定不要错过啊""这次直播就到这里，下次直播会为大家安排一大波福利，大家一定要记得准时观看哦"等。

七、传播直播营销

（一）拟订宣传计划

无目的的传播会导致传播不聚焦，因此在传播直播内容前，首先要拟订传播计划，保证传播有效性。

1. 明确传播目标

目标明确是传播直播的基本前提。传播直播的目标不是独立的，而是需要与企业整体的市场营销目标相匹配，通常为提高产品销量、加强产品知名度、提升产品美誉度等。不符合传播目标的传播行为，即使内容再精彩，也无法对企业整体的营销活动产生积极的影响。

2. 确定传播形式

目前常用的传播形式包括视频、软文和表情包。这3种形式可以独立推广，也可以组合使用，如"视频+表情包""软文+表情包"。

3. 选择传播媒体

确定传播形式后，还要选择将其投放到哪些媒体。不同传播形式适用的媒体如表8-12所示。

表 8-12　不同传播形式适用的媒体

传播形式	适用媒体类型	媒体示例
视频	社交媒体、视频平台	微博、微信公众号、抖音、腾讯视频、bilibili 网站、优酷等
软文	问答社区、论坛	知乎、百度贴吧、豆瓣等
表情包	社交媒体、社交工具	微博、微信公众号、微信群、QQ 群等

完成以上 3 项工作后，还需要将后期传播工作细化到人、精准到时间。在做好所有这些准备工作后，直播营销传播计划就开始执行了。

（二）常见的传播形式

1. 利用视频传播直播内容

视频传播流程如图 8-10 所示。

图 8-10　视频传播流程

步骤 1：确定视频的编辑方式

（1）全程录播。

全程录播的编辑方式适合持续时间较短（一般为 30 分钟以内）且节奏紧凑的直播。直播运营团队可直接将直播的全程录像作为视频主体，在片头、片尾对直播名称、参与人员等进行简要的文字介绍。

（2）浓缩摘要。

浓缩摘要的编辑方式适合持续时间超过 30 分钟且存在大量等候内容（如游戏比赛等待时间、晚会候场等待时间或等待某个特殊时间节点等）的直播，参与人员等进行简要的文字介绍。

（3）对于整体特色不突出、仅一小部分有趣的直播来说，可以采用片段截取的编辑方式。在剪辑录播素材时，可以只截取和拼接直播中有趣、温暖或有意义的片段，其他片段不处理。

步骤 2：制作与上传视频

移动端直播视频可以使用剪映、小影等手机 APP 直接剪辑，PC 端直播可以利用爱剪辑、会声会影等视频剪辑软件进行剪辑。

视频制作完成后就可以上传至社交媒体或视频平台供网民浏览。

目前大部分社交媒体和视频平台都支持视频上传，如微博、微信、抖音、腾讯视频、bilibili 网站等。

在上传视频前，需要阅读视频的上传注意事项，特别是对视频大小、视频格式、视频清晰度、视频二维码等的限制，防止因违反视频上传规定而造成视频无法上传或审核不通过的情况发生。

步骤3:推广视频

(1) 视频平台推广。

视频平台的首页及其各栏目首页通常都会有醒目的推荐栏,将直播视频投放到推荐栏可以获得更多的点击量。直播运营团队需要了解视频平台的推荐规则,按照推荐规则对直播视频进行优化,以让直播视频更长时间地停留在推荐栏。

(2) 搜索引擎优化。

网民通常会在搜索引擎网站(如百度、谷歌、360搜索等)或视频平台上搜索关键词来获取想看的视频,搜索结果中排名越靠前的视频往往点击量也越高。因此,直播运营团队可以对直播视频进行优化,如将相关关键词植入视频标题、视频描述等文字内容中,以便视频被搜索引擎精准抓取,使网民在搜索关键词时能够看到投放的直播视频。

(3) 自媒体平台推广。

自媒体平台(如微博、微信公众号、抖音、快手等)是直播营销活动中宣传与引流的重要工具。直播运营团队可将直播与自媒体平台相结合,一方面可以让未观看直播的平台粉丝了解直播的相关内容;另一方面可以利用直播视频宣传和运营自媒体账号,让直播的营销效果进一步发酵。

2. 利用软文传播直播内容

软文是生命力最强的广告形式之一,它追求的是一种春风化雨、润物无声的传播效果,避免了硬广所具有的生硬感。从读者角度来看,软文的营销性更弱,更容易让人对其产生兴趣。

因此,对直播运营团队来说,软文推广毫无疑问是最能避免读者反感的形式。

(1) 行业资讯。

行业资讯类软文常用于新闻发布会、媒体推介会等主题比较严肃的直播内容推广,主要面向的是关注行业动态的专业人群。直播运营团队可以将直播内容以"本行业最新事件""业内大事"等形式发布在问答社区、兴趣论坛或其他媒体平台,以引起业内人士的关注。

(2) 观点提炼。

观点提炼类软文是指将直播活动的核心观点提炼并整理而成的有条理的文章。如今互联网资讯铺天盖地,网络信息良莠不齐,而网民的时间是有限的,与长篇大论相比,网民更希望快速看到最核心的内容。因此,观点提炼类软文是比较受网民欢迎的软文形式之一。直播运营团队可以把直播活动的主要内容提炼成核心观点,并以软文的形式传播,具体内容可以是企业的新科技、新思想、新动作等。

(3) 观众体验。

观众体验类软文是从观众的角度讲述他眼中的一场直播。由于观众和主播、企业或主办方都没有直接的利益关系,因此撰写的文章可以更随意、更博人眼球。

(4) 主播经历。

主播经历类软文是以主播的第一人称视角对直播活动进行重点回顾的文章,类似于主播的一篇日记。与普通的介绍直播活动的文章相比,从主播第一人称出发撰写的文章更有温度,更能拉近直播活动与读者之间的距离。

(5) 运营心得。

运营心得类软文是从直播运营团队的角度分享一场直播幕后的故事,主要面向的是直播从业人员及相关企业策划人员。此类软文可以从"我是如何策划一场企业直播营销活动的""一场万人参与的直播活动该如何筹备"等角度进行直播运营的心得分享，从侧面起到宣传直播内容的作用。

（三）做好粉丝运营

1. 洞察粉丝心理

粉丝群体结构多元，大致可以分为4种类型。

（1）高频消费粉丝。

高频消费粉丝是指那些已经对主播产生信赖和认可的，有过大量购买行为且具有稳定购物环境和稳定预期的粉丝群体。

对于这类粉丝群体，应该注意一方面保证直播间产品的丰富度，高频粉丝对主播关注度比较高，如果推荐产品比较单一，在多次看到类似产品时会逐渐失去兴趣，降低对主播的关注度；另一方面保证直播间产品质量和价格优势。

（2）低频消费粉丝。

粉丝低频消费的原因有很多，如对主播推荐的产品不太信任，没有看到自己喜欢的产品，或是对产品不够了解等。但从主播的角度来看，其主要原因还是这类粉丝群体对于主播的不信任，低频消费可以从很大程度上降低前期的试错成本。再加上直播间弹幕一般都滚动很快，主播很难看清每一条弹幕的具体内容或对每一条弹幕提问及时回复，就导致这类粉丝群体感觉自己没有受到重视，当然其消费频率也不会很高。

针对这类群体，应该注意3个方面：首先是详细介绍直播间农产品。尤其在讲解时应充分掌握农产品的基础知识，清楚卖点，突出亮点，充分展现专业性，还可以带入各种场景，挖掘粉丝潜在需求，提升好感度。其次是提供粉丝专属福利。主播为粉丝提供专属福利，赠送优惠券，享受满减等福利。最后是积极沟通，服务到位。面对粉丝要保持强唤醒状态，情绪饱满，积极主动回应弹幕的问题，有效引导，强化粉丝的认知，同时做好售后工作。

（3）其他主播粉丝。

这类粉丝群体对直播和其他主播是有认知的，他们通常会按既定时间去所关注主播的直播间观看。但这类粉丝群体不局限于所关注的主播，也有可能会观看平台推荐的其他直播。不过在进入一个新的直播间时，由于对主播尚未建立认知和信任，这类粉丝群体对于直播间所推荐的产品往往处于观望状态。

针对这类粉丝群体，需要从两个方面引导。一方面低价引流，同类产品价格对比，突出价格优势，从而刺激粉丝价格敏感心理，引起关注；另一方面，提供新客专属福利。

（4）新手粉丝。

平台的新手粉丝往往对直播营销的认知程度和信任度都比较低，同时对直播平台的操作规则也不太了解。即使想要购买产品，这类粉丝也是习惯在电商平台搜索产品后进行购买。

面对新手粉丝群体，主播应该展示专业性，强化粉丝对产品的认知，赢得信任；加强粉丝消费引导；不断增强互动，如农产品营养价值的健康知识分享。不仅可以加强消费引导，还可以拉进与粉丝心理距离，将其转化为自己的粉丝。

2. 提升粉丝黏性

直播营销活动结束后，主播和直播间会积累一定数量的粉丝，为防止粉丝流失，直播运营团队需要对粉丝进行定期维护和运营，积极与粉丝沟通交流、发起粉丝活动等，实现"普通粉丝→忠实粉丝"的转变。

对于通过直播加入的粉丝，直播运营团队在进行粉丝运营时，可以通过创作优质内容、积极高效互动、分享专属信息、打造主播 IP 等方式来提升粉丝黏性。

【拓展阅读】陕西柞水县：小木耳成了增收致富"金耳朵"

2021 年，农业农村部在对十三届全国人大四次会议第 1580 号建议的答复中指出：将继续推进"互联网+"现代农业，大力发展农村电商，培养农村电商骨干人才，拓宽农产品销路。

全面推进乡村振兴，发展乡村特色产业，拓宽农民增收致富渠道。

任务实训

00后的小吴，是辽宁职业学院2021届的毕业生，大学毕业后，毅然选择回到风景秀丽的老家铁岭县当铺屯村，这里依山傍水，民风淳朴，农产品丰富，小吴根据自己所学的知识，觉得自己老家的农产品应该多渠道发展，电商直播营销是一种方式，请以小组为单位与小吴一起，为当铺屯村的某种农产品设计直播营销方案。

内容	具体操作
项目名称	
直播营销的目的分析	
主要参与人及分工	
直播营销前准备工作	
直播营销中期实施方案	

续表

内容	具体操作
直播后期宣传方案	
预期达到的目标	
项目特色与亮点	

评分标准

序号	标准	分值	得分
1	主题明确，策划方案有创意、有创新，人员分工合理	10	
2	收集资料翔实、丰富，并能够对大量的资料整理汇总归纳	20	
3	直播营销前期策划具有科学性与可操作性	20	
4	直播营销中期及后期设计，能根据受众市场的分析，进行准确的市场定位，选择适合的方案	30	
5	小组成员仪表仪态好，能流利表达策划方案，并能解答师生提出的问题	20	
	总计	100	

课后习题

(1) 什么是直播营销？
(2) 直播营销的优势有哪些？
(3) 直播营销前期策划包括哪些步骤？
(4) 中期实施直播开场设计的技巧有哪些？
(5) 如何做好后期粉丝运营？

证书介绍

互联网营销师职业技能等级证书

互联网营销师共设立五个等级，分别为五级/初级工、四级/中级工、三级/高级工、二级/技师、一级/高级技师。其中选品员、直播销售员、视频创推员三个工种设立五个等级，平台管理员设立三个等级。

2021年12月，人社部、中央网信办、国家广播电视总局共同发布了《互联网营销师国家职业技能标准》（以下简称《标准》）。自此，带货主播也有了需要严格遵守的行业标准。《标准》明确指出，从业人员要"遵纪守法，诚实守信；恪尽职守，勇于创新；钻研业务，团队协作；严控质量，服务热情。"

项目九

农产品+休闲农业

学习目标

知识目标：
(1) 了解休闲农业的概念及其发展历程。
(2) 掌握休闲农业的特征及功能。
(3) 掌握休闲农业的基本形态、发展模式。
(4) 掌握休闲农业的客源市场、营销策略等。

技能目标：
(1) 能根据休闲农业的特征识别休闲农业。
(2) 结合市场需求制定有效的营销策略。
(3) 能独立完成休闲农业的营销方案设计。

素养目标：
(1) 培养对休闲农业的认识。
(2) 养成善于动脑，勤于思考的学习习惯。
(3) 要有学农、爱农、为农、兴农、强农的深厚情怀。
(4) 培养诚信和责任感，注重农产品的质量和消费者权益。
(5) 培养跨平台和多媒体的思维模式，能够整合各种资源进行农产品营销。

思维导图

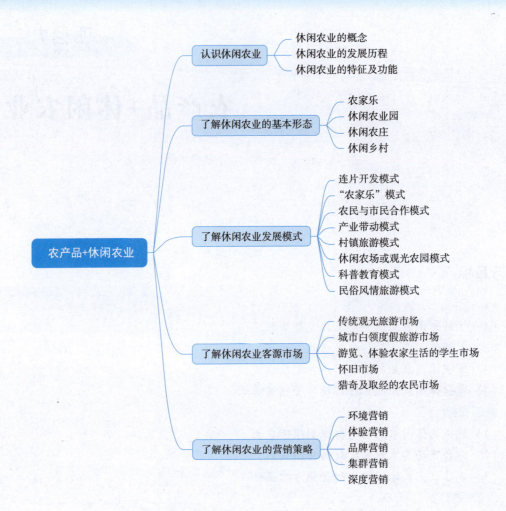

项目九　农产品+休闲农业

引导案例

200亩（1亩≈666.6 m²）农场，主打意大利风格，年接待客户18万，营收4000万，怎么做到的？

北京京郊顺义的一个意大利风的农场，面积200亩左右，但是却做到了年接待客户18万~20万，实现年营业额4000万，把小农庄做到了大收益，他们是如何做到的呢？带你一起看看北京意大利休闲农场！

北京意大利休闲农场（见图9-1）创建于1999年，因其果树种植品种、园区建设、餐饮、商品等皆体现意大利农场风格而命名。农场于2005年迁址重建，整合资源及市场需求后，更明确地突出意大利特色，在休闲观光中属于面对中高档客户的园区。农场位于北京顺义马坡镇白各庄，占地200亩，是一家专注自然健康的生活，餐厅、民宿、娱乐及种植与采摘体验为一体的意大利风情农场。自创立初即遵循有机健康的生活理念，在园区内设有地源热泵及沼气池等环保设施。

图9-1　北京意大利休闲农场
（图片来源互联网）

为营造天然大氧吧氛围，从意大利引进60余种果树苗，还有与之相辅的5 000 m²的草地绿化面积，让游客随时可呼吸到新鲜空气。每间房屋客厅均配有壁炉，闲暇之时，与家人席地围炉而坐，享用美味的点心以及农场自酿葡萄酒，不失为人生一大快事。游客的宠物可以和游客一同入住，这在北京地区的酒店之中并不多见。北京意大利休闲农场以其独有的特色化经营、精准的客群定位、创造性的消费场景、特色的体验项目以及主动营销、研发特色农产品等特点，成为国内休闲农业发展的典范。

从案例中我们可以看到，休闲农业依靠农场的自然环境取得了可观的经济效益，那么什么是休闲农业，休闲农业又是如何营销获利的呢？

任务一　认识休闲农业

一、休闲农业的概念

休闲农业是指利用田园景观、自然生态及环境资源,结合农林渔牧生产、农业经营活动、农村文化及农家生活,以提供民众休闲场所、增进民众对农业及农村生活体验为目的的农业经营形态。

休闲农业是以农业生产、农村风貌、农家生活、乡村文化为基础,开发农业与农村多种功能,提供休闲观光、农事参与和农家体验等服务的新型农业产业形态,是利用农业景观资源和农业生产条件,发展观光、休闲、旅游的一种新型农业生产经营形态。休闲农业是深度开发农业资源潜力,调整农业结构,改善农业环境,增加农民收入的新途径。

休闲农业的概念

二、休闲农业的发展历程

(一) 国外休闲农业的发展历程

(1) 起步阶段:19世纪50年代,代表:法国巴黎贵族返乡游;意大利成立农业与旅游全国协会。

(2) 发展阶段:二战后,特点是观光农园。

(3) 扩张阶段:20世纪60年代初,具体表现为休闲项目加入农场、庄园的规划,观光休闲农业繁荣。

(4) 成熟阶段:20世纪80年代以后,度假农庄、教育农园、市民农园等兴起。

(二) 我国休闲农业的发展历程

我国休闲农业与乡村旅游兴起于改革开放以后,20世纪90年代以后开始发展,进入21世纪,休闲农业与乡村旅游走上了规范化的轨道,显示出极强的生命力和巨大的发展潜力。

第一阶段:早期兴起阶段(1980—1990年)。

该阶段处于改革开放初期,靠近城市和景区,少数农村根据当地特有的旅游资源,自发地开展了形式多样的农业观光旅游,举办荔枝节、桃花节、西瓜节等农业节庆活动,吸引城市游客前来观光旅游,增加农民收入。

如广东省深圳市举办了荔枝节活动,吸引城里人前来观光旅游,并借此举办招商引资洽谈会,收到了良好效果;河北省涞水县野三坡景区依托当地特有的自然资源,针对京津唐游客市场推出"观农家景、吃农家饭、住农家屋"等旅游活动,有力地带动了当地农民脱贫致富。

同时,我国的"旅游扶贫"作为一种实践活动始于20世纪80年代初,代表性的地区有四川省都江堰市的青城后山、云南省的阿庐古洞等,表现形式为农民依托景区从事旅游经营和服务,并取得了明显的经济效益及社会效益。这一阶段的特点是与旅游扶贫攻坚相结合,以景区开发为主,取得了"开发一处景观,繁荣一地经济,致富一方百姓"的效果。

这个阶段的休闲农业与乡村旅游是农民自发组织的,目的是为到乡村旅游的城市居民提供简单的食宿、观光和游乐,有的与国家的"扶贫"活动相结合,因而得到政府的支持,但从整体看，仍然具有自发性和盲目性发展的特点。

第二阶段：初期发展阶段（1990—2000年）。

该阶段正处在我国由计划经济向市场经济转变的时期，随着我国城市化发展和居民经济收入提高，消费结构开始改变，在解决温饱之后，有了观光、休闲、旅游的新要求。同时，农村产业结构需要优化调整，农民扩大就业，农民增收提到日程。在这样的背景下，靠近大、中城市郊区的一些农村和农户利用当地特有的农业资源环境和特色农产品，开办了观光为主的休闲农业园和民俗户，开展采摘、钓鱼、种菜、野餐等多种旅游活动，吸引城市居民利用节假日到城郊农村的农家小院呼吸新鲜空气，观赏田园风光，亲自采摘农家新鲜蔬菜和水果，品尝绿色生态食品。

这一阶段乡村旅游发展的特点是发展快、规模大、数量多，如北京市锦绣大地农业科技观光园、上海市孙桥现代农业科技观光园、广州市番禺区化龙农业大观园、河北省北戴河集发生态农业观光园、江苏省苏州西山现代农业示范园、四川省成都郫县农家乐、福建省武夷山观光茶园等，这些观光休闲农业园区，吸引了大批城市居民前来观光旅游，体验农业生产和农家活动，欣赏和感悟大自然，很受欢迎和青睐。

第三阶段：规范经营阶段（2000年到现在）。

该阶段处于我国人民生活由温饱型全面向小康型转变的阶段，人们的休闲旅游需求开始强烈，而且呈现出多样化的趋势。

（1）人们更加注重亲身的体验和参与，很多"体验旅游""生态旅游"的项目融入农业旅游项目中，极大地丰富了农业旅游产品的内容。

（2）人们更加注重绿色消费，农业旅游项目的开发也逐渐与绿色、环保、健康、科技等主题紧密结合。人们更加注重文化内涵和科技知识性，农耕文化和农业科技性的旅游项目开始融入观光休闲农业园区。

（3）政府积极关注和支持，组织编制休闲农业发展规划，制定评定标准和管理条例，使休闲农业开始走向规范化管理，保证了其健康发展。

（4）休闲农业的功能由单一的观光功能开始拓宽为观光、休闲、娱乐、度假、体验、学习、健康等综合功能。中华人民共和国文化和旅游部将2006年中国旅游主题定为"中国乡村游"，要求各旅游部门进一步加强农业旅游、乡村旅游产品项目的开发，推动乡村旅游更快更好发展，为建设社会主义新农村作贡献。

2010年，中华人民共和国农业农村部与中华人民共和国文化和旅游部签署合作框架协议，把发展休闲农业与乡村旅游上升为国家战略，把推进休闲农业与乡村旅游发展作为"十二五"期间乃至今后更长时间的工作重点，尽快出台指导性意见，更为有效的推进政策和保障措施，为逐步实现休闲农业与乡村旅游标准化管理和规范化服务打下良好基础。

三、休闲农业的特征及功能

（一）休闲农业的特征

1. 生产性

休闲农业是农业生产、农产品加工和游憩服务业三级产业相结合的农业企业。具有农业生产经营的特点，可以提供绿色

问题：结合休闲农业特性，制订一个综合性休闲农业项目规划？

休闲农业的特征

和特色农产品，满足人们对食物的需要。休闲农业的产品就是在一定时期内生产并由最后使用者购买的产品。

2. 文化性

休闲农业所涉及的动植物，均具有丰富的历史、经济、科学、精神、民俗、文学等文化内涵。利用这些有趣意的文化知识，可以设计多种多样的休闲农业游览项目，增加农业文化知识。休闲农业顺应现代旅游潮流的发展趋势，即追求娴雅温情和顺适性情的生活格调。这种格调就其文化本质而言就是和谐、优美，它昭示着人与自然、人与人之间的亲密融合。

3. 可持续性

休闲农业是体现生产、生活和生态"三生"一体的农业经营方式，充分实现农业的持续协调发展。就休闲农业的功能而言，就是要实现农业的持续协调发展。休闲农业的建设严格按照生态农业的有关要求进行，允许在有害物质残留规定范围内适量使用化肥、农药，这不仅大大减少了对环境的污染，而且生态环境优美和生物多样性得以充分体现，植被覆盖率也大大高于一般农区。休闲农业旅游能将农业资源开发利用与自然生态保育、复育相结合，将农业景观欣赏与知识教育相结合，从而使生产、生活、生态有机地结合起来，这样既突出了第一产业在城市化和后工业社会时期与地区经济发展的融合，也展示了21世纪人与自然和谐共存的环境目标。

4. 自然性

与其他产业不同，休闲农业活动以农业自然生态本色为中心，农业与自然有着血肉般的联系。农业不是人类可独立完成的产业，必须由人类与自然共同完成。因此，人们在休闲农业中与农业接触，实际上也就是与自然接触。农业与旅游业的结合不是简单的转换，而是把农业中（种植业、养殖业、林业、牧业等）具有旅游资源部分的功能进行整合、发掘和利用。

5. 市场性

休闲农业的消费主流一般是从城市流向农村，其市场目标是城市，要优先为城市游客提供休闲服务。

6. 季节性

休闲农业具有强烈的季节性，一年四季不同，有旺、淡季之分，季节性明显。

（二）休闲农业的功能

1. 经济功能

休闲农业是农业就业增收的重要途径，有助于农村剩余劳动力的就地就近转移；是调整农村产业结构的重要方式，有利于农村经济的快速发展。

2. 社会功能

休闲农业为都市居民与农村居民提供交流平台，有利于农村经济的发展和农村面貌的改善，有利于促进农村社会的进步，缩小城乡差距。

3. 教育功能

休闲农业可以为游客提供了解农业文明、学习农业知识、参与农业生产活动的机会，是融知识性、科学性、趣味性为一体的农业生态科普园地。

4. 文化功能

休闲农业包涵农村民俗文化、乡村文化和农业产业文化，在为游客提供各种农村文化活动的同时，也能促进农村文化发展。

5. 环保功能

休闲农业可以保护和改善生态环境，维护自然景观生态，提升环境品质，有利于生态系统良性循环。

6. 游憩功能

休闲农业可以为游客提供观光、休闲、体验、娱乐、度假等各种活动的场所和服务，有利于放松身心，缓解紧张工作和学习的压力，陶冶性情。

岗位介绍

（1）农家乐负责人。
（2）农业观光导游。
（3）农业主题公园运营。
（4）农业主题活动策划。
（5）农业旅游销售计划员。
（6）农业旅游建设方案设计师。
（7）农业旅游投资顾问。

任务二　了解休闲农业的基本形态

休闲农业包括农家乐、休闲农业园、休闲农庄和休闲乡村等4种基本形态。

一、农家乐

农家乐又称休闲农家。主要以农户为单元，以农家院、农家饭、农产品等为吸引物，提供农家生活体验服务的经营形态。农家乐是新兴的旅游休闲形式，是一种回归自然从而获得身心放松、愉悦精神的休闲旅游方式。一般来说，农家乐的业主利用当地的农产品进行加工，满足客人的需要，成本较低，因此消费就不高。而且农家乐周围一般都是美丽的自然或田园风光，空气清新，环境放松，可以舒缓现代人的精神压力，因此受到很多城市人群的喜爱。

问题：农家乐的主要盈利方式是什么？

休闲农业的基本形态

案　例

广东顺德长鹿休闲度假农庄

长鹿休闲度假农庄建于2002年，现为全国农业旅游示范点及国家AAAAA级旅游景区。长鹿休闲度假农庄是一个集岭南历史文化、顺德水乡风情、农家生活情趣，以吃（岭南特色农家美食）、住（超五星级湖景别墅）、玩（游乐城、欢乐岛主题乐园）、赏（农家五绝表演）、娱（度假村KTV、原始部落、瀑布游泳池、药浴温泉）、购（特色购物一条街，汇聚东西南北地区各种驰名特产）于一体的综合性景区，是休闲娱乐、旅游度假、商务会议的最佳场所。其主要由"长鹿休闲度假村""机动游乐主题乐园""水世界主题公园""农产乐主题公园""动物主题公园"五大园区组成，各具特色，精彩纷呈。

二、休闲农业园

国外文献中对于休闲农业园的概念并没有形成相对一致的说法，有农业旅游、乡村旅游、观光旅游、观光农场、田园旅游等不同提法，但是其内在表达的意义都大致相似。部分学者将休闲农业园定义为一种在美丽乡村环境下，根据农场中不同的休闲娱乐设施，体验丰富多彩的休闲活动的旅游形式，由农业和旅游两个方面构成，因此，休闲农业园有着乡村旅游的说法。休闲农业园的经营模式是独特的，它利用自身发展的优势，建立赏景、游玩、休闲的经营模式获得了广大游客的好评。休闲农业园激发了农村的发展潜力，调整了农村的产业结构，改善了农村的生活环境，增加了农民的收入等。休闲农业园是经济快速发展下的产物，是发展农业的新业态，其不仅提高了农民的收入以及满足了城市居民对美好生活的向往，而且它的建设也为加快城乡一体化建设增添了浓墨重彩的一笔。休闲农业园是农业与旅游相结合的产物，休闲农业园以农村的自然景观资源以及优良的产业结构为前提，通过园区的观赏、游览，使游客充分享受到休闲农业园的自然情趣。

中农春雨休闲农场

中农春雨休闲农场是全国休闲农业与乡村旅游示范点、全国农业与乡村旅游五星级园区。农场位于北京温榆河畔绿色生态走廊内，占地 1 570 多亩，主要从事果树新品种苗木销售、有机水果、有机蔬菜新品种、新技术研发、种植与推广，还有休闲观光农业、科技智慧农业开发，是一座集"观光、参与、体验、教育、展示、示范"等多位一体的休闲农场。农场自拥 10 类果树，120 余个品种，一年四季皆有有机水果可以采摘。农场森林拓展园可以让孩子尽情玩耍，动物园内有黑山羊、野鸡、黑天鹅等观赏动物，园区内的有机主题餐厅内还能吃到各种健康美食。

三、休闲农庄

休闲农庄是乡村旅游的一种类型。所谓休闲农庄是以农民为经营主体，乡村民俗文化为灵魂，城市居民为目标的一种新型休闲旅游形式。休闲农庄要求占地规模不小于 100 亩，整体规划布局合理，功能分区明确，农庄景观有较强的休闲主题特色，环境与景观小品分布合理且与环境协调，有游客中心且位置合理并提供农庄宣传品、印刷品，安全警告、道路引导标识规范、明显且数量合理，建筑外观、形式、色彩、材料及空间尺度与周围环境协调。

昌吉农业科技园区

新疆昌吉国家农业科技园区是全国 38 家农业科技园区之一，被评为中国十大生态农庄之首，是国家级农业科技园区。园区总规划面积 49.8 万亩，核心区 3.6 万亩，有研发信息培训区、良种繁育区、特色作物区、绿色无公害蔬菜区、观光旅游农业区、综合创业区、农科贸市场区七大功能区。园区以新疆特色产业制种、棉花、绿色无公害农产品、畜牧、农产品加工、特色旅游等为主导产业，以昌吉为轴心，带领全疆农业发展高新技术。

四、休闲乡村

休闲乡村是以乡村资源为基础，以传统村落为载体，以乡村产业和乡村文化为支撑，以满足休闲旅游者需求和当地居民品质生活追求为目标的休闲农业新型经营模式。休闲乡村不仅包括乡村产业和休闲旅游产业的融合，还包括农业、工业、商贸、物流、网络、服务、乡村文化、新型城镇化等一二三产业的融合发展。总之，休闲乡村是以乡村产业为基础的一种休闲氛围浓郁、休闲功能完备、休闲产业特征鲜明的特色化新型乡村。

中郝峪村

位于山东省淄博市博山区池上镇，博山大山深处的中郝峪村，距离城区 40 多公里（1 公里 = 1 千米）。村中共 113 户 364 人，全村的耕地面积 80 亩，山林、果林面积 2 800 亩，是个纯山区的村落。中郝峪村坚持"以农民为主体、让农民共同致富"的开发理念，探索实施"公司+项目+村民入股"的综合性发展模式，全村人人是股东、户户当老板，休闲农业与乡村旅游一体发展。中郝峪村把乡村旅游作为美丽乡村建设的主导产业，农旅融合、旅商融合，从小微起步，步步规范，事事创新，不断探索山区村庄发展乡村旅游的新路子，并在 2017 年实现乡村旅游综合收入 2 800 余万元。先后获得了首批"全国休闲农业与乡村旅游示范点""中国乡村旅游模范村""山东省乡村旅游示范村""好客山东最美乡村""乡村研学旅游目的地"等称号。

任务三　了解休闲农业发展模式

休闲农业发展的模式多种多样，主要包括连片开发模式、"农家乐"模式、农民与市民合作模式等。

一、连片开发模式

以政府投入为主建设基础设施，带动农民集中连片开发现代观光农业。政府投入主要用于基础设施，通过水、电、气、路、卫生等基础设施的配套和完善，引导农民根据市场需求结合当地优势开发各种农业休闲观光项目，供城市居民到农业观光园区参观、休闲与娱乐。该模式依托自然优美的乡野风景、舒适怡人的清新空气、独特的地热温泉、环保生态的绿色空间，结合周围的田园景观和民俗文化，兴建一些休闲、娱乐设施，为游客提供休憩、度假、娱乐、餐饮、健身等服务。主要类型包括休闲度假村、休闲农庄、乡村酒店。该模式在全国各地尤为常见。如上海市郊区、北京市郊区、南京市郊区基本上都在采用该开发模式。

二、"农家乐"模式

"农家乐"模式是指农民利用自家庭院、自己生产的农产品及周围的田园风光、自然景观，以低廉的价格吸引游客前来吃、住、玩、游、娱、购等旅游活动。主要类型有农业观光农家乐、民俗文化农家乐、民居型农家乐、休闲娱乐农家乐、食宿接待农家乐、农事参与农家乐。成都近郊郫县友爱镇农科村就是该经营模式的典型代表。该村原有农户310户，总人口650人，总耕地面积45 hm^2（1 hm^2 = 10^4 m^2），在农业观光旅游发展鼎盛时期，村旅游接待点共128个，年均接待游客量达50万人次以上，旅游年经营收入达2 000余万元。"农家乐"模式主要提供餐饮服务，在浙江绍兴县，以娱乐（如垂钓）、农家特色餐为主的休闲农庄，占调查总数的41.3%。

三、农民与市民合作模式

在农民承包地合理流转集中后，建立休闲农园，以"认种"方式让城市居民委托农民代种或亲自种植花草、蔬菜、果树或经营家庭农艺，使消费者共同参与农业投资、生产、管理和营销等各环节，与农民结成紧密联结关系，体验和参与农业经营和农事活动。该模式最早出现在20世纪90年代的苏州未来农林大世界，当时称为"市民农园"，将土地分割为50 m^2一块，向城市居民招租，后来在不同地区演变成多种类型的经营方式，如市民种植纪念树、纪念林、市民租赁农舍经营农家乐等。根据2006年最新调查，在苏州旺山休闲农庄，农户将自家住宅的一楼租给城市人来经营餐饮农家乐，租金年收入能达到5万元。

四、产业带动模式

休闲农园首先生产特色农产品，形成自己的品牌。然后通过休闲农业这个平台，吸引城市消费者来购买，从而拉动产业的发展。在这类园区，游客除了餐饮旅游，还带回土特产品。如浙江稽东镇的山娃子农庄，100元门票，除50元中餐费，游客在离开农庄时还可带回价值

50 元的一只土鸡和特色高山蔬菜。园区经营者在该基础上,注册自己的品牌,在自己的种养基地自种蔬菜,自养家禽,并在城里设定销点,或与一些企事业单位挂钩,直销时鲜产品。该模式深受城市市民的欢迎。在浙江绍兴县的调查中,采用该模式的园区占总数的 37%。

五、村镇旅游模式

许多地区在建设新农村的新形势下,将休闲农业开发与小城镇建设结合在一起。以古村镇宅院建筑和新农村格局为旅游吸引物,开发观光旅游。主要类型有占民居和占宅院型、民族村寨型、占镇建筑型、新村风貌型。如济南市先后重点建设了 13 处中心镇和 30 个重点镇,充分利用小城镇周围的风景名胜和人文景观,大力发展休闲农业。其中历城区仲宫镇、柳埠镇等一批近郊小城镇,已成为城市居民观光、娱乐、度假的休闲农业基地。又如南京市金桂园农庄开发公司,也正在南京郊区桥林镇结合新农村建设而发展休闲农业。他们试图先将农村居民迁移到集中居住点,以提高农民生活品质和卫生条件,然后利用空出的宅基地开发休闲农庄和庭院经济,发展休闲农业。

六、休闲农场或观光农园模式

随着我国城市化进程的加快和居民生活水平的提高,城市居民已不满足于简单的逛公园休闲方式,而是寻求一些回归自然、返璞归真的生活方式。利用节假日到郊区去体验现代农业的风貌、参与农业劳作和进行垂钓、休闲娱乐等现实需求,对农业观光和休闲的社会需求日益上升,使我国众多农业科技园区由单一的生产示范功能,逐渐转变为兼有休闲和观光等多项功能的农业园区,主要类型有田园农业型、园林观光型、农业科技型、务农体验型。如北戴河集发农业观光园、北京朝来农艺园、上海孙桥现代农业开发区、苏州未来园林大世界、珠海农科中心示范基地等,也都吸收了国外休闲农场或观光农园的很多经验和设计理念。

七、科普教育模式

利用农业观光园、农业科技生态园、农业产品展览馆、农业博览园或博物馆,为游客提供了解农业历史、学习农业技术、增长农业知识的教育活动。农业园主要类型有农业科技教育基地、观光休闲教育、少儿教育农业基地、农业博览园。如农业科技园区作为联结科教单位科研成果与生产实际的重要纽带,为农业科技成果的展示和产业孵化提供了实现的舞台。我国的一些大学或科教单位建立的农业高新技术园区,与国外的农业科技园区模式极为相似,园区的建立为科教单位和入园企业科技产业的"孵化"和"后熟",提供了重要的基础平台,大大促进了农业科技成果的转化和辐射推广。

八、民俗风情旅游模式

民俗风情旅游模式即以农村风土人情、民俗文化为旅游吸引物,充分突出农耕文化、乡土文化和民俗文化特色,开发农耕展示、民间技艺、时令民俗、节庆活动、民间歌舞等休闲旅游活动,增加乡村旅游的文化内涵。主要类型有农耕文化型、民俗文化型、乡土文化型、民族文化型。

任务四　了解休闲农业客源市场

根据旅游者的旅游动机,潜在客源市场有以下五类:

一、传统观光旅游市场

传统的观光旅游市场仍是休闲农业发展的重点,农村优美的自然景观和富有乡村野趣的农村生活,对久居城市的人们有着不可抗拒的吸引力,农业观光旅游集田园风光和高科技农业于一体,满足旅游者回归大自然的需求。可以采用农场的形式,引种蔬菜、瓜果、花卉、苗木以及养殖各种动物,使游客可以参观,也可以品尝或购买新鲜的农副产品,这类市场处于主导地位,占28.8%。

二、城市白领度假旅游市场

利用周末及假期去郊区度假,以放松紧绷的神经,对现代白领阶层极有吸引力,在本次调查中,有到休闲农业旅游区去度假需求的城市居民占23.6%。可利用乡村良好的自然环境和独特的农耕文化,满足他们贴近自然、体验农业的需求。通过建设一些体验农园、度假农场及旅游度假村,享受乡村生活的恬静与惬意。

三、游览、体验农家生活的学生市场

青少年修学旅游已成为旅游业发展的趋势和潮流。旅游是青少年增长见识,开阔视野,提高综合能力的有效途径之一,无论是学校还是学生家长都非常重视,因此开发青少年旅游市场潜力巨大。

四、怀旧市场

中国很多城市居民都在乡村生活过,有的甚至在农村从事过劳动。迁居到城市后,面对着日益现代化的生活环境,他们常常回想起农村的朴素田园,并且渴望回到故地生活,重温昔日情景。在我国,这类旅游者的数量非常大,他们对乡村旅游地要求较为随便,喜欢体验地道的农村自然环境。在本次调查中,这类市场占14.8%;另外,由于历史的原因,有相当多的已建成农业游览区就是针对当年"上山下乡"的知识青年而开发的。这些事业有成,具备很强消费能力的老知青很有旧地重游的愿望。

五、猎奇及取经的农民市场

把目标锁定城市居民市场的开发,而忽视农村客源市场是观光农园经营策略上的通病。事实上,观光农园因其高科技性和展示性对广大的农民来说也具有相当大的吸引力,在本次调查的休闲农业旅游者中,农民占3.1%,表明农民这个市场还具有极大的挖掘潜力。

任务五 了解休闲农业的营销策略

一、环境营销

环境营销实际上就是利用环境做文章的一种营销手段，休闲观光农业的发展当然离不开环境因素，良好的、特色的环境才能吸引人、留住人。休闲观光农业发展较好的地区都是这样，在环境受到破坏的今天，人们向往环境优美的地方，这就是市场，这就是商机。现在许多工商资本将目光转向农村，也是看中了农村保存完好的生态资源，并将这种资源保护性开发，这种观念的转变不是一朝一夕完成的，有血的教训，更有时代的召唤，是大势所趋。

问题：请制订一份关于休闲农业体验营销的实施方案。

休闲农业的营销策略

休闲农业发展中，必须要做到产品开发中去，不违背发展的初衷。让休闲农业真正体现其价值，带给消费者与城市休闲完全不一样的感受，要让消费者真正体会到大自然的魅力，感受到乡土的气息，感受到最本质的东西。

二、体验营销

体验营销是伴随着体验经济的出现而产生的，随着体验这一经济提供物的出现并在经济生活中逐渐居于主导地位。它是从消费者的立场出发，通过各种方式营造氛围，刺激消费者的感官神经，建立与消费者进行情感沟通的渠道，让消费者能够抒发和释放内在的情感。休闲观光农业注重参与性与互动性，消费者往往重视过程中的感受，而不注重结果。

了解和掌握消费者来的目的是什么，这是最首要的。搞清楚这个问题，才能设计出有特色的体验主题，根据主题再去寻找对游客有价值的项目服务内容，在这个过程中，不要过多考虑定价问题，价格是根据价值而定的，价值不确定就无法确定价格。价值如何体现，就要通过人力去打造和营造具有体验乐趣的情境，设置富有创意的体验内容。消费者通过我们创建的现实的或虚拟的体验舞台，参与体验，实现休闲观光农业所设计的体验价值。口碑相传是最有效的宣传手段。

三、品牌营销

品牌就是资本，就是价值。品牌能够给企业带来丰厚的利润，带来巨大的经济和社会效益，对任何企业来说，都是这个道理。休闲观光农业的发展同样需要树立品牌，打造品牌。

四、集群营销

休闲观光农业可以运用集群营销的理念，布局产业项目，通过拳头产品、品牌产品带动关联产品和服务的发展，这是产业集群发展的概念。

集群营销现在已经被广泛运用于各类产品，休闲观光农业在制定营销策略时，也大多考虑这种营销模式。由点带面，将各农家乐接待户连成片、串成线，组团、抱团发展，形成一种集群效应，这种集群营销有利于品牌的整体打造，环境的集中优化，人员素质的同步提高，在某种程度上也反映出一个地区营销水平和层次。

五、深度营销

深度营销其实是根据沟通因素在营销中所起的作用而展开的一种营销手法，这个深度实质就是经营主体与消费者之间沟通的深度，其核心也就是以人为本，通过人与人的沟通，挖掘消费者不为人所眼见的内在需求，进而针对不同的需求，开发不同的项目和服务，吸引游客，从而达到营销的目的。

读一读

要扎实推进乡村发展、乡村建设、乡村治理等重点工作，加快建设农业强国，建设宜居宜业和美丽乡村。

《中共中央 国务院关于做好2023年全面推进乡村振兴重点工作的意见》

任务实训

00后的小吴,是辽宁职业学院2021届的毕业生,大学毕业后,他不喜欢城市的生活,毅然选择回到风景秀丽的老家铁岭县当铺屯村,这里依山傍水,风景秀丽,民风淳朴,民俗特色鲜明,小吴根据自己所学的知识,觉得自己的老家特别适合发展休闲农业,请以小组为单位与小吴一起,设计当铺屯村的休闲农业发展之路,将营销策划方案填于表中。

内容	具体操作
项目名称	
选址及选址理由	
主要参与人及分工	
社会需求及风险分析	

续表

内容	具体操作
园区规划设计	
发展模式	
面向的客源市场	
采用的营销策略及具体实施	

续表

内容	具体操作
预期达到的目标	
项目特色与亮点	

评分标准

序号	标准	分值	得分
1	主题明确，策划方案有创意、有创新，人员分工合理	10	
2	收集资料翔实、丰富，并能够对大量的资料整理汇总归纳，社会需求风险分析准确	20	
3	园区规划设计合理，有一定的科学性和持续发展性	20	
4	营销策略准确，能根据客源市场的分析，进行准确的市场定位，选择适合的营销策略	30	
5	小组成员仪表仪态好，能流利表达策划方案，并能解答师生提出的问题	20	
	总计	100	

课后习题

(1) 什么是休闲农业？
(2) 休闲农业的本质是什么？
(3) 休闲农业的发展背景是什么？
(4) 休闲农业的特征是什么？
(5) 休闲农业的功能是什么？

拓展知识

国外两个休闲农业经典案例赏析

案例1：墨尔本缪纳休闲农场

1. 项目概况

距离维多利亚首府墨尔本城市中心约35公里的地方有一个缪纳农场，这个农场是为了小朋友设计的公共社区农场。游客可以近距离地和各种可爱的动物互动，如骆驼、羊驼、小牛、豚鼠、袋鼠、小马等，可以和它们合影，也可以喂食。

2. 项目亮点

(1) 农事体验活动。

农场的主打特色是畜牧经营，游客可以与动物近距离接触，亲身体验挤牛奶、剪羊毛等农事活动，同时还可以观赏此处优美的自然风光，另外还有采摘的体验，做一回农场主。

(2) 特色饮食体验。

墨尔本缪纳休闲农场的环境非常优雅舒适，来到这里的游客可以享受不一样的下午茶，还可以在这品尝农场自制肉制品，食物DIY对于游客来说吸引力非常大，在这里可以亲自动手学习制作当地美味。

(3) 绿色购物体验。

游客在欣赏优美的自然风景的同时还可以欣赏到当地的特色民居、澳洲的传统艺术，同时这些农舍还给游客提供有关乡村艺术品的制作方法，作为纪念品向游客出售；墨尔本缪纳休闲农场畜牧产业发达，游客还可以购买到绿色有机农牧产品。

3. 经验借鉴

该农场最大的特色是可以近距离和各种可爱的动物进行互动，包括小牛、小羊、马、骆驼、羊驼、袋鼠、豚鼠等，还可以食物DIY，是打造"亲子游"的好地方，因此吸引很多家长带小朋友过来旅游。我们可以吸收墨尔本缪纳休闲农场的一些经营模式，开设"亲子游"项目，让游客也可以DIY食物。这样不仅吸引游客，还可增加农产品的附加值。

案例2：精品农业园乌村

1. 项目概况

乌村是一个以田园风光为主题发展起来的村落，其依靠京杭运河且村庄历史悠久，总面积达450亩，乌村到乌镇西栅历史街区北街仅500米。乌村经济迅速发展是在2016年，它正式进行"体验式农业园"项目的开发，引进国外先进"农业园度假"理念的同时，注重对当地环境的保护，依靠江南水乡固有的农耕文化特点进行打造，符合现代人对休闲度假园的要求。此度假区依据江南村落特点将内容分为四种区域：精品农产品种植加工区、农事活动体验区、知青文化区以及船文化区，拥有吃穿住行、娱乐、观景在内的配套服务设施，与乌镇西栅景区特点互补，并成为集古镇、古街、古村落为一体的新型旅游度假景区。

2. 项目亮点

（1）特色民宿体验。

从全局出发，特色民宿与传统酒店相比，乌村的酒店类型是以客房为主，配套房分散在四周；乌村的民宿特点独具一格，并且保留了原有的居住形式。住宿和配套房由于水网和路网纵横交错，两者各自形成了不同的组合。其根据建筑和建筑之间的外部空间、周围风景、文化元素符号等细节，将住宿主题分为了七大种类：桃园、竹屋、渔家、米仓、磨坊、酒窖、知青年代；同时将独立的村落划分为单元。

（2）优质的休闲参与活动。

在民宿周边配有美食区域、活动区域、青墩、乌墩、采摘区、烧烤野炊区、小动物乐园等。乌村在规定时间会为游客提供演出、开放酒吧、组织露营等活动，使其成为最大的新型度假目的地，其运营管理方法也进行了创新，摆脱老旧的管理理念和服务模式，采用一价全包和CCO的服务模式，此模式借鉴了国际高端度假村地中海俱乐部（Club Med）的模式。

3. 经验借鉴

对于乌村的整体设计最大化地保留了最初村落的韵味、肌理，以及对原有村庄文化的一脉相承。乌村里，无论是将部分村庄改为客户使用的民宿还是村内原有的池塘、油菜花等标志性产物，还是规划原住居民的菜地、莲藕塘、垂钓园、田间小路，都是运用了江南水乡最为普通、最为直白的自然景观的设计手法，没有添加太多繁花似锦的内容，都是最为朴素的风格，才能呈现出原汁原味的村落生活感。也正是因为这样的设计手法，才使游客来到乌村旅游看到这些触眼可及的平常之物，勾起众多游客心中对于故乡的乡愁，能够快速让游客感到，来乌村景观游玩是宾至如归。其中值得一提的是，乌村的重要建筑文化代表是七个民宿组团。设计师在进行传统民宿的改建时保持着一种严谨、认真的态度，本着尽可能多地保持最真实的居民状态的选择，所以设计更多的是落点于院落小景观和室内的主题方面，尽可能做到对原始村落的传承。

项目十

农产品+认养模式

学习目标

知识目标：
(1) 了解认养模式的概念及发展历程。
(2) 掌握认养模式的特征及功能。
(3) 掌握认养模式的基本形态、发展模式。
(4) 掌握认养模式的客源市场及营销策略。

技能目标：
(1) 能根据认养模式的特征识别认养农业。
(2) 能根据市场需求制定有效的营销策略。
(3) 能独立完成认养模式的营销方案的设计。

素养目标：
(1) 培养对认养模式的认识。
(2) 养成善于动脑，勤于思考的学习习惯。
(3) 要有学农、爱农、为农、兴农、强农的深厚情怀。
(4) 培养诚信和责任感，注重农产品的质量和消费者权益。
(5) 培养跨平台和多媒体的思维模式，能够整合各种资源进行农产品营销。

农产品营销

思维导图

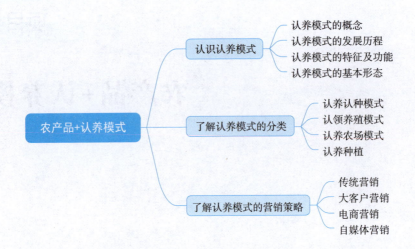

引导案例

2 999 元让你拥有一头自己的奶牛，每年 10 000 元，则成为联合农场主。一旦成为会员，每月按时根据家庭用奶量，自动配送到家，每天 24 小时全程监控奶牛的生长情况，每月 86 元的奶牛饲料。2020 年 5 月，"认养一头牛"将认养奶牛模式升级，发起"百万家庭认养计划"，开启了云认养、联名认养以及实名认养三种模式。他们通过云技术对牧场奶源、生产制造、物流供应链等多个环节与消费者进行连接与互动，全部公开化、透明化，解决传统模式里消费者对品牌生产链信息不透明的行业痛点。而且还推出 VIP 专属服务、农场周末游，真正体验做农场主的待遇。客户裂变增值服务，每介绍一个新客户入会都会有 15% 的分成。要知道奶制品市场已经被伊利和蒙牛垄断，但正是这种营销模式的创新，让这家公司占有了一个细分市场。

认养农业是订单农业的一种，指生产者和消费者，也就是所谓的认养人之间达成的一种风险共担、收益共享的生产方式。消费者预付生产费用，生产者为消费者提供绿色、有机食品。实现农村对城市、土地对餐桌的直接对接。认养农业不仅给农村带来了客流、信息流、资金流，也彻底解决了一家一户分散经营难以增收的核心问题。认养模式这些年在很多农产品领域使用的比较多见，主要是抓住了信任危机和客户关系的经营红利。

任务一　认识认养模式

一、认养模式的概念

认养模式是指通过让消费者参与到农业生产中来，让消费者直接了解农产品的生产、制作过程，并且通过认养的方式，让消费者获得更加安全、高品质的农产品。

"认养农业"是一种全新的农业生产与贸易模式，消费者提前支付生产费用，生产者以绿色安全的方式生产出有机食品。通常由农业生产者为消费者提供种子、肥料、农药等生产资料，消费者通过认养的方式参与到农业生产中来，并且在生产过程中，消费者可以根据自己的需求，对生产过程进行控制，以确保农产品的品质和安全性。

认养模式的概念

二、认养模式的发展历程

（一）认养农业的发展历程

认养农业最初以旅游模式发展起来，起源于德国。后来在美国、日本、法国得到推广。德国是欧洲最早发展农业认养旅游的国家之一，它起源于德国的 Klien Garden，是中世纪的德国贵族，在自家的大庭院中，划出一小部分作为园艺用地，享受亲手种植的乐趣。后来在 19 世纪初就出现了由政府提供小块田地，供市民在空闲时间进行耕作，形成自给自足的"小菜园"。欧洲把这个空间叫作"市民农园"，并在 1919 年的时候还制定了市民农园法，确立了市民农园现在的模式。现代"市民农园"是利用市区或城市近郊的土地，以 1~2 公顷为单位，划分成小块，出租给没有田地的市民，每小块早期为 20 平方米以下，目前扩大到二三百平方米，承租地块的市民可以种植花、草、蔬菜、果树或进行庭院式的经营，在其中享受耕种、休闲与田园生活的乐趣，只是所生产的农产品不能出售，只可自己享用或分赠亲朋。另一方面，土地的出租者可以收取租金，并帮助忙于事业的市民照顾农园，收入仍胜于自己种田，双方各得其所。

最近几年，我国也逐渐发展起来了具有中国特色的农业认养模式。认养农业在我国的发展相对较晚，但发展速度很快。目前，我国认养农业的主要形式包括土地认养、农产品认养、农资认养、农机具认养等。认养小程序、APP 等平台的出现，为消费者与生产者之间的直接对接提供了便利。消费者可以通过这些平台了解产品的生产过程、生产标准，提高产品的知名度和可塑性。

（二）认养农业对农业发展的帮助

1. 增加农民的收入

认养农业可以让消费者直接承担农产品的一部分或者是全部成本，从而让农场主获得更可观、更稳定的收益，提高其生产积极性和生活质量。

2. 优化农产品的供应链

消费者可以直接参与和生产者的沟通，了解产品的生产过程、生产标准，提高产品的知名度和可塑性。同时，生产者可以更加清晰地了解消费者的需求，提高产品的质量和服务水平。

3. 一二三产业融合，增加收入来源

认养农业可以将农业与旅游、文化等产业相结合，促进农村经济的发展。例如，将认养农业与旅游相结合，可以让消费者到农村体验农产品的生产过程，了解农村的文化和风土人情，从而促进农村旅游的发展。

4. 推动农业产业的升级和转型

认养农业的出现，为农业产业的升级和转型提供了机遇。通过认养小程序、APP等平台的推广，可以促进农业信息化、智能化、绿色化等方面的发展，推动农业产业的升级和转型。

三、认养模式的特征及功能

（一）认养模式的特征

1. 种植透明化，保障食品安全

食品安全事件频发，吃上"放心菜"喝上"放心奶"，成为消费者的基本需求。"耳听为虚、眼见为实"，如果自己在农村有一块专为自己生产健康食品的种植养殖基地，并能通过互联网进行监控甚至自己亲自照看，不就更放心了？"认养农业"应运而生，认养人可全程监控监督自己的"一亩三分地"，追踪无公害、营养丰富的绿色农产品的种植生产过程，解决了传统农业不透明的行业痛点。

2. 农产品不愁卖、直接连接消费者

农产品传统来说，要经过合作社、经纪人、批发市场、农贸市场或者大型超市才能接触到消费者。"认养农业"让消费者和农民直接取得联系，双方签订合同，实现从田间到餐桌的无缝对接，滞销卖难的风险被大大降低，同时，消除了中间环节，农民的赢利也显著提升。

3. 风险共担、利益共享

在农民种地之前，消费者需要预先支付定金，农民按需生产，如果在生产过程中出现了自然风险导致减产绝收，定金并不退还。所以，在这种合作形式下，消费者收获的是放心优质的农产品，农民则吃下了先拿钱、再生产的定心丸。

4. 一二三产业融合，增加收入来源

"认养农业"的卖点并不是只有农产品，它还可以与旅游、养老、文化等产业进行深度融合。它把城市居民作为目标客户，以体验、互动项目为卖点，将特色农产品、旅游景点、风情民宿进行整合包装，再打包兜售。认养农业不仅给农村带来了客流、信息流、资金流，也彻底解决了一家一户分散经营难以增收的核心问题，更重要的是认养农业模式推动了一、二、三产业的深度融合，共同发展。

（二）认养模式的功能

1. 提供优质、安全的农产品

在这个认养农业模式下，消费者可以直接参与农田的种植过程，亲手采摘属于自己的农产品。相比传统市场购买的农产品，认养农业模式能够保证农产品的新鲜度和品质，减少或消除化肥、农药等化学物质的使用，提供更健康、更安全的食品选择。

2. 推动了农田的保护与可持续发展

通过让城市居民参与农田的认养和管理，能够提高人们对农田环境的重视。认养农业模式强调土地资源的合理利用，倡导有机农业，推动农业的生态化转型。同时，认养费用也可以用于农田的改善和保护，为农业的可持续发展提供资金支持。

3. 激发了人们对农田和农业生产的兴趣

在城市化进程中，农业逐渐远离了城市居民的生活。认养农业模式通过让城市人亲近农田、参与农业生产，重新连接了城市和农村之间的纽带。这种参与性质的农业体验，让人们亲身感受到耕耘与收获的喜悦，增强对农田工作的尊重和理解。

4. 具备极大的市场潜力

随着人们对健康饮食的追求，对农产品的要求越来越高，认养农业模式能够满足这一需求。通过线上平台与消费者直接进行交流和销售，消费者可以购买到新鲜有机的农产品，而农民也能够获得更好的销售价格和市场回报。认养农业模式的市场前景可观，有着很大的发展潜力。

四、认养模式的基本形态

农业认养包括传统的线下认养和互联网+认养两种模式：

1. 传统的线下认养

传统的线下认养模式是消费者到农业产业园或农场，挑选一块自己心仪的土地或某一类农产品，亲自参与劳作或委托农场管理者按自己的需求进行种养管理，成熟季节消费者可以体验收获的喜悦。但这一模式有一定的局限性，必须距离市区较近且交通条件良好，是目前城区边缘农场最常见的一种认养模式。

2. 互联网+认养农业

相较于传统的线下认养模式，互联网+认养模式是指通过互联网平台，将农产品的种植或养殖环节和消费者直接连接起来，让消费者在农产品生长过程中参与其中，并承担一定的责任和风险。这种模式可以有效解决传统农业中种植者和消费者之间的信息断层，拉近了两者的距离，实现了双赢局面。一是互联网+认养模式利用互联网平台打破了时空限制，使消费者可以远程参与农产品的种植和养殖。通过认养小程序，消费者可以实时了解农产品的生长状况，并通过互动交流与农民进行沟通。这种参与感让消费者更加了解农产品的生产过程，增加了交流互动的乐趣，同时也提高了农产品的认知度和购买意愿。二是互联网+认养模式实现了农产品的精准销售。传统农业中，农民往往面临着产品滞销的困境，而互联网+认养模式则有效地解决了这个问题。通过互联网平台，农产品可以在生长过程中被消费者一步步认养，并且在成熟后立即交付给认养者。这种定制化的销售模式不仅保证了消费者的品质和安全需求，也减少了农产品的库存和损耗，提高了农民的经济效益。三是互联网+认养模式促进了农业的产业升级和转型。随着互联网技术的不断渗透，农业从传统的土地资源驱动型向创新科技驱动型发展，农民可以通过互联网获取更多的农业知识和技术支持，并将其运用到实际生产中。互联网+认养模式鼓励农民采用更加科学、环保的种植和养殖方式，提高了农产品的品质和竞争力，也为农产品开辟了更广阔的市场。

互联网+认养模式利用互联网平台将农民和消费者紧密连接，改变了传统农业的经营模式，使农业发展与时俱进。此模式不仅让消费者更加了解农产品的生产过程，增加了对农产品的信任和认可，也为农民带来了更多的商机和增收渠道。

任务二　了解认养模式的分类

一、认养认种模式

是一种让消费者实现对农作物或畜禽的"养成"体验的新型商业模式。比如，认养一只猪的智慧农场体验，消费者可以与猪的生长过程亲密接触，可以把猪养的漂亮，了解它的习性，有机会和猪一起出去游玩，实现亲子互动，增加家庭凝聚力。

二、认领养殖模式

合作社通过认养畜禽可以增加合作社产量，增加农民收入。这个办法很好，可以十户指定一个负责人作为技术指导，领导养殖，以及通知上交和认领工作。

三、认养农场模式

因为农业认养是一种新型的农业生产和销售模式，通过消费者的认养，给农民提供生产保障，同时消费者也能获得优质、有机的农产品，有益于农民和消费者的双赢。此外，认养农业还有助于保护农业生态环境和传承乡土文化，具有社会价值。还可以了解当地的认养农场和农产品种类、品质、价格、认养方式等相关信息，选择符合自己需求和喜好的认养方案进行认养。同时，也可以积极宣传和支持认养农业，推动农业的可持续发展。

四、认养种植

农业认养模式的出现，体现出很多人更加注重个人生活质量，追求生活乐趣。对食品安全的重视程度，也越来越高。认养种植是指有人租赁土地成立农业合作社，出租部分土地给认养人，土地由合作社帮他们管理耕作，而认养人体验种植乐趣，享受自己种植的果蔬。

任务三　了解认养模式的营销策略

一、传统营销

传统营销渠道通过经销商式的发展，有其独特的优势，经销商不仅能在线下，稳定地提供宣传、售后等服务；而且这种方式"化员工为老板"，能够极大增加市场活力，拉动产业又好又快的发展。

问题：为一家新兴"认养农业"企业设计一个全面的市场推广计划

认养模式的营销策略

二、大客户营销

大客户营销是产品推广的一种捷径。企业在发展过程中就是要不断发掘身边的大客户，能够起到事半功倍的效果。大客户一般指的是具有一定影响力、公众力的人物。他们生活方式的改变往往会引起部分人的效仿，然后一传十、十传百就会迅速带起一波这样的消费狂潮。其实居委会主任、小企业主、视频博主，这些都可以称之为大客户。这类人往往可以触发更多人的反响，甚至可能带起"认养农业"的消费狂潮。另外，大企业特别是垄断企业，福利好，工资高，每年中秋、春节经常以实物形式发放福利，对福利的品质要求高，如果能开拓这类大客户，将会形成长期、稳定的市场需求。

三、电商营销

电商渠道的主要特点在于，高效便捷，沟通方便，能够很好地将企业和客户联系起来，是我们营销的一个重要工具。打好了这张牌，可以"井喷式"扩大企业辐射范围。

四、自媒体营销

自媒体是近年继淘宝店、微信公众号又一个备受人们关注的点。其销售模式是利用人影响人。我们也可以用自己的产品去影响他人，用质朴的视频将"认养农业"的内涵带给用户。如果说李子柒成立一个"认养农业"的企业，有理由相信，这种农业模式会瞬间被全国人民知道，所有想要体验"田园生活"的人们都会摩拳擦掌、跃跃欲试。这就是公众人物和自媒体的力量。

 读一读

> 实施乡村振兴战略，一个重要任务就是推行绿色发展方式和生活方式，让生态美起来、环境靓起来，再现山清水秀、天蓝地绿、村美人和的美丽画卷。
> ——2017年12月28日，习近平在中央农村工作会议上的讲话

任务实训

00后的小吴，是农业院校2022届的大学毕业生，在一次驻村实习中，他发现他实习所在的张庄村离城市很近，只有5千米路程，环境优美，有大面积连片的耕地，小吴根据自己所学的知识，觉得特别适合发展认养农业，请以小组为单位与小吴一起，设计张庄村的认养农业发展之路，将营销方案填在表中。

内容	具体操作
项目名称	
选址及选址理由	
主要参与人及分工	
社会需求及风险分析	

续表

内容	具体操作
园区规划设计	
发展模式	
面向的客源市场	
采用的营销策略及具体实施	

续表

内容	具体操作
预期达到的目标	
项目特色与亮点	

评分标准

序号	标准	分值	得分
1	主题明确，策划方案有创意、有创新，人员分工合理	10	
2	收集资料翔实、丰富，并能够对大量的资料整理汇总归纳，社会需求风险分析准确	20	
3	园区规划设计合理，有一定的科学性和持续发展性	20	
4	营销策略准确，能根据客源市场的分析，进行准确的市场定位，选择适合的营销策略	30	
5	小组成员仪表仪态好，能流利表达策划方案，并能解答师生提出的问题。	20	
	总计	100	

课后习题

(1) 什么是认养农业？
(2) 认养农业的本质是什么？
(3) 认养农业的发展背景是什么？
(4) 认养农业的特征是什么？
(5) 认养农业的功能是什么？

拓展知识

认养农业经典案例赏析

案例1：东京市游福农场

东京市游福农场创立于2005年，通过认养农业的方式为消费者提供有机蔬菜。初始阶段，农场面临困难，因为该地区人口密集，耕地有限，对有机蔬菜的需求量巨大，但自身规模小，无法满足市场需求。

然而，农场主利用互联网平台积极开拓销售渠道，建立了自己的认养平台，吸引了大量的消费者参与认养农业，帮助农场做到可持续发展。

东京市游福农场的成功得益于以下几个因素：

1. 网络销售渠道的开发

农场利用互联网平台，建立了自己的网上商城，并通过社交媒体、微信等扩大了影响力，有效扩展了销售渠道，提高了产品知名度和市场竞争力。

2. 顾客参与感的营造

农场每年都会举办开放日活动，邀请认养者参观农场，了解农作物生长情况，与农场主沟通交流，增加了认养者的参与感和忠诚度，提升了品牌形象。

3. 产品品质的保证

农场采用有机种植方式，不使用化肥和农药，致力于提供健康绿色的产品。农场注重产品质量和口碑的保持，在推广中始终保持质量的稳定性。

案例2：沧州市三星蔬菜基地

沧州市三星蔬菜基地创立于2012年，主要种植多种有机蔬菜，如番茄、黄瓜、西红柿等。基地通过认养农业的方式，向消费者提供有机蔬菜，并严格控制农药和化肥的使用，确保产品的健康性和安全性。

沧州市三星蔬菜基地的成功得益于以下几个因素：

1. 农田建设和技术支持

基地在建设农田时注重土壤的保育和改良，在灌溉、排水、通风等方面加以优化，保证农作物的高产和品质。同时，积极引入先进技术，如智能控制系统、水培技术等，提高了生产效率和质量。

2. 品牌形象的打造

基地注重品牌的塑造和形象宣传，积极参加展会、推广活动，扩大了知名度和影响力。使消费者在选择有机蔬菜时更倾向于选购该基地的产品。

3. 产品种类丰富

基地不仅种植常见的蔬菜，还注重引进新品种以及特色农产品，以满足不同消费者的需求，扩大了市场占有率。

而消费者可以通过电脑端或微信小程序进行认养下单、在线支付、实时现场监控、种植和养殖过程追溯、配送进度查询等。

综合实训模块

项目十一

农产品直播间

学习目标

知识目标：
(1) 理解农产品直播间的定义及其与其他零售模式的差异。
(2) 掌握农产品直播间的运营策略和核心环节，如市场分析、店铺布局、产品陈列、价格策略等。
(3) 了解农产品直播间在现代零售环境中的重要性及其带来的挑战和机会。
(4) 熟悉农产品直播间的数字化与技术应用，如数据分析、增强现实、智能货架等。

技能目标：
(1) 能够独立进行市场分析，为直营店选址提供数据支持。
(2) 具备店铺布局和设计的能力，确保店铺环境与品牌形象和农产品特点相匹配。
(3) 能够制定并执行产品陈列和定价策略，以吸引并留住消费者。
(4) 具备数据收集与分析的能力，能够针对销售数据调整运营策略。
(5) 能够规划并实施推广活动，提高店铺知名度和销售额。

素养目标：
(1) 培养学生的创新思维，鼓励他们探索农产品直营店的新模式和新策略。
(2) 增强学生的团队合作意识，使其在实际运营中能够与团队成员有效沟通和合作。
(3) 培养学生的客户导向思维，使其始终将消费者的需求和体验放在首位。
(4) 提高学生的数字化和技术素养，使其能够灵活运用现代技术手段优化店铺运营。
(5) 培养学生的社会责任感，鼓励其在运营中注重食品安全、环境保护和社会公益。

思维导图

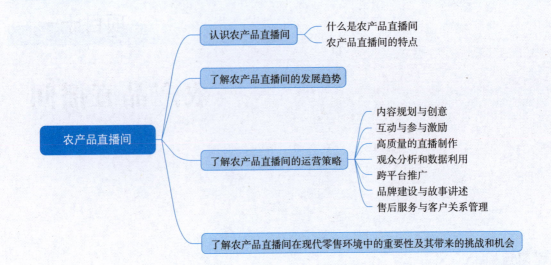

引导案例

赵娜是一个城市设计师,但她对家乡的农产品怀有浓厚的情感。她常常回忆起小时候在乡村中享受的新鲜蔬果,以及那独特而纯净的风味。近年来,她发现城市里的朋友们越来越追求健康生活,对新鲜、无添加的农产品有着浓厚的兴趣,但却苦于无法找到信赖的供应渠道。

鉴于此,赵娜萌生了一个想法:为什么不开设一家农产品直营店,将最新鲜、最纯正的家乡风味带给都市人?

首先,她需要深入了解直营店与其他零售模式的区别。经过研究,她明白了直营店能够直接反映品牌形象和产品质量,与消费者建立更为紧密的关系。

选址是直营店成功的第一步。赵娜开始对市场进行深入分析,寻找人流量大且消费水平相对较高的地段。同时,她还考虑了店铺的布局和设计,确保其既能展现农产品的新鲜和天然,又能与品牌形象和特点相匹配。

为了提高销售额,赵娜特别重视产品的陈列和定价策略。她学习了现代零售环境中的挑战和机会,利用数据分析、增强现实和智能货架等技术,不断优化运营策略,提高消费者的购物体验。

经过一段时间的努力,赵娜的直营店逐渐成为城市中的一道亮丽风景线,吸引了大量的消费者前来购买。她的成功经验告诉我们,只要我们具备了正确的知识和技能,就能够在现代零售环境中实现农产品的价值最大化。

 读一读

农产品直播,作为新时代下的销售模式,不仅仅是技术和商业的结合,更是文化、价值观和社会责任感的体现。在这部分的课程中,我们不仅讲授专业知识,还会从中培养学生的社会责任感、创新精神和团队协作能力。

任务一　认识农产品直播间

一、什么是农产品直播间

农产品直播间是一种利用网络直播技术进行的农产品销售和推广活动，它结合了电商和社交媒体的特点。在这种模式下，农产品生产者、销售商或代表通过直播平台向观众展示他们的农产品，如水果、蔬菜、肉类和乳制品等，同时与观众进行实时互动。这种直播不仅是销售活动，也是一个展示产品背后故事的机会，例如介绍农产品的种植和生产过程，以及分享健康和烹饪相关的知识。

农产品直播间的核心优势在于其高度的互动性和透明度。观众可以直接向销售者提问，了解产品的详细信息，增加购买决策的信心。此外，直播平台的广泛覆盖能够吸引不同地区的观众，扩大市场范围。这种直播方式还允许销售者在展示产品的同时进行教育性内容的传播，如介绍农产品的营养价值、食用方法等，增加消费者的知识和购买欲望。

总的来说，农产品直播间是一种新兴的电商模式，它通过结合实时直播的互动性和便捷的在线购物体验，为农产品的销售和推广提供了一个独特且有效的平台。

二、农产品直播间的特点

农产品直播间是一种利用网络直播平台进行的农产品销售和营销方式。这种模式通常涉及农民或农产品销售商在直播平台上实时展示他们的产品，同时与观众互动，介绍产品特点、种植或生产过程，并直接销售这些产品。以下是农产品直播间的一些主要特点：

（1）实时展示：农产品直播间允许销售者实时展示他们的产品，如水果、蔬菜、肉类等，让观众能够直观地看到产品的新鲜度和质量。

（2）互动性：销售者可以与观众进行实时互动，回答问题，解释产品的特性和优势，增加观众的参与感和购买欲望。

（3）透明度和信任：通过直播展示农产品的来源和生产过程，提高消费者对产品的信任度。

（4）便捷的购买渠道：观众可以在直播过程中直接下单购买，这为消费者提供了一种便捷的购物方式。

（5）覆盖范围广：直播平台的覆盖范围广泛，可以吸引来自不同地区的观众，扩大销售范围。

（6）内容多样性：农产品直播间不仅限于销售，还可以包括教育内容，如介绍农产品的营养价值、健康饮食建议和烹饪演示。

农产品直播间是近年来电子商务和社交媒体发展的产物，为农产品销售提供了一个新的、动态的和互动性强的平台。

任务二　了解农产品直播间的发展趋势

农产品直播间的发展趋势正在显著地向着更高的技术整合、更广泛的市场覆盖、更深入的消费者参与和更多元化的内容创新方向发展。随着直播技术和社交媒体平台的进一步发展，农产品直播间正在利用更先进的直播工具和功能，如增强现实（AR）和虚拟现实（VR）技术，来提升观众的互动体验和产品展示的吸引力。此外，直播平台正在扩大其市场覆盖范围，吸引更多的国际观众，为农产品打开全球市场的大门。在内容方面，除了传统的产品展示和销售，直播间也越来越多地涵盖了教育性内容，如健康讲座、烹饪演示和可持续农业实践，以此增加观众的参与度和提供更多元的价值。同时，随着越来越多消费者追求透明和可持续的购物体验，直播间也在变得更加注重展示产品的来源和生产过程的透明度。总体而言，农产品直播间正在成为一个集娱乐、教育和销售于一体的综合性平台，为农产品销售和品牌建设提供了新的动力和机遇。

农产品直播间的发展趋势可以概括为以下几个关键方面：

（1）技术集成与创新：利用增强现实（AR）、虚拟现实（VR）和人工智能（AI）等先进技术提升直播体验，增强农产品展示的互动性和吸引力。

（2）全球市场扩展：扩大直播的地理覆盖范围，吸引国际观众，为农产品开拓更广阔的全球市场。

（3）内容多元化：除了销售，直播内容趋向多元化，包括健康教育、烹饪演示、可持续农业实践等，提供更丰富的观看体验。

任务三　了解农产品直播间的运营策略

农产品直播间的运营策略需要综合考虑如何吸引和维护观众、提升销售效率以及增强品牌影响力。以下是一些关键的运营策略:

一、内容规划与创意

精心规划直播内容,确保与目标观众的兴趣和需求相匹配。内容可以包括产品展示、农场故事、烹饪演示、健康知识等。创新直播形式,例如互动问答、抽奖活动、客户见证或专家访谈,以提升观众参与度。

二、互动与参与激励

鼓励观众在直播过程中提问、评论和分享,增加互动性。通过激励机制如优惠券、限时折扣或赠品促进观众参与和购买。

三、高质量的直播制作

投资于高质量的摄影和直播设备,确保直播的画面和声音清晰、专业。训练主播和工作人员,提升他们的表达能力和产品知识,以更好地吸引和教育观众。

四、观众分析和数据利用

利用数据分析工具了解观众的行为和偏好,包括观看时间、互动频率和购买行为。根据数据调整内容和营销策略,以更好地满足观众需求。

五、跨平台推广

利用社交媒体和其他在线平台进行宣传,吸引更多观众参与直播。
在直播前后发布相关内容,如预告、幕后花絮或产品信息,以提高直播的关注度。

六、品牌建设与故事讲述

在直播中突出品牌故事和价值观,如可持续农业、生态友好等,以加强品牌形象。展示农产品的来源和品质,增加产品的透明度和信任度。

七、售后服务与客户关系管理

提供高效的售后服务,如快速响应客户咨询和处理订单问题。
建立客户关系管理系统,维护客户信息,提供定期的关怀和跟进。
通过这些策略,农产品直播间可以有效地吸引目标观众,提升销售和品牌影响力,同时建立起与消费者的长期关系。

任务四　了解农产品直播间在现代零售环境中的重要性及其带来的挑战和机会

在现代零售环境中,农产品直播间已成为一种重要且革命性的营销和销售渠道,它利用数字技术将消费者与农产品的生产者直接连接,提供了一个互动性强、覆盖广泛的销售平台。这种模式的重要性在于它使农产品销售从传统的物理市场转移到了数字空间,极大地扩大了潜在消费者群体,并通过实时交流增加了消费者对产品的信任和认知。同时,直播间也为农产品品牌提供了讲述自己故事和价值观的机会,有助于建立品牌忠诚度和差异化。然而,这种模式也带来了挑战,如需要维持高质量的直播内容和技术支持,以及面临激烈的市场竞争和观众注意力分散的问题。此外,如何有效地转化观众为购买者、管理物流和售后服务也是直播销售中的关键挑战。尽管如此,农产品直播间为农产品市场提供了巨大的机遇,特别是在扩大市场覆盖、增加销售渠道和提升品牌认知度方面。

农产品直播间在现代零售环境中的重要性及其带来的挑战和机会可以归纳为以下几点:

(1) 增强的市场覆盖和观众达成:直播间通过数字平台扩大了农产品的市场覆盖,吸引了更广泛的潜在消费者。

(2) 提升品牌认知度和信任:实时展示和互动增强了消费者对农产品的认知和信任,有助于建立品牌忠诚度。

(3) 市场竞争和注意力分散的挑战:面临激烈的市场竞争和观众注意力分散,维持观众兴趣和参与度成为挑战。

(4) 内容质量和技术支持:需要持续提供高质量内容和稳定的技术支持,以保持直播的吸引力和专业性。

(5) 销售转化和物流管理:将观众成功转化为购买者,并有效管理订单处理和物流,是直播销售的关键挑战。

(6) 品牌故事和价值传递:直播间提供了展示品牌故事和价值观的机会,增强品牌差异化和市场竞争力。

(7) 教育和消费者参与:直播间还可以用于消费者教育,如介绍产品的健康益处,增加消费者参与和购买动力。

总的来说,农产品直播间在现代零售环境中提供了独特的机会,但也伴随着特定的挑战,需要有效的策略和管理来充分利用其潜力。

岗位介绍

1. 直播销售主持人
职责:负责直播间的产品介绍、互动沟通和销售促进,吸引和维护观众群体。
技能要求:出色的沟通能力、产品知识、互动技巧和销售能力。

2. 直播内容策划
职责:设计直播内容和活动,确保直播与品牌形象和营销目标一致。
技能要求:创意思维、市场分析能力、品牌传播知识。

3. 直播技术支持
职责:负责直播技术设备的设置和维护,确保直播过程的顺畅和高质量。
技能要求:熟悉直播技术设备和软件、问题解决能力、技术敏感性。

任务实训

1. 任务目标

为某农产品品牌规划并执行一个直播销售活动。

2. 步骤

选择直播平台：根据目标受众、预算和功能需求，选择一个适合的直播平台。

（1）直播内容策划：确定直播的主题、内容和形式，如实地采摘、产品展示、烹饪演示等。

（2）直播物品准备：选择要展示和销售的农产品，准备相关的道具和设备。

（3）宣传与推广：在直播开始前，通过社交媒体、合作伙伴和平台资源进行宣传，吸引观众。

（4）直播执行：按照策划的内容进行直播，确保画面和声音清晰，与观众进行互动。

（5）数据收集与分析：收集直播的观看数据、销售数据和观众反馈，为下次直播提供参考。

3. 评分标准

序号	标准	分值	得分
1	平台选择合理，适合选定的农产品品牌直播	10	
2	直播形式新颖、有吸引力	25	
3	直播内容充实，主播表达清晰、流畅	25	
4	直播前通过多种手段进行了预告和宣传	20	
5	直播后对直播数据进行了详尽分析	20	
	总计	100	

课后习题

一、不定项选择题

（1）直播销售的主要优势是（　　）。

A. 实时互动　　　　B. 低成本推广　　　　C. 快速交货　　　　D. 无须库存

（2）直播销售中，提高销售额的关键因素是（　　）。

A. 高清画质　　　　B. 有趣的内容　　　　C. 互动环节　　　　D. 优惠券

二、判断题

（1）直播销售不需要考虑技术问题。（　　）

三、案例分析

案例一：

小王出生并长大在这片肥沃的土地上，他对这里的每一片土地、每一棵果树都了如指掌。从小，他就在父母的农场里帮忙，见证了农场从一个小型家庭农场发展成为一个有声誉的有机农场的整个过程。他非常骄傲地说："我们农场的每一个农产品，都是大自然、阳光和雨露共同的馈赠。"

当直播销售成为一个热门的趋势时，小王意识到这是一个绝好的机会。他想，通过直播，他可以让更多的人看到这片美丽的土地，了解他们农产品背后的故事。于是，他购买了专业的直播设备，学习了直播技巧，开始策划他的第一场直播。

直播当天，阳光正好，微风拂面。小王站在一片翠绿的稻田旁，远处是连绵起伏的山脉，近处是金黄色的麦穗在风中摇曳。他向观众展示了农场的各种农作物，从种子发芽到收获的整个过程。他还带着观众参观了农场的养鸡场、养猪场，展示了农场如何实施有机养殖。

更令人印象深刻的是，小王还特地请来了农场的农民叔叔和阿姨，让他们亲自向观众讲述他们与这片土地的情缘，以及他们如何辛勤耕耘、精心照料每一棵植物。这些真实、质朴的故事深深打动了观众的心。

直播结束后，小王收到了大量的点赞和留言。许多观众表示，通过这次直播，他们不仅看到了美丽的风景，而且了解了农产品背后的故事和农民的辛勤付出。很多人表示，他们愿意为这样有故事、有情感的农产品买单。

小王深感欣慰，他知道，他不仅成功地推广了农场的农产品，更传递了一种对大自然、对土地的敬畏和感恩的态度。他决定，未来还会继续利用直播这个平台，让更多的人了解和喜爱"翠绿之源"这个品牌。

问题：

（1）小王应该如何选择直播平台，以确保直播效果和目标受众的匹配？

（2）在直播内容策划中，小王应该重点展示哪些内容，以吸引观众并促进销售？

（3）为了确保直播的顺利进行，小王需要准备哪些设备和技术支持？

（4）如何利用直播后的数据和反馈，为下次直播提供改进建议？

案例二：

在四川的一片丘陵地带，有一个叫作"碧泉农庄"的农场，主要种植有机蔬果和养殖草鱼。农场的主人是一位30多岁的年轻人，名叫刘阳。他是一位留学归来的年轻人，看到国外有机食品的市场火爆，决定回国发展有机农业。

近年来，刘阳发现直播销售的模式越来越受欢迎，尤其在农产品领域。为了能够更好地推广自己的产品，刘阳决定尝试开设一个直播间，让大家看到他的农场和产品。他每天都会在固定的时间，拿着手机，走进田地、鱼塘，为大家展示他的农作物和鱼塘，并与观众实时互动。

除了展示产品，刘阳还邀请了一些专家为大家讲解有机农业的知识、健康饮食的概念等。他还经常举办一些互动游戏，比如"猜猜这是什么蔬菜""今天的鱼塘里有多少只鱼"等，增加了直播的趣味性。

但是，直播的路并不是一帆风顺的。虽然开始时有很多人关注，但真正下单购买的人数并不多。并且，由于农产品的特殊性，很多产品是季节性的，不能长时间保存，导致了一定的库存压力。同时，直播间的日常运营也需要投入大量的时间和精力，如何平衡直播与农场的日常管理成了刘阳面临的一大挑战。

问题：
(1) 为什么刘阳的直播间虽然观众多，但真正购买的人数并不多？
(2) 如何提高直播间的购买转化率？
(3) 针对农产品的季节性和保鲜问题，刘阳应该如何规划直播内容和销售策略？
(4) 直播间如何结合有机农业和健康饮食的概念，提高用户的黏性？
(5) 除了直播销售，还有哪些方法可以帮助刘阳更好地推广和销售他的农产品？

项目十二

农产品直播间搭建

学习目标

知识目标：
(1) 了解直播电商的基本概念和发展背景。
(2) 理解农产品直播电商的特点和优势。
(3) 掌握不同直播平台的特色和受众。
(4) 了解直播电商的主要技术和工具。

技能目标：
(1) 能够独立选择合适的直播平台并搭建直播间。
(2) 能够设计和策划吸引人的直播内容。
(3) 能够应用各种工具和设备进行高质量的直播。
(4) 能够分析直播数据，进行后续的优化和调整。

素养目标：
(1) 培养学生的创新意识和创业精神，鼓励他们探索新的销售模式和渠道。
(2) 提高学生的沟通和协作能力，让他们在直播过程中与观众有效互动。
(3) 培养学生的批判性思维，能够分析市场趋势，预测未来的发展方向。
(4) 增强学生的职业道德和社会责任感，确保直播内容的真实性和透明度。

农产品营销

思维导图

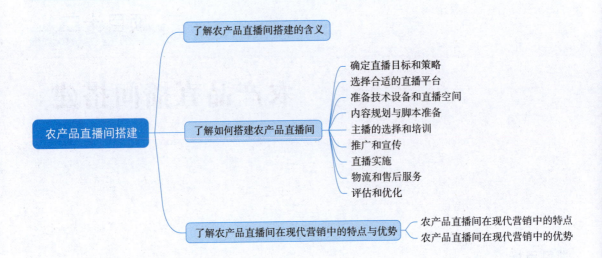

引导案例

　　林悦是一个热爱乡村生活的90后青年,她深知家乡的农产品有多么的新鲜和美味。然而,由于信息不对称和市场竞争激烈,这些农产品很难被外界所知晓。在一次偶然的机会中,林悦接触到了"直播电商"这一概念,并深受其吸引。

　　她开始深入研究直播电商的基本概念和发展背景,发现这种新型的销售模式正逐渐成为电商行业的新宠,尤其是农产品类的直播电商,凭借其实时、互动的特点,大大缩短了农产品从田间到餐桌的距离。

　　为了更好地推广家乡的农产品,林悦决定尝试这一新模式。她分析了不同直播平台的特色和受众,最终选择了一个与家乡农产品特点相匹配的平台,独立搭建了自己的直播间。为了确保直播内容吸引人,她进行了精心的策划,如现场采摘、产品制作流程展示等,同时还应用各种先进的工具和设备,确保直播的画质和声音都达到最佳效果。

　　直播进行中,林悦不仅展示了农产品的魅力,还与观众进行了实时互动,解答了他们的疑问。直播结束后,她还对直播数据进行了详细的分析,以便对下次的直播内容和方式进行优化和调整。

　　林悦的直播很快在网上火了起来,家乡的农产品也因此受到了更多人的关注和喜爱。她的故事告诉我们,只要我们掌握了正确的知识和技能,就能够利用直播电商这一新模式,为农产品开辟出一个全新的市场。

任务一　了解农产品直播间搭建的含义

　　农产品直播间搭建涉及一系列精心策划和执行的步骤，旨在创造一个专门的环境，用于通过互联网直播向潜在消费者展示和销售农产品。这个过程不仅包括设置物理空间，例如选择适当的地点和设计视觉吸引的布景，还涵盖了选择和配置所需的技术设备，如高分辨率摄像头、专业级麦克风和稳定的互联网连接，以确保直播的画质和声音清晰流畅。此外，还需要选择合适的软件平台，这可能是一个流行的社交媒体平台或专门的电商直播平台，以便触及最广泛的目标观众。

　　在策略规划方面，农产品直播间的搭建需要考虑直播内容的多样性和吸引力，包括产品展示、品牌故事讲述、互动环节安排，以及促销和优惠信息的传达。主播的选择和培训也至关重要，因为他们是品牌与观众之间互动的主要媒介，需要具备良好的沟通技巧、产品知识和吸引观众的能力。

　　此外，为了确保直播销售的顺利进行，还需制订周密的物流和售后服务计划，确保观众下单后能够及时收到新鲜、高质量的农产品。最后，有效的营销和推广策略也是成功搭建农产品直播间的关键，包括利用社交媒体进行预告宣传，借助影响者推广以及采用搜索引擎优化等手段，以增加直播间的知名度和观众参与度。

　　综合而言，农产品直播间的搭建是一个综合性的过程，涉及技术、内容、营销和物流等多个方面，旨在创造一个有效的销售渠道，同时提升农产品品牌的市场影响力。

任务二　了解如何搭建农产品直播间

搭建一个有效的农产品直播间涉及多个步骤,从技术设备的选择到内容规划,再到营销和物流的安排。以下是搭建农产品直播间的详细步骤:

一、确定直播目标和策略

明确直播的主要目的,如提升销量、品牌宣传或消费者教育。
根据目标制定直播策略,包括确定目标观众、直播内容、频率和时长。

二、选择合适的直播平台

根据目标观众选择合适的直播平台,如淘宝直播、抖音、快手等。
了解和适应所选平台的特点和要求。

三、准备技术设备和直播空间

采购必要的设备,包括高清摄像头、麦克风、三脚架、照明设备和稳定的网络连接。
设计直播空间,确保背景简洁且符合品牌形象,考虑良好的光线和声音效果。

四、内容规划与脚本准备

制订详细的直播内容计划,包括产品介绍、互动环节、特别促销等。
准备脚本或提纲以指导直播流程,确保内容丰富且有组织。

五、主播的选择和培训

选择合适的主播,可以是内部员工或外部专业主播。
对主播进行产品知识和直播技巧的培训。

六、推广和宣传

在直播前通过社交媒体、电子邮件和其他渠道进行宣传,以吸引观众。
考虑与网红或 KOL 合作,以扩大观众基础。

七、直播实施

在直播中实时展示产品,提供详细的产品信息和吸引人的演示,与观众互动,回答问题,增加参与度。

八、物流和售后服务

确保有高效的订单处理和物流系统来处理直播间的销售。提供及时的售后服务,处理客户的询问和问题。

九、评估和优化

直播结束后,评估直播的效果,包括观众参与度、销售量和反馈。根据反馈进行优化,改进未来的直播内容和策略。

通过这些步骤,农产品直播间可以成为一个有效的销售和品牌推广渠道,同时为消费者提供有价值的信息和互动体验。

任务三　了解农产品直播间在现代营销中的特点与优势

一、农产品直播间在现代营销中的特点

在现代营销中，农产品直播间作为一种新兴的销售和宣传渠道，具有许多显著的特点。首先，它通过实时视频直播的形式，为消费者提供了一个互动性强、信息透明的购物体验，使消费者能够直观地了解农产品的质量、生产过程和来历。其次，农产品直播间能够覆盖广泛的受众，无论地理位置如何，都可以接触到远处的消费者，极大地拓宽了传统农产品销售的市场范围。再次，它为农产品提供了一个讲述品牌故事和展示品牌价值的平台，帮助建立和加强消费者与品牌之间的情感联系。最后，直播间还能够实现即时反馈和客户互动，使营销策略更加灵活和有针对性，同时也为农产品销售带来更直接的转化机会。总之，农产品直播间在现代营销中代表了一种结合了技术创新和个性化营销的新趋势，为农产品销售和品牌推广提供了新的动力和可能性。

（1）高度互动性：直播间提供实时互动的机会，使消费者能够直接与销售者沟通，增加购买的信任感。

（2）广泛的覆盖范围：无论地理位置，都能够接触到远处的潜在消费者，扩大了市场范围。

（3）透明度和真实性：通过直播展示农产品的生产过程和来源，提高产品的透明度和真实性。

（4）品牌故事讲述：提供一个平台来分享品牌故事，增强品牌形象和消费者情感连接。

（5）即时反馈与客户互动：使营销策略更加灵活和有针对性，同时带来直接的销售转化。

（6）技术整合：结合最新的直播技术和社交媒体功能，创造更加吸引人的直播体验。

（7）多样化的内容：不仅限于销售，还包括教育、娱乐和品牌推广等多元化内容。

总体而言，农产品直播间代表了现代营销中融合技术创新和个性化策略的新趋势，为农产品的推广和销售带来了新的机遇。

二、农产品直播间在现代营销中的优势

农产品直播间在现代营销中的优势显著，主要体现在能够直接与广泛的消费者群体建立联系，并提供一个透明且互动性强的销售平台。它允许消费者实时看到产品的质量和生产过程，这种透明度增强了消费者的信任和购买意愿。通过直播，农产品销售者能够突破地理限制，触及更广泛的市场，增加销售机会。直播间还提供了展示品牌故事和价值观的机会，有助于建立更深的情感联系和品牌忠诚度。此外，即时的互动和反馈机制使营销策略更为灵活和有针对性，能够即时调整以适应市场反应。农产品直播间还为销售者提供了一个低成本且高效的营销渠道，相较于传统的营销方式，直播可以更快地吸引消费者的注意力并促进销售。总之，农产品直播间在现代营销中提供了一个创新的、互动的和高效的

渠道，特别适合提升农产品的市场可见度和销售效率。

农产品直播间在现代营销中的优势不仅局限于提升产品的市场可见度和销售效率，还包括对品牌形象的积极影响和对消费者购买行为的深刻洞察。通过直播，农产品可以以更生动和真实的方式展示给消费者，增加产品的吸引力，并通过直接交流提高消费者的参与度。直播间还为农产品销售者提供了一种有效的方式来展示其对可持续性和生态友好实践的承诺，这对于现代消费者来说是一个重要的购买考量。同时，直播间可以作为收集消费者反馈和市场数据的渠道，帮助销售者更好地了解他们的需求和偏好，从而优化产品和营销策略。此外，农产品直播间还能够与电子商务功能相结合，为消费者提供一站式的购物体验，从观看直播到下单购买，整个过程无缝连接，极大地方便了消费者。在竞争日益激烈的农产品市场中，直播间提供了一种新颖的方式来区分品牌，吸引消费者，提升市场竞争力。总的来说，农产品直播间作为一种新型的营销和销售渠道，在现代营销环境中具有多方面的优势，为农产品销售带来了创新的机遇。

任务实训

1. 任务目标

为某农产品品牌搭建一个专属的直播间，并进行首次直播活动。

2. 实施步骤

（1）直播平台选择：研究并选择一个拥有大量目标受众且适合农产品直播的平台。

（2）直播间布局设计：确定直播间的布局，摆放合适的背景、道具和农产品展示区。

（3）设备准备：购置高清摄像头、专业麦克风等直播必需设备，以及稳定的网络连接。

（4）内容策划：规划直播内容，包括产品展示、互动环节、优惠活动等。

（5）宣传与推广：在直播前通过社交媒体、合作伙伴及平台资源进行预告和宣传。

（6）团队协调：确保主播、摄像师、客服等各个团队成员明确自己的职责。

3. 评分标准

序号	标　准	分值	得分
1	平台选择合理，适合农产品直播	10	
2	道具、设备摆放合适，进行了不同功能区域的划分	15	
3	直播内容充实、有吸引力，主播表达清晰、流畅	40	
4	直播前通过多种手段进行了预告和宣传	15	
5	直播过程中团队成员能够各司其职、有序工作	20	
	总计	100	

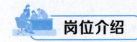 **岗位介绍**

1. 直播电商策划师岗位设计与搭建

（1）岗位职责明确化：

① 设计直播活动的主题和内容，确保与农产品特性和目标市场一致。

② 安排直播流程，包括产品展示、互动环节、促销活动等。

③ 与直播团队合作，包括主播、技术支持、客服等，确保直播活动的顺利进行。

（2）专业技能要求：

① 深入了解直播平台的运作机制和受众特征。

② 具备市场分析能力，能够针对不同的农产品制定有效的推广策略。

③ 熟练掌握直播工具和设备，能够处理直播过程中的技术问题。

④ 具有良好的沟通能力和创意思维，能够设计吸引人的直播内容。

（3）培训与发展：

① 定期培训直播技术、市场趋势、产品知识等，以提高策划师的专业能力。

② 鼓励策划师参与行业交流，保持对最新直播电商趋势的敏感性。

2. 直播间设计师/布景师

（1）职责：负责设计和搭建吸引人的直播间环境，确保直播背景与农产品特性和品牌形象相符。

（2）技能要求：良好的视觉设计能力、对布局和色彩有深入理解、创意思维，以及对直播技术设备的基本了解。

3. 直播技术支持专员

（1）职责：负责直播间的技术设备设置、维护和故障处理，确保直播过程的流畅性和技术质量。

（2）技能要求：熟悉直播设备和软件，具备良好的技术问题解决能力，以及基本的音视频编辑技能。

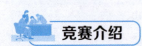 **竞赛介绍**

1. 农产品直播销售挑战赛

（1）目标：组织一场针对特定农产品的直播销售活动，包括产品选择、内容策划和直播执行。

（2）评估标准：直播内容的创意性、互动性、销售策略的有效性以及实际销售结果。

2. 直播间设计大赛

（1）目标：设计一个创意且功能性强的农产品直播间，需考虑视觉效果、品牌展示和直播需求。

（2）评估标准：设计的创新性、视觉吸引力、实用性及品牌一致性。

课后习题

一、不定项选择题

(1) 直播销售的主要优势是（　　）。
A. 降低物流成本　　B. 实时互动　　C. 提高品牌知名度　　D. 扩大销售渠道

(2) 搭建直播间时，需要考虑的因素是（　　）。
A. 背景布局　　B. 网络稳定性　　C. 直播内容　　D. 宣传策略

二、判断题

(1) 所有的直播平台都适合农产品直播销售。　　　　　　　　　　　　　　（　　）

三、案例分析

案例一：

李华出生在一个农耕家庭，从小就耳濡目染，看着父母耕地、种植，对农业有着深厚的情感。他的农场坐落在一个风景秀丽的山谷中，空气清新，土壤肥沃。这些天然的优势让他的蔬果品质上乘，口感鲜美，深受当地居民的喜爱。

为了让更多的人品尝到他农场的新鲜蔬果，李华曾尝试过各种销售方式，如开设路边摊、参加农产品展销会等。但这些传统的销售方式受到地域和时间的限制，销售效果并不理想。当他了解到直播销售可以突破地域限制，触达全国甚至全球的消费者时，他决定尝试一下。

但直播销售并不是李华想象中的那么简单。首先，他需要购买一套直播设备，并学习如何操作。其次，如何吸引观众、如何与观众互动、如何设计直播内容，都是他需要考虑的问题。在第一次直播中，由于技术和经验的不足，直播画面不稳定，声音也不清晰，导致观众流失严重。即使有观众留下，他们也对李华的直播内容提出了很多建议和批评。

李华并没有因此而灰心，他认为每一次失败都是一次学习的机会。他开始深入研究直播行业，参加各种培训课程，学习直播技巧和策略。他还积极收集观众的反馈，不断优化直播内容和形式。

在经过数次的尝试和调整后，李华的直播逐渐找到了感觉。他开始带领观众参观农场，介绍各种蔬果的种植和收获过程，分享农产品的营养价值和烹饪方法。他还邀请了当地的村民来讲述与农产品相关的故事和传统，增加了直播的人文气息。

随着直播内容的丰富和质量的提高，李华的观众数量逐渐增加，销售额也有了明显的提升。他感到非常欣慰，他知道，只要肯努力、肯学习，就一定能够克服各种困难，实现自己的梦想。

问题：

(1) 为什么李华在直播初期会遇到这些问题？有哪些可能的原因？

(2) 李华应该如何改进直播内容，使其更吸引观众？

(3) 除了直播内容，还有哪些方面可能影响到直播的效果和销售额？

(4) 针对李华的情况，您有哪些建议可以帮助他提高直播销售的效果？

案例二：

在云南的一个山脉中，有一个被称为"绿意满园"的农场，这里种植的是各类有机蔬菜、香草和果树。农场主人小赵，一直是个坚定的有机食品信徒。他深知现代人对健康食品的需求，所以他决定借助直播的方式，让更多人了解他的农产品。

小赵首先寻找了一个专业的直播团队，帮助他搭建和设计直播间。他希望直播间能够充分展示农场的自然美景和农产品的新鲜度。团队为他准备了高清摄像机、无人机、专业照明设备和麦克风。无人机可以捕捉到农场的全景，而高清摄像机则可以近距离展示农产品的细节。

在内容策划上，小赵决定每次直播都围绕一个主题，例如"草莓采摘日"或"有机香草的魅力"。他还邀请了当地的厨师来进行现场烹饪展示，将新鲜采摘的农产品变成美味佳肴，同时分享一些烹饪技巧和营养知识。

为了吸引更多的观众，小赵还制定了一系列的互动策略。例如，他会在直播中提问，答对的观众可以获得农产品的折扣券或免费赠品。他还会邀请观众分享自己的烹饪心得和食谱，与大家互动交流。

尽管小赵在直播前做了大量的准备，但在直播实际进行时，他还是遇到了一些问题。例如，有时网络信号不稳定，导致直播中断；有时设备出现故障，影响了直播的效果。但他并没有放弃，而是不断总结经验，调整策略，希望为观众提供更好的直播体验。

问题：
（1）如何确保直播过程中网络信号的稳定性？
（2）小赵如何选择合适的时间进行直播以吸引最多的观众？
（3）在直播中，如何平衡产品展示和互动环节，使内容既有吸引力又不失为销售的目的？
（4）如何处理直播中突发的技术问题或设备故障？
（5）除了现场烹饪展示，还有哪些内容可以丰富直播的多样性？

项目十三

农产品直播物品准备

学习目标

知识目标：
学生应能够了解直播所需的所有核心物品及其功能，并理解每个物品在直播中的关键作用。

技能目标：
（1）选择并配置适合直播的物品。
（2）整合和使用物品以确保直播的流畅性。
（3）进行基本的物品故障排查。

素养目标：
（1）对直播物品珍惜，确保其长久使用。
（2）对物品配置的创新思维，根据直播内容和形式灵活调整。
（3）良好的团队协作精神，与团队成员共同维护和管理直播物品。

思维导图

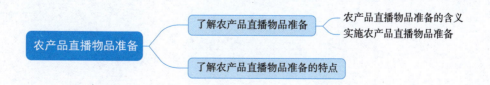

农产品营销

引导案例

小李是一名大学生,平时非常喜欢看各种直播,从音乐、舞蹈到手游、烹饪,他都有所涉猎。在长时间的观看中,他发现有些直播的画质和声音效果非常出色,而有些直播则经常出现卡顿、画面模糊等问题。他非常好奇,为什么会有这么大的差距?

于是,小李决定深入了解直播背后的技术和物品配置。他发现,要想进行高质量的直播,仅有一部手机或一台电脑远远不够。需要一套完整的物品和设备,如高清摄像头、专业麦克风、稳定的网络、直播采集卡、专业的照明设备等。

更重要的是,每个物品都有其特定的功能,且在直播中起到关键的作用。例如,摄像头能够捕捉到清晰的画面,麦克风则能够捕捉到主播的声音,而网络的稳定性则直接影响到直播的流畅性。

激发了兴趣的小李决定尝试自己开直播。他购买了一套适合初学者的直播物品,并开始学习如何配置和使用它们。在多次尝试中,他逐渐掌握了每个物品的设置方法,并能够根据直播的内容和环境进行适当的调整。同时,他还学会了如何进行物品的基本故障排查,确保每次直播都能够顺利进行。

任务一　了解农产品直播物品准备

一、农产品直播物品准备的含义

农产品直播物品准备是指为了进行农产品的在线直播销售而进行的一系列筹备工作,旨在确保直播过程中所展示的产品以最佳状态呈现给观众。这个过程包括挑选代表性和高质量的农产品样品,确保它们的新鲜度和外观符合预期标准。此外,还涉及对这些产品进行适当的包装和布置,以增强视觉吸引力和展示产品的独特性。物品准备同样包括确保所有需要在直播中展示的辅助物品,如农具、包装材料或与产品相关的任何其他展示物品,都已准备就绪。此外,为了增强直播的教育性和互动性,物品准备还可能包括准备相关的演示资料、统计数据或故事背景材料,以便在直播中与观众分享。总的来说,农产品直播物品准备是一个细致的过程,它不仅关注产品本身的质量和展示,还涉及为提供一个信息丰富、吸引人的直播体验所需的各种细节的考虑。

问题:如何在农产品直播中激发消费者的购买热情?

农产品直播实战

二、实施农产品直播物品准备

实施农产品直播物品准备的过程是多方面的,涉及从产品选择到直播场景布置的各个环节。以下是实施农产品直播物品准备的详细步骤:

(一)选择代表性产品

精心挑选展示农产品的样品,确保它们代表所销售产品的最高质量。比如,挑选外观完好、新鲜的果蔬,或是包装精美的加工品。

(二)确保产品新鲜度

采取措施保持产品的新鲜度和质量,如适当的存储条件和运输安排,以确保在直播时产品处于最佳状态。

(三)产品展示准备

规划产品在直播中的展示方式,包括产品的摆放、背景布置等,以增强视觉效果和吸引观众注意。

(四)辅助物品准备

准备所有相关的辅助物品,如工具、装饰品或任何用于增强产品展示的物件。

(五)教育和演示材料

准备教育性内容,如产品的种植信息、健康益处、烹饪建议等,以便在直播中分享。

(六)直播脚本和流程规划

制定直播的脚本和流程,确保涵盖所有要展示的产品和信息点,同时保持直播的流畅性和互动性。

（七）技术设备检查

确保所有技术设备，如摄像头、麦克风和照明设备等，均处于良好状态并已经设置就绪。

（八）直播前的演练

在直播前进行演练，确保直播流程顺畅，主播熟悉产品信息和直播脚本。

（九）物流和售后服务准备

提前规划好直播中提及的产品的物流和售后服务流程，确保观众下单后能够及时且顺利地收到产品。

任务二　了解农产品直播物品准备的特点

农产品直播物品准备的特点在于其对细节的关注，以确保直播过程中产品以最佳状态展示，并为观众提供一个信息丰富且吸引人的观看体验。这涉及精心选择展示的农产品样品，确保其新鲜度、质量和外观能够吸引观众的注意。同时，直播物品准备还包括对直播环境的布置，以创造一个视觉上吸引人的背景，增强产品展示的效果。此外，为了提高直播的教育价值和互动性，还需要准备相关的教育材料和演示资料，如产品的种植和加工过程信息、健康益处等。直播物品准备还包括对技术设备的检查和设置，确保直播的画面和声音质量符合标准。最后，这个过程也涉及对直播流程的规划和主播的培训，以确保直播顺利进行并有效传达信息。总体而言，农产品直播物品准备是一个全面的过程，旨在通过精心的规划和准备，提升直播的专业性和观众的购买兴趣。

农产品直播物品准备的几个关键特点包括：

（1）精心挑选的产品展示：选择代表最高品质的农产品样品，确保新鲜度和吸引力。

（2）视觉吸引的直播环境：布置直播空间以增强视觉效果，包括适当的背景和照明。

（3）教育内容和演示资料的准备：提供关于产品的详细信息，如种植、加工和营养价值等。

（4）技术设备的准备和测试：确保使用高质量的摄像和音频设备，以提供清晰流畅的直播体验。

（5）直播流程和脚本的规划：制定直播的具体流程和脚本，确保内容丰富且有组织。

（6）主播的培训和准备：培训主播掌握产品知识和直播技巧，确保有效传达信息。

（7）物流和售后服务安排：预先安排好物流和售后服务流程，以应对直播销售。

这些特点共同确保了直播物品的有效展示和直播过程的顺利进行，从而提升观众的观看体验和购买意愿。

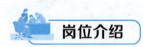
岗位介绍

1. 直播技术支持专员

（1）职责：确保所有直播技术设备（如摄像头、麦克风、照明设备等）正确设置并随时可用。处理直播过程中可能出现的技术问题，提供技术支持以确保直播顺畅进行。

（2）技能要求：熟悉直播相关技术设备和软件，具备快速故障排查和解决问题的能力。

2. 直播内容制作专员

（1）职责：参与直播内容的策划和制作，包括脚本撰写、场景设计、物品展示方法等。

（2）技能要求：具备创意思维、内容策划能力。

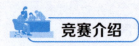 **竞赛介绍**

1. 直播销售大赛

（1）目标：参赛者需策划并执行一场实际的电商直播，涵盖物品准备、内容创作、互动策略等。

（2）评估标准：直播的创意性、观众参与度、销售效果和直播技术的运用。

2. 创意直播内容挑战

（1）目标：设计一场独特的电商直播活动，强调创新的内容呈现和物品展示方式。

（2）评估标准：内容的创新性、吸引力、互动性和实际可执行性。

3. 直播技术创新竞赛

（1）目标：开发或提出改进电商直播中使用的技术或工具，例如增强现实、交互式展示等。

（2）评估标准：技术的创新性、实用性、对提升用户体验的贡献。

任务实训

1. 任务目标

为一次农产品直播活动准备所有必要的物品，并确保其有效使用。

2. 实施步骤

（1）需求分析：根据直播的内容和形式，明确所需的物品。

（2）物品采购与配置：选择并购买物品，进行初步配置。

（3）实地布置：在直播现场，根据摄像角度和内容需求，合理布置物品。

（4）物品使用与维护：确保所有物品在直播中正常工作，并了解其基本的维护方法。

3. 评分标准

序号	标准	分值	得分
1	采购物品满足相应的直播需求且无浪费	25	
2	直播现场物品布置合理	25	
3	顺利完成直播调试，并能够处理调试中遇到的问题	30	
4	对直播设备的使用和维护有基本认知	20	
	总计	100	

课后习题

一、单项选择题

（1）农产品主要包括（　　）类型的产品。
  A. 种植业产品　　B. 林业产品　　C. 畜牧业产品　　D. 所有以上

（2）在农产品营销中，（　　）不是促销的手段。
  A. 广告　　B. 公关　　C. 销售促进　　D. 生产

（3）主要使用互联网的营销方式是（　　）。
  A. 传统营销　　B. 直接营销　　C. 数字营销　　D. 关系营销

（4）分析中的"S"代表（　　）。
  A. 策略　　B. 系统　　C. 强项　　D. 简单性

（5）农产品供应链的最后一环通常是（　　）。
  A. 生产者　　B. 批发商　　C. 零售商　　D. 消费者

二、判断题

（1）所有农产品都需要通过批发商才能到达消费者。（　　）
（2）品牌建设在农产品营销中不重要。（　　）
（3）营销计划应该是灵活的，以适应市场变化。（　　）
（4）农产品的质量与营销没有直接关系。（　　）
（5）消费者行为对农产品营销策略没有影响。（　　）

三、案例分析

成功的农产品直销模式 —— "农夫市场"

"农夫市场"位于一个大城市的心脏地带，紧邻着多个重要的商业区和繁华的居民区。这个位置可以说是商业活动的集中地，从早到晚都有稳定而庞大的人流量。由于周围有多个办公大楼、购物中心和高级住宅区，所以这里的居民和上班族普遍具有较高的消费能力。

但即便在这样一个繁华的地段，对于高质量、新鲜、有机或者绿色农产品的需求却一直没有得到充分的满足。大多数超市和食品店主要销售的是大规模工业生产的农产品，这些产品虽然便宜，但在质量和健康方面却难以让消费者完全放心。更何况，在越来越多的人开始关注健康和环保的今天，对于无农药、无添加、新鲜直供的农产品的需求量正在逐渐增加。

这种市场状况为"农夫市场"提供了一个巨大的商机。由于其独特的地理位置和周围环境，使其有机会成为这一特定需求的满足者。同时，这个地理优势也为"农夫市场"提供了大量的高价值客户，这不仅有助于其实现快速的营收增长，还有利于长期的品牌建设。

因此，可以说，"农夫市场"所处的地理位置和市场环境为其成功营销高质量农产品提供了得天独厚的条件。但这同时也意味着，如何准确地把握这些优势，以及如何在激烈的市场竞争中保持其独特地位，将是"农夫市场"未来需要面对和解决的重要问题。

1. 问题诊断

"农夫市场"成功的原因是什么？
有哪些可能的风险和挑战？

2. 策略分析

分析"农夫市场"采取的营销策略。

评估这些策略的有效性。

3. 建议和改进

如果你是"农夫市场"的营销经理,你会有哪些改进建议?

4. 分析任务

请根据上述案例,编写一份案例分析报告。

报告应包括:背景介绍、问题诊断、策略分析、建议和改进等部分。报告字数应在 1 500～2 000 字。

参 考 文 献

[1] 叶龙. 从零开始学微信公众号运营推广[M]. 北京：清华大学出版社，2019.
[2] 刘侠威，赵晓萌，王文庆，等. 电商3.0玩转微信电商[M]. 北京：机械工业出版社，2014.
[3] 马国良. 玩法变了——淘宝卖家社群营销实战：微信营销、淘宝成交，社群电商时代的SCRM营销方法与案例[M]. 北京：电子工业出版社，2017.
[4] 林海. 新媒体营销[M]. 北京：高等教育出版社，2021.
[5] 吴海涛. 短视频营销实战：爆款内容设计+粉丝运营+规模化变现[M]. 北京：化学工业出版社，2019.
[6] 新媒体商学院. 短视频运营一本通：拍摄+后期+引流+变现[M]. 北京：化学工业出版社，2019.
[7] 京拍档. 京东运营大揭秘：28个技巧让销量步步高[M]. 北京：电子工业出版社，2016.
[8] 《卖家》. 赢在移动端：移动电商营销全攻略[M]. 杭州：浙江大学出版社，2014.
[9] 袁国宝. 拼多多拼什么：商业模式+店铺运营+爆品打造[M]. 北京：中国经济出版社，2019.
[10] 徐茜. 拼多多运营从入门到精通[M]. 北京：中国铁道出版社，2020.
[11] 近水思鱼. 手机淘宝运营攻略：开店、装修、运营、推广、内容营销[M]. 北京：中国邮电出版社，2017.
[12] 张晓. 新时期市场营销人员的必备能力. 长春大学光华学院，2012.
[13] 王杜春，张永强. 农产品市场营销[M]. 北京：机械工业出版社，2013.
[14] 李崇光. 农产品营销（第3版）[M]. 北京：高等教育出版社，2016.
[15] 陈国胜. 农产品营销（第3版）[M]. 北京：清华大学出版社，2019.
[16] 张晋光. 市场营销（第4版）[M]. 北京：机械工业出版社，2021.
[17] 孙剑，李崇光. 论农产品营销渠道的历史变迁及发展趋势[J]. 北京：北京工商大学学报（社会科学版），2003.
[18] 戴海蓉. 营销人员职业修养读本[M]. 北京：高等教育出版社，2013